AMOR NAS BALADAS

Sula Gava

AMOR NAS BALADAS

Dicas para fazer amizades verdadeiras
e encontrar um grande amor

São Paulo 2010

Copyright © 2010 *by* Sula Gava

PRODUÇÃO EDITORIAL	Equipe Novo Século
PROJETO GRÁFICO E COMPOSIÇÃO	S4 Editorial
CAPA	Diego Cortez
FOTO DA AUTORA	Bel Lourenço
PREPARAÇÃO DE TEXTO	Mary Ferrarini
REVISÃO	Luciane Helena Gomide

DADOS INTERNACIONAIS DE CATALOGAÇÃO NA PUBLICAÇÃO (CIP)
(Câmara Brasileira do Livro, SP, Brasil)

Gava, Sula
 O amor nas baladas : dicas para fazer amizades verdadeiras e encontrar um grande amor / Sula Gava. – Osasco, SP : Novo Século Editora, 2010.

 1. Comportamento. I. Título.

09-10999   CDD-869.93

Índices para catálogo sistemático:

1. Autoajuda : Comportamento   869.93

2010
IMPRESSO NO BRASIL
PRINTED IN BRAZIL
DIREITOS CEDIDOS PARA ESTA EDIÇÃO À
NOVO SÉCULO EDITORA LTDA.
Rua Aurora Soares Barbosa, 405 – 2º andar
CEP 06023-010 – Osasco – SP
Tel. (11) 3699.7107 – Fax (11) 3699.7323
www.novoseculo.com.br
atendimento@novoseculo.com.br

AGRADECIMENTOS

QUERO AGRADECER DE TODO CORAÇÃO:

A Deus, por ter mandado os "Anjos Baladeiros", o "Cupido Noturno" e o "Amigo da Noite" para me ajudar.

E especialmente a mim! Que tive o maior trabalho para escrever este livro e quase surtei ao ouvir tantas pessoas, anjos e capetas baladeiros – todos falando comigo ao mesmo tempo.

ESCOLHI OS ANJOS, É CLARO! EU HEIM...

SUMÁRIO

9   **INTRODUÇÃO**

12   **CAPÍTULO 1**
        ENCONTRO COM OS ANJOS BALADEIROS

26   **CAPÍTULO 2**
        ANTES E DEPOIS DAS BALADAS

34   **CAPÍTULO 3**
        DIFERENÇAS QUE FAZEM A DIFERENÇA

57   **CAPÍTULO 4**
        AS VITÓRIAS DOS ANJOS BALADEIROS

73   **CAPÍTULO 5**
        OS DDDS E SEUS MOTIVOS

102   **CAPÍTULO 6**
        A PAQUERA

111 **CAPÍTULO 7**
   TERAPEUTAS BALADÍSTICOS

162 **CAPÍTULO 8**
   BALADAS

197 **CAPÍTULO 9**
   HOMEM *Versus* MULHER

211 **CAPÍTULO 10**
   MODA, BELEZA E RELACIONAMENTOS...

224 **CAPÍTULO 11**
   GLS

235 **CAPÍTULO 12**
   GAROTAS(OS) DE PROGRAMA

247 **EPÍLOGO**

INTRODUÇÃO

Depois que lancei *São Paulo é mais feliz à noite – Um retrato da vida noturna e de seus frequentadores*, em que falo um pouco de tudo o que rola na *night* –, recebi muitos e-mails de pessoas de ambos os sexos, sócias do clube DDDS (descrentes, desiludidas, decepcionadas e simpatizantes) fazendo as mesmas perguntas:

– *Você acha fácil encontrar um amigo de verdade nas baladas?*
Conheci minha melhor amiga em uma balada.
– *Será que é mesmo possível encontrar um grande amor? Rolar um namoro firme ou até casamento com alguém que você conheceu numa balada?*
Eu encontrei!

Entrevistando muitos boêmios, "frequentadores normais" da vida noturna, e baladeiros, descobri que em primeiro lugar ainda está o desejo de amar. E ser amado.

Mesmo para os que não querem admitir; mesmo para os que só querem zoar ou se divertir; mesmo para os descrentes, que teimam em dizer que é impossível encontrar na *night* amigos verdadeiros ou alguém para namorar; mesmo para os que desdenham e afirmam que isso é a maior caretice.

Acima de tudo, o ser humano precisa e quer se relacionar. Caso contrário, ele não sairia para encontrar outros seres humanos. Ficaria em casa conversando com a geladeira, o cachorro ou a televisão. Mas é óbvio que minhas experiências, respostas e opiniões não são suficientes.

Por isso, quase sem querer, decidi responder tais perguntas e saí pesquisando, nos bares da vida, desta vez um assunto específico: relacionamentos nas baladas. TUDO DE NOVO! UFA!

Não foi nada fácil. Primeiro por causa do barulho; segundo porque falar sobre algo delicado e complicado como relacionamento em uma balada é coisa de gente doida; e terceiro porque entrevistar pessoas levemente alcoolizadas ou totalmente embriagadas é, no mínimo, insano! Mas, por incrível que pareça, é nessas horas que elas se abrem mais e dizem o que realmente sentem. Dependendo do estágio de alcoolismo em que se encontram, é claro.

E por falar em sentimentos, apesar de ser apenas uma repórter sem qualquer pretensão freudiana, vou contar como me senti: primeiro uma psicóloga noturna; depois uma *terapeuta baladística* que encontrou outros *terapeutas baladísticos*; e, por fim, uma psiquiatra *baladeira* (aquela que, se não tomar cuidado, fica mais louca que seus pacientes).

O resultado foi este livro. O AMOR NAS BALADAS – que inclui também histórias de amor que aconteceram em outras cidades – é para quem quer ser mais feliz. Amar, ser amado e se divertir. Nesta ordem.

É óbvio que tudo muda com uma velocidade incrível. Pode ser que quando este livro chegue às suas mãos, algumas casas noturnas citadas – nacionais ou internacionais –, que estão em evidência hoje, não existam mais. Em São Paulo, por exemplo, é impressionante o número de barzinhos, danceterias, *nightclubs* e similares que é inaugurado constantemente. Mas a maioria acaba abrindo e fechando as portas em seis meses.

As pessoas que entrevistei – que trabalham ou frequentam a vida noturna – talvez se convertam de repente, entrem para um convento ou virem monges no Tibete. Mas, com certeza, lugares, fatos, pessoas e conversas ficarão registrados na história da *night*. Tudo fica gravado na eterna esteira do tempo. Contudo, essa é uma outra história...

Não sou *expert* em comportamento nem tenho a pretensão de ser, e muito menos a dona da verdade. Há fatos tão contraditórios nas pessoas, especialmente nas baladas, quando a maioria usa máscaras (sejam quais forem), que, com todo o respeito aos doutores, dificilmente alguém poderia acertar cem por cento em seus julgamentos.

A noite é mágica. Cheia de truques. Sobretudo uma contradição. A maior delas?

Os sócios do DDDS continuam frequentando a *night*. Parece até coisa de religião: Amar ao próximo; Não cobiçar a mulher do próximo; etc.
Quer um exemplo? Maria não está gostando muito da balada. Então pensa ou diz:
– Só vou ficar até a próxima música...
A música acaba.
– Só vou ficar até a próxima pessoa chegar...
Não chega ninguém interessante.
– Vou ficar até beber o próximo drinque, eu já tinha feito o pedido...
Até que decide ir embora mesmo. Não antes de pensar ou dizer:
– Fui! Até a próxima balada.
Ela ainda pode sair comentando ou pensando:
– Não aguento mais balada! Não venho mais a este lugar! Que *m*...
Entretanto, na próxima balada, já recuperada da decepção e com o coração cheio de esperança, loira e linda, lá está ela de novo.
É assim mesmo. Todo mundo sabe que a esperança é a última que morre. No entanto, minha intenção não é me aprofundar em razões psicológicas, sociais ou comportamentais, pois isso exigiria um estudo mais profundo e detalhado, mas apenas mostrar as coisas como elas são segundo minhas pesquisas, entrevistas e experiências.
E você pode não concordar. Aí entram os velhos ditados: "cada caso é um caso"; "cada cabeça uma sentença"; "toda regra tem exceção", etc.
Contudo, você vai saber que nas baladas é possível crescer como pessoa, fazer grandes amizades, encontrar sua alma gêmea, conseguir o que quiser, o critério que deve ter para fazer as escolhas certas, quais as atitudes que poderão aumentar as chances de atingir seu objetivo – seja ele qual for –, as armas que deve adquirir para ganhar o jogo e os cuidados que deve ter para não cair numa roubada.
Entretanto, tive de reescrever alguns trechos de *São Paulo é mais feliz à noite – Um retrato da vida noturna e de seus frequentadores* porque seria impossível responder a tais perguntas sem dar um panorama geral da vida noturna (em diversos aspectos, rola o mesmo em outras cidades), o perfil de seus frequentadores e de como as coisas costumam acontecer.

Capítulo 1

ENCONTRO COM OS ANJOS BALADEIROS

Lua cheia. Majestosa, poderosa, prateada, deslumbrante... A "senhora da noite" e as estrelas brilhavam tanto que cheguei a me emocionar. No momento em que eu contava a elas que estava começando a escrever outro livro, avistei um clarão de luz branca no céu. Era tão forte que, por alguns segundos, ofuscou o brilho das estrelas e a Lua sumiu. Tomei um susto e desviei os olhos para o mar.

Era mais seguro conversar com IEMANJÁ.

– Estou sonhando, RAINHA DO MAR? – perguntei a ela me beliscando.

Não. Eu estava acordada. Na praia, sozinha, sentada na areia, nem alcoolizada nem drogada. O que era aquilo? Um disco voador? Imaginação? Ou eu estava fazendo uma viagem astral?

Devagar, olhei para o céu de novo. O clarão estava lá. Descartei a ideia de um óvni porque a luz tinha o formato de quatro gigantescas asas. Resolvi encarar. Deitei-me na areia, olhei firme para aquela coisa no céu e disse:

– Seja você o que for, não tenho medo. Desça, estou esperando – desafiei.

A coisa começou a tomar outras formas e, de repente, caiu a ficha.

— São anjos! — exclamei embasbacada. — Dois! Que loucura! Serão espíritos de pescadores que morreram no mar e viraram anjos? E aí, vocês não vão vir falar comigo? — perguntei.

Nenhum sinal. Foi então que raciocinei. Se eles estavam ali, é porque vieram trazer alguma mensagem para mim. Dominando o medo, ousei (sempre fui ousada) gritar:

— Eu não tenho asas, senhores anjos, mas juro que se vocês não descerem eu subo até aí. O que está pegando? Aparecem do nada, me assustam e não falam nada? O que vocês querem?

Eles não responderam, apenas bateram as asas. Achei que aquilo era um consentimento. Fechei os olhos e subi. Enquanto subia mais rápido que um foguete, pensava no nome do filme *Uma repórter no céu*. Quando abri os olhos, dei de cara com dois lindos anjos. Como toda repórter que se preze, fui logo perguntando: — Quem são vocês? Quem os mandou? IEMANJÁ, a LUA ou as ESTRELAS?

E reclamei: — Por que vocês não desceram para falar comigo, seria mais fácil! Vocês voam, eu não!

— Lógico que voa, querida, caso contrário não estaria aqui. Você tem o poder da mente, a força do pensamento, seu poderoso ser interior e as asas da imaginação mais rápidas que as daqueles que as possuem, mas precisam de um longo e cansativo voo para chegar a qualquer lugar. Por falar nisso, sou o ANJO BALADEIRO AMIGO DA NOITE, muito prazer — apresentou-se.

"Que mico!", pensei comigo mesma. "Ele é mais educado que eu. Nem me apresentei e fui logo fazendo um monte de perguntas. Mas eles sabem que sou humana, não vão reparar."

— Engano seu! Nós reparamos, sim! Vocês, terrestres, precisam reaprender a ter educação ao falar com os outros. Ainda bem que sou o melhor pacificador aqui do céu. Quando desço à Terra, tenho sempre muito trabalho para ajudar as pessoas a fazerem as pazes depois que brigam. O motivo é sempre o mesmo: mal se conhecem e vão logo falando qualquer bobagem que lhes venha à cabeça! É *foda*! — disse o tal AMIGO DA NOITE.

Meio atordoada, nem tive tempo de responder. E o outro anjo completou:

— Essas pessoas precisam reaprender a se respeitar, especialmente quando estiverem nas baladas, que atualmente estão cheias de gente mal-educada! Sou o poderoso ANJO BALADEIRO CUPIDO NOTURNO! Quando resolvo flechar um casal, não sossego enquanto minhas vítimas não estiverem juntas e felizes. Não quero saber de fronteiras, diferenças sociais, preconceitos e muito menos obstáculos. Só de amor e destino. Sou determinado e implacável. Quando cismo, o casal pode brigar e se desentender, fugir um do outro, não querer assumir a relação, mas eu não dou trégua. Junto os dois teimosos mesmo! *Demorô*!

Percebendo que eles liam meus pensamentos e que eu estava diante de duas autoridades no assunto que pesquisava para meu livro, resolvi pegar leve. Afinal, eles poderiam me ajudar. Entretanto, mesmo sabendo que corria o risco de perdê-los, não me controlei.

— Mas que anjos folgados são vocês! Vão logo me dando bronca, falam gírias e, além de tudo, *se acham*, não é? O senhor AMIGO DA NOITE é o pacificador *the best* do pedaço e esse SENHOR DA FLECHA, o todo--poderoso? Onde já se viu, anjos falando gírias e palavrões... E depois eu é que sou mal-educada!

— Mas para falar com humanos temos de entrar na vibração de vocês! Caso contrário, como vocês iriam nos entender? Vamos desculpá-la porque você é boa gente e nossas irmãs, a Lua e as estrelas, nos contaram que você está escrevendo um livro sobre os relacionamentos nas baladas. Temos muitas informações e resolvemos ajudar — explicou o simpatiquinho Amigo da Noite.

— Nossa! Acabei de contar a elas sobre meus planos, e vocês já sabem... Até no céu tem fofoca?

— Somente fofocas do bem, com o objetivo de ajudar as pessoas — esclareceu o poderoso Cupido Noturno.

Continuei falando com os anjos e, apesar de a primeira impressão não ter sido das melhores, ficamos amigos de infância em pouco tempo. Eles eram fofoqueirinhos e um pouco prepotentes, mas adoráveis. E SABIAM TUDO! Percebi que tínhamos muitas ideias e informações para trocar. Eles gostavam de ajudar INCONDICIONALMENTE, contar suas andanças pelo mundo, conversar... Decidi entrevistá-los. Eles concordaram, mas antes fizeram um alerta:

—Vocês da Terra, frequentadores das baladas, devem ter muito cuidado, porque, infelizmente, onde há anjos circulam também diabinhos: CAPETA BRIGÃO, GARGANTA DO DIABO, SATANÁS BEBERRÃO LEI MOLHADA, DEMÔNIO COME TODAS, DIABO PEGA-PEGA, CAPETÃO TURBINADO, SATANÁS SETE LÍNGUAS, DIABA SETE LÍNGUAS, MADAME SATÃ SILICONADA, DEMÔNIA ROUBA-HOMENS, DIABA GALINHA, DIABA DÁ PRA TODOS,

Chifruda Cachaceira, etc. Aliás, eles são em número muito maior. Ainda bem que nós dois, Anjos do Bem, temos mais força. Dependendo da vibração em que cada um se encontra e acaba atraindo, é claro. Fique esperta, dona escritora! Com certeza, eles vão querer lhe conceder entrevista também. Eles se acham os donos das baladas!

– Senhores Anjos, sou uma repórter. Tenho de ouvir os dois lados. Obrigada pela dica. Deixem comigo. Mas só por precaução, se eles aparecerem, como devo agir para não sofrer a influência sinistra desses malignos?

– Ignore-os. Não lhes dê a menor atenção. Eles costumam sugerir pensamentos e sentimentos negativos às pessoas. Portanto, seja rápida. Quando perceber a presença deles, que agem por intermédio dos terrestres, faça outra escolha. Por exemplo, se alguém for mal-educado ou grosseiro com você, não reaja. Dê um sorriso para a pessoa ou peça-lhe desculpas, mesmo que não tenha feito nada. É o suficiente para que os capetinhas e seus clientes partam para cima da próxima vítima. Alguém que tenha um "pavio curto" e comece a discutir, entrando na vibração deles. É tudo o que eles querem.

– Agora, vocês poderiam me dizer quais as principais diferenças entre as baladas brasileiras e as internacionais? Onde vocês encontram maiores dificuldades para unir as pessoas?

É o Anjo Amigo da Noite quem responde:

– Tudo é muito relativo. Nas baladas brasileiras, como as de São Paulo, por exemplo, é mais fácil ajudar as pessoas a se conhecerem e se relacionarem, porque o povo brasileiro é mais aberto e acessível. Mas também há muito preconceito, prejulgamentos e valores ultrapassados que não existem lá fora.

Infelizmente, notamos em muitos homens o mesmo comportamento. Por exemplo: Paulo conheceu Sofia numa balada, ficou com ela e conseguiu levá-la para a cama na mesma noite. O casal conversou bastante, se deu muito bem sexualmente, parecia até que se conhecia havia muito tempo. Foi tudo lindo. No dia seguinte, Paulo sentiu vontade de ver Sofia de novo, convidá-la para sair, mas, de repente, começou a pensar: "Não posso levar essa mulher a sério, se ela saiu comigo na mesma noite em que me conheceu, provavelmente faz isso com os outros também...".

Cupido Noturno e eu ficamos horrorizados quando ouvimos essas coisas. Os homens costumam dizer, também, que esse é um dos motivos pelos quais não telefonam para as mulheres no dia seguinte.

E me parece que por aqui as moças sempre ficam esperando que os homens tomem a iniciativa de lhes telefonar primeiro depois de uma noite de sexo. Como se elas se sentissem culpadas por terem saído com eles e satisfeito seu desejo natural. Ficam esperando para saber o que eles estão pensando. Será que eles as julgam ou elas é que ficam esperando ser julgadas, dando a eles esse direito? Cada um atrai aquilo que pensa. Será que a mulher brasileira, colocando-se em condição de igualdade e tomando a iniciativa, não mudaria tal preconceito? É claro que estamos falando da maioria. Toda regra tem exceção.

S.C., uma loira escultural, conheceu um homem muito bonito, rico, seguro e decidido numa balada. Olharam-se e sentiram uma forte atração. Ele decidiu que ela seria dele. Aproximou-se e foi tudo tão mágico entre eles que foram fazer amor. Apaixonaram-se. No dia seguinte, ele telefonou, mandou-lhe flores e começaram a namorar. Estão casados e muito felizes.

CUPIDO NOTURNO lamenta, reclama, bate as asas, meio irritado, e desabafa:

– Não entendo! Se o homem e a mulher se gostaram, por que esse preconceito? Às vezes fico bravo e, mesmo que o moço resolva não ligar para a moça, faço com que os dois se encontrem novamente por acaso! Sou teimoso, e se for destino dos dois... Minhas flechas não entram nas linhas telefônicas nem nos computadores, vão direto aos corações!

Interrompo os anjos para lhes contar (como se eles não soubessem...) que, por incrível que pareça, muitos homens paqueram a noite toda na balada, mas preferem pegar uma garota de programa. Os bares estão repletos delas. Perguntei a razão da preferência a vários deles, e ouvi a mesma resposta: "Pelo menos a gente não tem de se desgastar, ficar agradando, ligar no dia seguinte..."

Num bar badalado de São Paulo, famoso pela frequência de mauricinhos e patricinhas endinheirados, modelitos, vips, etc., vou a uma festa fechada. Nessa noite tem pelo menos sete homens para cada mulher. Começo a conversar com um homem bonito, jovem, bem-vestido surpreendentemente sincero. Reproduzo aqui parte do diálogo:

– Mas, então, você não acredita que possa encontrar uma mulher para namorar na balada?

– Não acredito mesmo. Olhe à sua volta! Não existe amor aqui! É tudo interesse! Elas só querem dinheiro!

— Mas se a maioria aqui é garota de programa, por que os homens vêm a um bar *fashion* e não vão direto a um puteiro?
— Porque aqui o nível é mais alto. Tem gente bonita, a casa é conceituada, as putas se misturam às modelos, sendo que muitas dessas modelos também fazem programa, tem mulheres legais, dondocas, patricinhas e, com tudo isso, o cenário não fica com clima de puteiro. O homem pode pegar uma modelo, por exemplo, e tratar diretamente com ela. Entretanto, o interesse dos homens é só sexo mesmo. Mas é tudo ilusão, fantasia. Aí o cara sai com uma mulher e pode se gabar dizendo que foi a um bar legal, não a um puteiro! Ele se sente melhor assim.

Muitas baladeiras que entrevistei me confessaram se sentir inseguras diante dessa situação e sem saber como agir. Quase todas disseram a mesma coisa: "Se a gente sai na primeira noite, acaba tudo ali mesmo; se a gente faz jogo duro, eles pegam outra!"

Obviamente, o cara esquece que a mulher só quis fazer o que tinha vontade no momento, assim como ele. E, ao invés de se valorizar por ter sido o escolhido, a desvaloriza, achando que ela sai com todo mundo. Na verdade, é um inseguro que não confia em si mesmo. Típico "machão brasileiro", que mama no leite materno os valores que todos conhecem. Assuntos que as revistas discutem em suas matérias de comportamento e os livros de autoajuda abordam constantemente e nem vale a pena repetir aqui. NEM FICA BEM. Tenho vergonha dos anjos! Ainda bem que eles não são brasileiros.

— Mas continuem, senhores anjos, vocês estavam falando sobre as diferenças...
— Pois é. Em outras culturas, nenhuma mulher é julgada por ter transado com o cara no primeiro, segundo ou terceiro encontro. Ali existe "de fato" uma coisa chamada Direitos Humanos, pela qual homens e mulheres têm os mesmos direitos. E que é levada muito a sério. E o "baladeiro ou baladeira internacional" parte do princípio lógico de que para escolher um par é preciso conhecê-lo por inteiro antes de decidir se quer ficar com ele ou não. Gente daquelas bandas não gosta de perder tempo com nada. Por isso são ricos e prósperos. Eles vivem no século 21. Lá é ao contrário. Se um homem gosta de uma mulher socialmente, quer logo saber se vai apreciá-la na intimidade também. Caso tudo corra bem, os

parceiros se comunicam no dia seguinte (tanto faz quem tomou a iniciativa), e está formado mais um casal. Pelo menos, para nossos protegidos que frequentam as baladas, coisas como transar na primeira, segunda, terceira ou quarta vez nem passa pela cabeça. Muito menos qualquer tipo de preconceito ou julgamento quanto a esse tema. São adultos. O que pode não uni-los é justamente o fato de não se darem bem sexualmente, esse é o primeiro requisito. Depois, vem o convite para sair de novo e namorar.

Por terem essa mentalidade moderna, homens e mulheres das bandas de lá não costumam julgar os outros antes de conhecê-los melhor, como acontece nas baladas brasileiras. Rodinhas femininas e masculinas fazendo fofoquinhas, observando o comportamento, as roupas e as atitudes dos outros, antes de se aproximar, é coisa do Terceiro Mundo. Os gringos, como vocês os chamam, são mais seguros, determinados, objetivos. Como os gays. Bateu o olho, gostou, levou. Não fazem prejulgamentos. Pagam para ver! Entretanto, encontramos outras dificuldades, outros problemas.

– Quais são?

– Nos Estados Unidos e na Europa, por exemplo, as pessoas são mais frias. Não existem julgamentos e preconceitos na forma de se relacionar. Entretanto, em alguns lugares, temos de suar as asas para aproximar as pessoas, porque, embora elas estejam solitárias e desejando desesperadamente encontrar alguém, colocam os interesses sociais e financeiros em primeiro lugar. Não gostam de se misturar e estão preocupadas em saber se as novas amizades ou amores pertencem à mesma classe social que elas e que vantagem isso poderá lhes trazer. É por isso que quando essa *gringada* visita as baladas brasileiras parece tão livre e à vontade. Sente calor humano. O que é mais difícil encontrar onde eles vivem.

– E os capetinhas atrapalham o trabalho de vocês?

– E como! Muitas pessoas que frequentam as baladas, em várias cidades no mundo, bebem e se drogam além da conta. Ou já saem de casa com pensamentos negativos. Com isso, baixam a própria vibração. Não podemos ajudar quem entra na vibração dos nossos adversários. Eles querem é desarmonia, brigas, confusão... e quem entra nessa acaba atraindo pessoas que estão na mesma sintonia. Quando vemos essa situação numa casa noturna, deixamos para aqueles terrestres grandões resolverem a situação e voamos para outros espaços onde haja pessoas com bons sentimentos, pensamentos e boas intenções. O que não é garantia nenhuma. Avise os humanos, nesse seu novo livro, de que se essa pessoa não sair de perto da confusão ou se não mantiver seu estado positivo, facilmente acabará pegando a carga energética do ambiente.

— Então, o que vocês aconselham? A maioria dos frequentadores das baladas está ali para se divertir, extravasar, desestressar. Principalmente nas cidades onde não tem praia, a vida noturna acaba sendo um entretenimento, uma válvula de escape. Como lidar com essas energias negativas, como inveja, ciúme, desconfiança, insegurança, máscaras sociais, olho gordo, e tudo o que faz parte da vida noturna a predileta dos diabinhos?

— Em primeiro lugar, cada um precisa fazer sua parte individualmente. Preparar-se mentalmente para se divertir, levar tudo na brincadeira, ver tudo de forma leve e descontraída, assumir uma postura amigável, educada e respeitosa com todos que encontrar e conversar, ter fé em si mesmo e acreditar que, aconteça o que acontecer, tudo dará certo. Em segundo, "telefonar" para nós, porque só podemos atender quem nos invoca. Uma conversinha rápida conosco antes de cair na balada vai fazer com que os humanos se sintam mais seguros. Devem pedir proteção, segurança e diversão saudável. Podem pedir, também, para encontrar um(a) namorado(a) ou fazer novos(as) amigos(as). Mas é óbvio que se algum engraçadinho nos pedir para ganhar muitas mulheres na balada, vamos mandá-lo conversar com o DEMÔNIO COME TODAS e o DIABO PEGA-PEGA. O mesmo acontecerá com a mulher que nos pedir para arrumar um monte de homens ou para a ajudarmos a roubar o namorado da amiga. Encaminharemos a senhorita ou senhora para a DIABA DÁ PRA TODOS e DEMÔNIA ROUBA HOMENS.

— Mas, anjos, vocês devem saber que nas baladas, hoje em dia, muita gente fica se gabando ao contar quantas bocas beijou (de língua) na mesma noite. Parece que virou moda. A galera acha o máximo beijar um monte de gente...

— Mas esse não é o nosso departamento! Recomendamos essas pessoas para o SATANÁS SETE LÍNGUAS e para a DIABA SETE LÍNGUAS.

— E para falar com vocês antes da balada, qual é o número do telefone? Vocês têm celular, algum posto de atendimento no céu?

— Quem quiser nos contatar, é só ligar para ANJOS BALADEIROS no número: **10101010101010101010**.

NOTA DA AUTORA: *Atenção, esse número não se encontra no catálogo telefônico. Quem quiser falar com* CUPIDO NOTURNO *ou* AMIGO DA NOITE *deve estar alegre, de bom astral e confiante. Pegue seu telefone, celular, ou vá até o orelhão. Não precisa apertar as teclas, apenas encoste os dedinhos nos números* FORNECIDOS *pelos anjos e nem espere o sinal. É só fazer seu pedido. Tente! Vale a pena! E... boa-noite!*

RÉVEILLON DOS ANJOS

Estou quase dormindo, agradecendo a Deus por ter mandado os anjos para me ajudar, quando ouço o bater de asas.

– Nossa, eles ainda estão aí. E, ainda por cima, fofocando! Espera! Estão falando de mim!

– Você viu, CUPIDO NOTURNO, essa dona escritora nem lembrou que já nos conhecia...

– Pois é, AMIGO DA NOITE, que ingrata! Há alguns anos, ela vivia conversando conosco, vestia-se de anja, ajudou a promover nosso RÉVEILLON durante anos consecutivos, divulgou nosso trabalho até na televisão e se esqueceu de nós. Não faz mal, os humanos têm memória curta. Mas vamos ajudá-la assim mesmo.

De repente cai a ficha e dou um salto da cama. Meu Deus, outro mico! Como pude me esquecer do tempo em que convivia diariamente com eles! Foi na época em que os anjos "estavam na moda". Só se falava neles! A escritora MÔNICA BONFIGLIO lançou vários livros sobre o tema e vendeu milhares de exemplares. Outros escritores começaram a explorar os mais diversos segmentos da angeologia. Subitamente, os anjos estavam na literatura, na arte, na moda.

Mas foi minha querida amiga, a empresária e designer de joias e bijuterias ADELINA SILVEIRA, quem me apresentou aos anjos. Ela tinha uma loja badaladérrima na Rua Oscar Freire, a mais chique de São Paulo – e fez o maior sucesso quando criou e lançou no mercado brincos, broches e outros acessórios em forma de anjinhos.

ADELINA sempre acreditou nesses seres celestiais. Tornou-se *expert* no assunto. Foi ela quem me ensinou que para atrair os anjos é preciso estar sempre confiante e feliz. Que eles são alegres, brincalhões, gostam de flores, frutas, da natureza, de tudo aquilo que representa O BEM e a ALEGRIA, e que adoram ajudar as pessoas incondicionalmente. Ela descobriu que várias correntes esotéricas acreditam que o ano termina no dia 31 de março. Então, idealizou um evento que batizou de RÉVEILLON DOS ANJOS e me chamou para ajudá-la. É que, segundo a tradição, todo ano, nessa época – dez dias antes e dez dias depois dessa data –, os anjinhos estão mais perto da Terra e vêm recolher os pedidos dos humanos para o novo ano.

A loja de joias, bijuterias e presentes finos ADELINA SILVEIRA estava sempre cheia de gente e tinha o astral alegre, leve e feliz – como todos os lugares onde se sente a presença dos anjos. Entretanto, quando promovíamos o evento, que acabou se tornando uma tradição, a Rua Oscar Freire parava. Era tudo tão mágico que os convidados, todos vestidos de branco, não se incomodavam em ficar na rua ou nos arredores aguardando para entrar na loja (que era pequena) e depositar seus dez pedidos (10 é o número dos anjos) escritos numa folha de papel na enorme cesta lindamente decorada para a ocasião. No fim da noite, como não tínhamos asas de verdade, eu (vestida de anja-chefe) e os outros anjos (modelos contratados) partíamos numa caravana, uns três ou quatro carros, para cumprir o ritual e depositar a cesta com os pedidos das pessoas em algum lugar perto da natureza. Eu sempre escolhia uma praça linda, com muitas flores, árvores e plantas, onde nossos amigos do astral poderiam recolher os inúmeros pedidos e serem vistos e ouvidos pelos sensitivos. Tem gente que jura que os viu!

No último ano em que celebramos a data, nossa festa teve até cobertura pelo programa *Fantástico*, da TV Globo.

Quando contei a ADELINA SILVEIRA ALCÂNTARA MACHADO sobre o livro e os anjos, ela, que é presidente da Organização Brasileira das Mulheres Empresárias (OBME), uma grande guerreira que há muito tempo vem lutando pela justiça na política brasileira, sempre engajada em muitas causas sociais e, diga-se de passagem, profunda conhecedora da alma feminina, me disse:

– A maioria das pessoas que frequentam a vida noturna sai para espairecer e se divertir. Uma mulher pode sair sem expectativa nenhuma e, de repente, encontrar um companheiro. Mas, para ser bem-sucedida e atrair esse encontro, ela tem de estar de bom astral. E o que chamo de mulher bem-sucedida é aquela que sabe driblar qualquer depressão, se ama, tem estilo próprio e pisa firme. Acima de tudo, ela tem de acreditar em si mesma. Esse tipo de mulher atrai os anjos, mesmo que não acredite neles. E, provavelmente, é quem tem mais chance de encontrar um grande amor.

Os anjos CUPIDO NOTURNO *e* AMIGO DA NOITE *não conhecem fronteiras, muito menos têm preconceitos...*

O ESPANHOL E O ALEMÃO

Sempre me senti parte da magia noturna. Adoro música, teatro, shows, discotecas, tudo o que a noite pode oferecer. E tudo começou quando terminei o serviço militar em CÓRDOBA (ESP), minha cidade natal. Desde criança, eu tinha boa voz. Cantava no coro da escola e no da igreja. Depois do serviço militar, comecei a participar de concursos promovidos para descobrir novos talentos. Em 1981, aos 21 anos, conquistei, em BARCELONA, o primeiro lugar no Concurso de Canções Flamengas, e todas as portas se abriram para mim. Apresentei-me por toda a ESPANHA, cantando em teatros, shows, cabarés, etc. Até que em 1985, recebi um convite para cantar na ALEMANHA. Cantei no THEATER DES WESTENS, CHEZ ROMY HAAG, FOLK PUB e outros.

Vivendo e trabalhando em BERLIM, eu já falava o idioma, e isso facilitou tudo. Depois que o MURO DE BERLIM caiu, em 1989, recebi um convite para me apresentar em uma turnê por toda a ANTIGA DDR - DEUTSCHE DEMOKRATISCHE REPUBLIK (República Federal Alemã). Era um show só para as mulheres, no qual eu cantava e cinco bailarinos faziam *striptease*, o que virou moda nos anos 1990. Algo inédito em um país que até 1989 era comunista, controlado pelos russos, onde as mulheres jamais imaginavam poder assistir a um show desse tipo, com homens tirando a roupa. Elas enlouqueciam...

Um desses cinco bailarinos que se apresentavam comigo, o ALEMÃO, chamou a minha atenção de cara. No fim da turnê, já estávamos apaixonados e nunca mais nos separamos. Em 1994, abrimos uma agência de representações artísticas, a ADAGIO, trabalhando com grupos de dança, cantores, *strippers*, enfim, artistas que alegrassem e animassem a louca vida noturna de Berlim.

Em 2004, depois de 13 anos de uma relação maravilhosa, nos casamos e vivemos muito felizes. Graças a Deus, na Alemanha, o casamento gay é permitido.

A americana e o irlandês

Eu ADOOOORO a vida noturna. Por incrível que pareça, para mim ela é sinônimo de paz. As pessoas são mais sorridentes, simpáticas, descompromissadas e leves. Gosto de dançar, conversar, conhecer gente nova e sentir toda magia, a paz que a noite nos proporciona. Numa cidade louca como NOVA YORK, o dia é sempre neurótico, ninguém tem tempo para nada, uma correria eterna.

Sou psicóloga, trabalho muito, tenho 32 anos e nunca deixei de me divertir. Numa noite mágica e especial, fui comemorar o aniversário de uma amiga no BUBBLE BAR. Um lugar chique onde as pessoas dançam, comem, bebem e se divertem até altas horas. Estava sentada no bar tomando um gim-tônica, batendo papo com a aniversariante, quando chegaram alguns amigos para cumprimentá-la. Logo de cara, um deles, o IRLANDÊS, me chamou a atenção. Alto, moreno, olhos verdes, lindo...

Conversamos a noite toda e, quando ele me tomou nos braços para dançar, meu coração bateu mais forte. Ele me acompanhou até em casa, foi tudo maravilhoso e marcamos um novo encontro para o dia seguinte. Fomos ao CHINA CLUB, muito frequentado pelos baladeiros de NOVA YORK. Nunca mais nos separamos. Ele, que é músico e empresário, abriu um pub em DUBLIN e outro em ENNISTYMON.

Atualmente sou mãe, mas nos fins de semana sempre tenho uma babá para ficar com a criança. Assim posso curtir a noite com meu marido e ajudá-lo nos bares. Acho que, mesmo com mais filhos, seremos eternos baladeiros. Afinal, a noite trouxe o homem da minha vida, meu grande amor.

Histórias que provam a força do amor. Ou seria do destino? Não importa. Apesar de culturas diferentes determinarem algumas nuances no comportamento das pessoas, o sentimento ainda prevalece. Mesmo que europeus, americanos e outros povos se considerem mais evoluídos, "livres" e civilizados que nós – até mesmo porque o que está rolando nas baladas brasileiras atualmente já acontece lá fora há muitos anos –, eles admitem que é muito mais fácil se relacionar nos nossos parquinhos noturnos.

Um nicaraguense que mora em Miami há muitos anos frequenta sempre o mesmo bar quando vem a São Paulo. Observo que ele puxa conversa com as pessoas, não tira o sorriso do rosto e qualquer insensível pode ver o quanto ele está feliz. Descubro a razão.

– Você é sempre assim alegre?

– Eu me sinto realmente feliz no Brasil. As pessoas são mais alegres, abertas. Em MIAMI são frias, distantes e, para se conhecer alguém nas baladas, tem de se falar em negócios. A cultura americana valoriza os dólares. Trabalho com informática e viajo muito. As melhores baladas do mundo são no BRASIL, na VENEZUELA e no CARIBE. Os relacionamentos estsão muito mais fáceis e as pessoas estão interessadas em fazer amizade, não em contatos profissionais que poderão render lucros. Em MIAMI, temos milhares de latinos e cubanos. Se não fosse por eles, a vida noturna da cidade seria muito chata.

A PORTUGUESA

Conheci meu grande amor, com quem fiquei casada por oito anos, na discoteca PEDRA DO COUTO, na cidade do PORTO, em PORTUGAL. Fazia muito frio naquela noite. Eu aguardava na fila, quando ele me ofereceu seu casaco. Foi muito cavalheiro. Aquilo me conquistou. Foi amor à primeira vista, porque uma semana depois ele me pediu em casamento. Mas, de maneira geral, apesar de a vida noturna em Portugal ter animação, especialmente em LISBOA, onde agora temos o BUDDHA BAR, frequentado por vips e famosos, é difícil se enturmar. As pessoas não são tão abertas como no Brasil. Elas têm seus grupos. Só tem acesso livre quem tiver nome, tradição, brasões, sangue azul.

Eu só me interessei por meu ex-marido porque ele demonstrou que queria me conhecer como mulher. Viajo por diversos países e conheço bem a vida noturna de cada um deles. Atualmente, em qualquer balada do mundo, as pessoas transam hoje e amanhã nem se conhecem. Acho que se não houvesse tanto interesse sexual – e na maioria das vezes é só isso o que acontece – as baladas seriam muito melhores.

O VENEZUELANO

Na Venezuela, a vida noturna é marcada pelo alto nível social. É bem segmentada também. Há muitos bares, boates e tem público para tudo. Alguns gostam de música latina, outros preferem a eletrônica. As pessoas são amistosas e alegres. Tive uma casa noturna, STUDIO 54, por três anos, e pude observar o comportamento do público. A maioria das pessoas sai na noite em busca de alguém especial. Acertar na escolha ou não é um jogo de roleta. O casal só vai saber se ganhou depois do sexo. E, se acontecer no primeiro encontro, é ótimo. Logo se sabe se vai dar certo ou não. Tenho vários amigos que se conheceram na minha casa noturna, casaram e estão juntos até hoje. Aliás, de cada dez pessoas que se conhecem nas baladas, seis continuam se relacionando posteriormente. Tornam-se amigos, amantes ou namorados. Entretanto, acredito que para isso acontecer é necessário uma boa dose de tolerância. Estar apto a conhecer o outro sempre respeitando as diferenças. E, sobretudo, ter um comportamento normal. Tirar a máscara antes de sair de casa.

NOTA DA AUTORA: *Como se pode concluir, parece que intimamente gringos e brasileiros, consciente ou inconscientemente, desejam a mesma coisa: amizade, amor, carinho, atenção, sentimentos verdadeiros. E, mesmo quem já encontrou seu par e sai para as baladas à procura de qualquer outra coisa, sempre se sentirá bem – e o que é mais importante e melhor do que se sentir bem? – ao se relacionar harmoniosamente com outras pessoas. Afinal, são seres humanos. E essa é uma regra sem exceção.*

Capítulo 2

ANTES E DEPOIS DAS BALADAS

Antes...

ELA: A mulher adora o ritual pré-balada. Pode ter um delicioso *frisson*, que já começa quando ela sabe que vai para a *night*, ou um ataque de nervos. Não importa se ela é rica ou pobre, baladeira ou madame, nem o tipo de festa a que vai. A primeira preocupação da mulher é sempre a mesma: com que roupa eu vou?

— Acho que vou vestir o pretinho básico. Mas aquelas peruas vão estar lá! E já me viram duas vezes com este vestido. Vão dizer que eu não tiro mais o preto porque estou gorda. Ou porque estou pobre! Aquelas piranhas invejosas... É porque elas não têm peitos iguais aos meus. Vou colocar meu jeans com aquela blusa branca que valoriza meu silicone e vou arrebentar! Será que aquele gato vai estar lá? E aquele moreno vai ficar com aquela feia de novo? Não quero nem saber, hoje vou encontrar minha alma gêmea!

E o devaneio continua...

— Estou cheia desses homens que só querem sexo! São todos iguais! O gato vem com aquela conversinha de que eu sou a mais bonita da festa, que quer me conhecer melhor e, se eu transar com ele na primeira noite, o cara desaparece; se fizer jogo duro, ele fica com outra. De qualquer maneira, eu PRECISO arrumar um namorado hoje! Pelo menos um ficante... E quero dar muito beijo na boca.

Em frente ao espelho, ela passa rímel quinhentas vezes; gloss e batom pelo menos duas. Ajeita o cabelo quatrocentas; faz caras e bocas, mil cacoetes e *xoxoetes*, enquanto pensa, pensa, pensa... e pronto! Já mudou de ideia. Sai com a minissaia preta e regata da mesma cor.

Ouço o bater de asas. É o CUPIDO NOTURNO que se aproxima, todo nervosinho.

– O que aconteceu?

– Você reparou que os problemas dos humanos já começam antes de caírem nas baladas?

– Como assim?

– Nos pensamentos. Como vou ajudar essa moça confusa a encontrar sua alma gêmea, um namorado, se ela pensa mal das outras mulheres, em três homens ao mesmo tempo, e quer beijar muito, não importa quem?

– Não seja implicante. Muitas mulheres, hoje em dia, pensam assim. Querem se divertir.

– Tudo bem. Quando ela chegar à balada, vou entregá-la aos cuidados da MADAME SATÃ SILICONADA ou da DIABA SETE LÍNGUAS, já que o negócio dela é línguas!

Outro tipo de mulher, que chega exausta do trabalho, se olha no espelho, vê olheiras profundas, rosto abatido, e se pergunta: "COMO É QUE VOU SAIR COM ESSA CARA?"

Toma um banho, escolhe o vestido vermelho supersexy, sandálias de salto altíssimo, começa a se maquiar e pensa: "Acho que esse batom é muito forte, vou fazer o contorno dos lábios e passar um gloss. Ainda bem que fiz escova ontem. Mas será que vou com este vestido mesmo?"

E telefona para a amiga...

– Com que roupa você vai?

– Acho que vou pôr aquele vestido azul que comprei em um brechó de Londres e todo mundo pensa que é de grife, querida! E você?

– Eu não sei... acho que vou vestida para matar. O que sei é que quero arrasar nesta noite. Será que aquele f.d.p. vai levar a mulher dele? Aquela perua velha cheia de Botox, que já deve ter feito umas dez plásticas? Se ele estiver com ela, juro que vou sair com aquele segurança na cara dele. Nossa! Ele é tudo de bom. É só dar um banho de loja no gato... Aí, querida, adeus gordinho com sua careca, sua barriga e seu carro importado. E ele pode ficar com a baranga da esposa e com todo o dinheiro dela!

Outra vez identifico o agitado bater de asas do CUPIDO NOTURNO.
– Vai implicar com essa também e fazer outro sermão?
– Não. Ela que peça ajuda à DEMÔNIA ROUBA HOMENS e boa sorte! Ou, ainda... Ela muda de roupa cinco vezes.

– Mãe, eu não tenho roupa para sair!(O armário está cheio, não cabe nem mais uma peça de roupa.) Minhas amigas estão sempre usando coisas novas, e eu com essas velharias que todo mundo já viu! Olha! Este sapato não combina com esta saia! Que horas são? Será que ele vai chegar atrasado de novo? Será que o meu amor vai gostar do corte do meu cabelo? (Detalhe: ela só aparou as pontas.)
E o namorado chega.
– Oi, amor, estou bonita?
– Está linda. Vamos nessa?
– Você não vai falar nada? Passei duas horas me produzindo, você chega atrasado e nem repara que cortei o cabelo?
– Mas, amor, eu já disse que você está linda e seu cabelo também.
– Está legal. Quero ver se nesta noite você vai reparar nas outras e naquela galinha da sua amiga, que vive dando em cima de você! Eu quero mudar de bar. Com tanta opção, você quer sempre ir ao mesmo lugar e titititititititititititititi...

E o que é pior: Quando finalmente ela está pronta e linda, depois de horas de sofrimento, indecisão e produção... a meia de náilon desfia na hora de sair; a unha que ela acabou de pintar borra inteirinha; o telefone de casa não para de tocar; o salto quebra quando ela está indo pegar o carro, a amiga que vai acompanhá-la aparece com a roupa igualzinha à dela (como gêmeas idênticas indo ao parquinho); e outras *cositas más*.

Entretanto, o fato é que, se divertindo ou se preocupando com o que vai usar e como vai estar a sua aparência; nervosa ou não; segura, insegura, feliz ou infeliz; de TPM ou não, toda mulher curte ou sofre muito antes de cair na balada, mas quando chega à festa consegue esquecer, em segundos, absolutamente tudo por que passou.

Tudo pelo social

ELE: Os homens, em geral, são mais práticos e objetivos. Antes de cair na noite, suas preocupações são geralmente com o bolso ou...

O BONITÃO toma uma ducha, lava a cabeça, faz a barba e pensa: "Será que a balada vai ser boa hoje? Vou ter de passar no caixa eletrônico. Será que 70 reais bastam? E aquela gostosa, será que vai estar lá? Hoje eu como ela. Mas aquela amiga dela... Como é o nome da loira mesmo? Se ela me esnobar hoje de novo, eu saio com a amiga dela, que é uma puta gostosa. Ela é meio chatinha, mas tem uma bunda... Ah! Mas que eu vou ficar com ela ainda, eu vou mesmo! *Demorô*! No mínimo, vou cruzar com meus amigos, beber todas, e me divertir..."

— E aí, ô da flecha, o senhor só implica com as mulheres? Não vai fazer nenhum comentário?

— Desculpe, cheguei atrasado. Estava justamente ligando para o DIABO PEGA-PEGA e o SATANÁS BEBERRÃO LEI MOLHADA, aquele que assinou a Lei Molhada no inferno com direitos reservados aos terrestres, avisando-os que encontrei um ótimo cliente para eles. Sou um anjo. Tenho de ajudar até os capetinhas baladeiros. Um dia eles vão evoluir e se tornarão anjos também. É a minha missão.

— Por que, senhor CUPIDO, o senhor já foi capeta no passado?

— Recuso-me a responder a essa pergunta, dona escritora!

— O senhor me desculpe, o amor é lindo, mas suas flechas têm algo de diabólico também. Quando as pessoas se apaixonam, ficam dando defeito. Meio surdas, cegas, bobinhas, e daí por diante...

— Sem comentários.

O VAIDOSO RECÉM-SEPARADO pergunta ao amigo se está bem, arruma o cabelo três vezes, troca de camisa duas, se enche de perfume, resolve vestir a cueca de seda que ganhou da ex-mulher, mas que nunca usou quando estava com ela, e comenta com o *brother*:

– Meu, vou sair com uma puta gata hoje. Ainda não sei aonde vou, mas preciso impressioná-la. Ela me parece daquelas que, se eu regular qualquer coisa na balada, não vai dar para mim nem a pau. Bom, acho que vou levá-la para jantar num bom restaurante, depois vamos dançar, encho a cara dela de champanhe, e aí ela não vai ter como dizer não. Acho que vale a pena investir nela, me disseram que a gata é boa de cama...

O MAIS ROMÂNTICO, enquanto toma banho, pensa:

"Eu preciso arrumar uma namorada nesta festa hoje. Está na hora de me amarrar de novo, ter uma mulher só minha, me apaixonar... Mas as mulheres estão tão assanhadas e interesseiras que não sei se vou encontrar. Eu estava a fim da morena, mas ela estava tão perua e vulgar naquela balada de axé, que eu brochei geral. E aquela ruiva, então? Linda, mas só sai com um cara se ele tiver, além de um carrão, barco, moto, casa na praia, conta bancária no Caribe. Eu não sei o que essas mulheres têm na cabeça hoje em dia, porra!"

Em geral, o homem tem certa preocupação com o dinheiro e os cartões de crédito que carrega no bolso. Ou com a falta deles. Mas quando vê aquele bando de mulheres lindas e assanhadas e aquele festival de peitos e bundas para todos os gostos, esse ser, que é um VOYEUR por natureza, esquece qualquer pensamento, inclusive o item dinheiro.

TUDO PELO SEXO
DEPOIS...

Na noite acontece de tudo. Uns drinques a mais e... ninguém escapa! Todo cuidado é pouco...

Em São Paulo...

Nos anos 1960 e início dos 1970, a vida noturna de SAMPA acontecia no centro da cidade. Bares, restaurantes e boates de hotéis de luxo ofereciam o melhor para a exigente elite paulistana. Segundo os antigos boêmios da cidade, uma FIGURAÇA que morava em um hotel aprontava poucas e boas para a diversão dos seus amigos frequentadores e funcionários do bar. Ele era carismático, engraçado e todo mundo gostava dele. Tomava porres homéricos. Mas esse foi o pior de todos, e a história se espalhou pela cidade. Ao sair da badalada boate do hotel onde morava, pegou um táxi e o motorista perguntou aonde ele ia. Sabe o que ele respondeu? "Jamais saberás." E, em seguida, apagou.

O motorista do táxi, que já estava a um quarteirão do hotel, voltou, chamou os funcionários, perguntou se eles conheciam a figura, contou o que seu passageiro bêbado tinha falado e, quando eles confirmaram que ele morava no hotel, pediu que o retirassem do carro. Foi embora reclamando, dizendo que em 40 anos de profissão nunca tinha visto nem ouvido falar de tamanho absurdo. E os funcionários tiveram de levar o cavalheiro para o quarto carregado, porque ele não acordava de jeito nenhum.

Em Belo Horizonte...

Depois de passar cinco dias em Belo Horizonte (a última noite numa delegacia), cheguei à conclusão de que os mineiros baladeiros são mais loucos (no bom sentido, é claro) que os paulistas e os cariocas juntos. Fiquei hospedada no apartamento de uma amiga, assessora de imprensa muito conhecida na cidade. No dia em que cheguei à BH, ela estava chorando porque seu gato angorá tinha caído do 12º andar e morrido. Eu sabia que ela era meio doidinha, só não imaginava o quanto! A figura dormia com a luz do quarto acesa, rádio e televisão ligados simultaneamente em um volume tão alto que até as pessoas meio surdas reclamariam. Havia jornais, revistas e livros espalhados por toda sua imensa cama de casal e uma irritante caixinha de música no criado-mudo que não parava de tocar. Sem falar no gigantesco urso de pelúcia ao qual ela dormia agarrada. Depois de ver a mesma cena noturna por todo o tempo em que estive lá, antes de ir embora disse a ela:

– Minha amiga, seu gato não caiu, ele se suicidou! Toma cuidado porque seu urso de pelúcia fará a mesma coisa!

Na minha última noite em BH, minha amiga me levou a uma casa noturna muito badalada e frequentada pela alta sociedade da cidade. A turma dela era ótima, e fui apresentada a uma *socialite* hilária que falava tudo na terceira pessoa. Vamos chamá-la de Tininha. Ela sempre se referia a si mesma como Tininha. Notando que a madame estava meio chateada e tomava champanhe sem parar, perguntei o que tinha acontecido.

— Ah, querida, Tininha está aborrecida porque seu ex-marido não quis trocar o carro dela este ano nem lhe dar o colar de esmeraldas que ela pediu. Hoje, Tininha foi ao escritório dele e tiveram uma briga terrível...

— Desculpe, mas se ele não é mais seu marido, por que deveria trocar seu carro e te dar presentes?

— E para que serve ex-marido, meu bem?

Notei que ela estava "alta", saí dando risada e fui dar uma volta. Quando voltei para procurar meus novos amigos, o *maître* me disse que estavam todos indo embora porque Tininha tinha arrumado a maior confusão, e os seguranças a levaram para fora. Cheguei à frente da boate a tempo de ver a *socialite* perder a pose e meter a mão na cara do segurança, "desmaiando" em seguida. O barraco estava armado. Minha amiga contou-me que Tininha sempre fingia desmaiar depois de aprontar alguma. Todo mundo falava junto, ninguém se entendia, e logo que Tininha voltou a si, depois do desmaio, um homem que parecia estar meio bêbado também se aproximou e começou a dar bronca em todo mundo. Informaram-me de que era o delegado. Tudo aconteceu muito rápido, e eu não sei de onde surgiram tantos policiais. Só os ouvi dizerem:

— Todo mundo para a delegacia!

Quando um deles segurou meu braço, tentei explicar que era jornalista e só estava ali de passagem, mas já estava a caminho da delegacia junto a todos aqueles colunáveis.

No "xadrez", presenciei uma das cenas mais inusitadas que já vi em minha vida. O delegado, que parecia bêbado, não sei se havia tomado uns drinques a mais ou se estava BÊBADO DE SONO (isso foi antes da Lei Seca e não pedimos para ele assoprar no bafômetro), sentado à mesa, pedia ao escrivão para tomar o depoimento da *socialite* bêbada sentada em frente a ele. E todos nós de pé (umas dez pessoas) se segurando para não rir.

— Como é seu nome, minha senhora?

– Tininha.
– Perguntei o seu nome, minha senhora, e sua idade também.
– Tininha nasceu em 19... – ela enrolava os últimos números e ninguém entendia nada.
– Minha senhora, em que dia, mês e ano a senhora nasceu? E qual é seu sobrenome?
– Tininha nasceu em 20 de fevereiro de 19... – novamente ininteligível.
– Onde estão seus documentos?
– Tininha perdeu...

Ninguém aguentou. Todo mundo começou a rir. O delegado estava tão bêbado ou ensonado (é sabido que delegados viram a noite dando plantão) que não tinha forças nem para falar.

– Se a senhora não disser seu nome e quantos anos tem, vou ter de prender a senhora e seus amigos – disse ele, tentando manter a autoridade.
– Tininha tem um ânus só e *alrs alrs slr slr* anos – respondeu.

E é claro que ninguém decifrou o número que ela dizia. Minha amiga, pessoa influente na cidade, resolveu se intrometer.

– Não adianta, delegado. Ninguém sabe a idade dela. O senhor pode prendê-la e até torturá-la que ela não vai dizer. A bolsa dela sumiu na confusão...
– A senhora não se meta. Não estou falando com a senhora.

E, de novo, dirigindo-se à interrogada alcoolizada:

– Dona Tininha, a senhora vai responder às minhas perguntas ou não?

Tininha mudou de assunto completamente. Contou uma história tão engraçada que até o delegado riu. De repente, ele lembrou e perguntou:

– Dona Tininha, pela vigésima vez...

Isso continuou por mais algum tempo. Ela até disse seu nome completo, mas a idade, de jeito nenhum. Até que o delegado literalmente dormiu sobre a mesa. E o escrivão, envergonhado, mandou todo mundo para casa.

Capítulo 3

DIFERENÇAS QUE FAZEM A DIFERENÇA

Alguns tipos de frequentadores da vida noturna

"O NORMAL" é aquele que gosta de sair à noite, em média três vezes por semana, geralmente janta em um bom restaurante e depois estica para um bar ou boate. Pode comer também no mesmo local que escolheu ir. Frequenta quase sempre as mesmas casas, prefere lugares que não tenham características boêmias (músicas românticas e nostálgicas, ambiente à meia-luz) e que não sejam destinados ao público muito jovem.

A opção quase sempre recai em casas que toquem músicas alegres (ao vivo ou mecânica) para dançar (seja qual for o gênero musical) e sejam frequentadas por um público na faixa etária acima de 35 anos.

Ele fala de todos os assuntos, inclusive de negócios. Muitas vezes fecha negócios, paquera, brinca, dança, bebe e vai embora.

"O BOÊMIO" é sempre romântico. Um cliente fiel. Escolhe um bar para se reunir com os amigos, sentar-se, beber e jogar conversa fora. Geralmente toma uísque, champanhe ou um bom vinho, chope ou cerveja. Aprecia o verdadeiro sabor da bebida, seja ela qual for, e curte boa comida.

"Viaja" ao ouvir suas músicas prediletas, sabe todas as letras, não tem hora para ir embora. Geralmente, chora seus casos de amor desfeitos e seu assunto preferido é mulher. Quase nunca fala de negócios.

Escolhe bares que apresentam cantores ou bandas de MPB, não tem vergonha de se emocionar com uma música, nem de oferecer uma rosa a uma mulher, nem de ser cavalheiro, nem de ser ele mesmo.

"O BALADEIRO" é aquele que segue a moda. Literalmente. Vai a todos os bares dos quais ouve falar que "tem gente bonita", público jovem, pula de galho em galho, sai para paquerar ou conhecer gente nova, quer ficar embriagado o mais rápido possível, bebe por beber, bebe para curtir. Adora cerveja, toma qualquer bebida, toma energético e muitas vezes nem sabe o que bebe.

Dança no embalo do ritmo escolhido, mas quase sempre não presta atenção nas letras. Conversa sobre todos os assuntos, especialmente sobre as gatas do local. Quer ser vip em todas as casas que frequenta e, se não consegue, parte para outro bar. O seu objetivo é zoar, se dar bem, beijar, ficar com uma gata ou com várias, dar risada, curtir e saber da balada do dia seguinte. Como todo jovem, ele quer ser feliz! É só alegria!

As mulheres "NORMAIS", "BOÊMIAS" ou "BALADEIRAS" se encaixam nos respectivos perfis masculinos. É claro que em proporções mais amenas. Por exemplo, enquanto os baladeiros querem transar, as baladeiras se contentam em beijar MUUUUITO.
Dependendo da faixa etária, cada uma assume seu objetivo na balada.

Tenho uma amiga boêmia que frequenta bares de **MPB**. Advogada, bonita, 40 e poucos anos, MARLY foi casada durante muito tempo. Ao ficar viúva, ainda muito jovem, caiu na noite. Ela me contou que todas as sextas-feiras seu finado marido dizia a ela que tinha aulas de harpa. Mesmo achando estranho, ela não dizia nada. Numa viagem ao Paraguai, quando assistiam a um show, MARLY notou que lá havia uma harpa. Pediu ao marido que tocasse alguma coisa, afinal, ele fazia aulas havia tanto tempo... Mas seu esposo não conseguiu dedilhar uma só nota e acabou contando que mentia para cair nas baladas com os amigos.

Hoje me divirto com essa história e, apesar de termos tido uma vida social intensa, agora entendo por que ele gostava de sair sozinho com os amigos.

Sou a maior baladeira, além de adorar sair sozinha com minhas amigas.

É claro que eu adoraria encontrar um amor e casar de novo, acho que esse é o objetivo da maioria das mulheres que saem sozinhas na night. Mas, enquanto isso não acontece, o importante é dar risada, se divertir...

– Hei, anjos...Vocês ouviram essa história? Harpa é coisa de vocês...
Amigo da Noite e Cupido Noturno respondem em uníssono:
– Não esse tipo de harpa, querida! Acho que esse moço dedilhava a harpa do Capetão Pula-Cerca!

OUTROS TIPOS E "TIPAS"

"As tipas"

A simpatiquinha: sorri a todo o momento. Sorri para as mulheres, para os homens, para os garçons, para os drinques, paras as mesas e cadeiras. É prestativa ao extremo, pergunta a todos se pode ajudar em alguma coisa, ri de qualquer piada, até das sem graça, concorda com tudo o que dizem, atura tudo, até falta de respeito e educação – e, mesmo morrendo de raiva, dá um jeito de fazer uma gracinha. E quando um "mala ou bebaço" de quem todo mundo foge vai falar com ela, a Miss Simpatia aguenta firme e sorri. (Quando chega em casa, toma um valium ou Maracugina!)

A nervosinha: já sai de casa nervosa. Chega à balada implicando com tudo. Discute com o manobrista; briga com os seguranças porque tem fila; fica nervosa porque os homens estão olhando para seus peitos de silicone; fica nervosa porque os homens não estão olhando para ela; fica nervosa porque o garçom demora em trazer seu drinque; dá piti porque um cara brincou com sua amiga; fica nervosa na hora de pagar a conta... E, na balada seguinte, fica mais nervosa ainda porque o cara que ela paquerou na última balada está "ficando" com outra. (E, então, ela pede à simpatiquinha um valium ou Maracugina.)

A difícil: aquela que está morrendo de vontade de "ficar" com um homem, mas faz jogo duro até ele ameaçar ir embora ou dar em cima da amiga dela. Aí ela fica.

A ATIRADA: numa roda de homens e mulheres, ela encara, se joga para cima do cara que quer, faz carinhos enquanto conversa e só fala com quem está a fim. Toma a iniciativa, pede o telefone, chama o cara para sair e ir a outro lugar...

A INSEGURA: vai quinze vezes ao banheiro; não sai da frente do espelho; pergunta toda hora para as amigas se está bonita; pergunta para moça que toma conta do banheiro se está bem mesmo; pergunta para outras mulheres que nunca viu na vida se está gorda ou se sua roupa está feia. Quando o cara que ela está paquerando vem falar com ela, comenta: "Eu achei que você estivesse a fim da minha amiga!". E, depois que ele fica ao seu lado o tempo todo e no fim pede seu telefone, vai embora perguntando para a amiga: "Você acha que ele ficou a fim de mim mesmo, pensei que estivesse a fim de você! Será que ele vai telefonar, não acredito..."

A PATRICINHA: "Ela se acha." Não olha nos olhos do cara. Não responde às perguntas e esnoba. É neutra. Não se sabe quando ela está a fim de alguém ou não. Faz caras e bocas o tempo todo, ajeita o cabelo mil vezes, fala ou finge que está falando ao celular toda hora, desdenha os tipos largados, faz jogo duro com todos os que se aproximam e, segundo "OS MENINOS", o final da paquera é imprevisível.

A BÊBADA: ridícula. Faz questão de se exibir para os homens e dançar sensualmente, mas não cola. Dá para ver que não é sensualidade. É bebum mesmo.

A TÍMIDA: segundo os homens, essa tipa nunca olha para eles. E sabe o que eles pensam? Que, na verdade, é uma esperta, que só olha quando o cara não está olhando; só nos momentos certos. E instiga o homem a querer chamar a atenção dela e a conhecê-la. Presumem que quando chegarem perto dela vai dar certo. Que maldade...

A ESTRANHA: ela dá moral para o cara a noite toda. No fim, vai dormir com a amiga.

Devo esclarecer que algumas dessas tipas foram definidas pelos baladeiros (de 20 a 40 anos) que entrevistei.

Mas não se estressem, meninas, tem a revanche.

Depois de quinze anos levando cantadas nas baladas, eu também posso descrever alguns paqueradores típicos; o que dizem e como agem depois de alguns drinques. Ou caretas mesmo.

E, pela minha experiência como repórter, posso assegurar que o filme é o mesmo para milhares de mulheres.

"Os tipos"

O INSEGURO: geralmente é mais bem-educado. Pergunta se a mulher está sozinha, se tem chance com ela, lhe oferece um drinque, a elogia, quase pede desculpas por estar ali. E parece que quanto mais segurança se dá ao inseguro, mais inseguro ele fica. Quando o paquerador pede o celular da paquerada, ela acha que venceu. E, então, o inseguro pergunta se ela deu o número certo, e na cara dela resolve checar e ligar para o celular da paquerada. Se for uma moça educada, calma e compreensiva, ela sorrirá complacente, mas vai perder o encanto e se arrepender de ter dado o número do seu celular. Agora, se ele cruzar uma temperamental na TPM, além de perder a chance de conhecê-la melhor, poderá ver seu aparelhinho voando pelos ares.

O GALINHA: se acha o rei da cocada preta e sabe como paquerar e envolver uma mulher; "171" de primeira. Diz para a paquerada que faz um tempão que está olhando para ela, que encontrou a mulher da sua vida, que ela se vai casar com ele e que, se ela o rejeitar, vai fazer uma loucura, subir no balcão ou no palco do bar e gritar para todo mundo que teve uma paixão à primeira vista, etc. O tipo é convincente, sensual, fala e pega firme, olha nos olhos, faz com que a mulher se sinta a única. É engraçado e inteligente. Mas, então, ela percebe que o garanhão olha para todas as mulheres que passam. Diz para si mesma que ele deve ser estrábico (mulher adora se enganar) e, quando volta do banheiro direto para os braços da sua alma gêmea, ele está contando a mesma história para uma morena que olha para ele toda derretida e hipnotizada.

O MILIONÁRIO: geralmente acha que toda mulher está à venda. Oferece champanhe para a paquerada, fala dos seus carros, barcos e propriedades, a convida para passar um fim de semana em Angra dos Reis. Ele garante que viajarão em seu helicóptero e que, se o tempo estiver bom, vão velejar. E, quando a moça resolve gozar da cara dele e diz que tem medo de altura, enjoa nos barcos e não gosta de praia, ele decide que irão para sua fazenda no Pantanal. Ela afirma que não gosta de mato e tem horror a bicho. Quando ele, incrédulo, sente que não conseguiu impressioná-la com suas riquezas e pergunta do que ela gosta, afinal, a moça pega no braço do *maître* da casa, simulando que tem um caso com ele, e se levanta da mesa deixando o ricaço indignado.

O COROA CASADO: ele se torna um frequentador assíduo das baladas especialmente em janeiro e julho, quando sua esposa está viajando com os filhos. Sai na noite à procura de aventuras e acha que todas as mulheres, hoje em dia, saem com homens comprometidos. E o que é pior: acredita que elas ficam mais interessadas e instigadas ainda quando observam a enorme aliança que ele usa na mão esquerda. Conta as velhas histórias de sempre, diz que está se separando; que seu casamento não vai bem, etc. Mas, quando leva um fora, e a paquerada diz que não sai com homens casados, ele sai do bar dizendo que naquele lugar só tem puta.

O GAROTÃO: geralmente, ele quer "pegar" alguém. Se ele gostar da gata, não importa a idade dela. Se for uma mulher mais velha, ele vai logo dizendo que sua última namorada era dez anos mais velha que ele e até aumenta a própria idade. Diz que as garotas mais novas são chatas, fúteis e não sabem conversar. Assume a mulher que está, vai logo agarrando, tomando posse e, com isso, os mais velhos e vacilões perdem para o garotão, que é mais rápido no gatilho.

O QUE MAIS SE OUVE NAS BALADAS...

MULHERES QUE FALAM DAS OUTRAS MULHERES:

– Você viu a minissaia dela? Dá quase para ver a calcinha...
– E o cabelo? Passou horas fazendo escova progressiva, e ficou horrível!
– Você sabia que a MALU pegou o MARCOS beijando a melhor amiga dela? Eram amigas de infância, estudaram juntas... A MALU está mal, tive de arrastá-la para a balada. Está lá sentada na mesa. Mas disfarça... você não sabe de nada. Deixa ela te contar.

– Cris, eu vou te contar, mas jura que não conta para ninguém... Eu não tô aguentando, preciso falar. É segredo, hein? A BIA me contou que a MARÍLIA vai ser demitida porque a secretária dela descobriu que a vagabunda está tendo um caso com o chefe dela... Que, por acaso, meu bem, é casado com a irmã dela.

Lá vêm eles de novo! Ah, dessa vez é o anjo AMIGO DA NOITE...

– Você sabia, escritora, que a DIABA SETE LÍNGUAS é a rainha das diabas nas baladas? A mais popular e competente?

– Não. Por quê?

– Primeiro porque o negócio dela é... línguas. E o que as mulheres mais fazem nas baladas hoje em dia? Beijam e fofocam. Como a danada é uma ótima linguaruda e fala sete idiomas, fica rondando as baladas do mundo todo e, quando chega perto de suas vítimas, faz com que elas esqueçam tudo e só queiram beijar ou falar mal dos outros!

Ah! Senhores anjos, por falar na DIABA SETE LÍNGUAS, *acabo de me lembrar que conheci pessoalmente o irmão dela, o* SATANÁS SETE LÍNGUAS. *Se não era o próprio que estava lá, com certeza era seu* SO-BRINHO. *Eu o identifiquei assim que, por acaso, me sentei a seu lado. Não posso deixar de contar essa passagem hilária.*

Passo em frente ao bar dos meus amigos e resolvo entrar para dar um "oi". Encontro REINALDO, um dos sócios-proprietários, sentado à mesa com algumas pessoas. Logo descubro que ele e sua noiva, PRISCILLA, se conheceram numa balada em ANGRA DOS REIS (RJ). Percebo que toda a turma conhece a história dos dois, então peço ao casal para que me dê seu depoimento. PRISCILLA começa a falar, mas não consegue. Sentado ao meu lado, o SATANÁS SETE LÍNGUAS, em versão *light*, personificado na figura de um garotão bonito chamado ANDRÉ, interrompe a moça a todo o momento, se intrometendo na conversa, fazendo piada de tudo o que ela diz. Tenho de tapar a boca dele com minha mão para que pare de falar, mas não adianta muito.

Eu tinha brigado com meu namorado e fui com minhas amigas para Angra dos Reis. Uma delas, Tarsila, sempre me dizia que eu tinha de conhecer o Rei, um amigo dela. Quando fomos apresentados numa balada lá em Angra, parecia que eu já o conhecia de tanto ter ouvido falar nele. A gente se deu muito bem e conversamos a noite toda. Depois disso, ele ficou me ligando durante um mês e eu esnobando, até que concordei em me encontrar com ele numa balada. Ele ligou para minha casa me convidando, eu confirmei que iria. E você acredita que ele apareceu com outra? Uma loira cafona de dois metros de altura, que usava uma calça *fuseau* branca horrorosa...

– Está vendo? Quanto mais enfraquece, mais fortalece! Ele apareceu com outra, ela caiu na dele – interrompeu de novo o Satanás Sete Línguas.

Priscilla discorda e peço a André que fique quieto e a deixe terminar de falar, mas, cada vez que ele se mete, todos querem dar opinião.

O Senhor Garganta do Diabo (Marcelo) junta-se a ele para falar bobagens. Cris, a noiva do Gargantão, também tenta contar a história deles, que se conheceram no bar em que estávamos, mas os meninos não deixam. Só querem zoar.

Mais dois amigos da turma chegam ao bar e se acomodam. Noto que, finalmente, aparece um anjo (Flávio) querendo levar a conversa a sério. E, no meio da discussão sobre relacionamentos, ele surpreende, mostrando-se maduro, apesar dos 27 anos.

A mulher quer competir com o homem? Como? O corpo do homem é completamente diferente do da mulher. É a natureza. Ele tem lá um saquinho, uma coisa, e pode sair por aí transando que tudo bem. Mas o corpo da mulher é mágico, sagrado. Foi feito para abrigar outro ser. Ela tem de se valorizar. Não pode sair por aí dando para todo mundo. Desculpe, mas com o tempo a mulher apodrece.

Diante de tal argumento tão consciente, fez-se silêncio. Até que o Satanás Sete Línguas mandou uma e acabou com o "papo-cabeça".

É verdade. A mulher apodrece e o homem amolece. A gente não pode deixar de achar um buraquinho. Não dá para segurar, pode dar câncer de próstata.

E a gozação continuou.

Mas, só para terminar a história de Priscilla e Rei, parece que a loira cafona de *fuseau* branco foi responsável por mais uma união feliz. Ela brigou com ele, disse um monte para "o traidor", mas, depois de algum tempo, acabou perdoando e caindo em seus braços. Priscilla garante que não foi a loira que fez com que ela percebesse que estava esnobando o verdadeiro amor. E Rei jura que não apareceu com a loira – na época sua "ficante" – de propósito, só para enciumar Priscilla, a mulher que queria de verdade. Quem estará falando a verdade? Não sei, mas o fato é que estão juntos há sete anos.

HOMENS QUE FALAM DAS MULHERES E DE CARROS:

– Essa daí eu peguei na semana passada, agora eu vou pegar a amiga dela, aquela loira ali, olha que gostosa... Tá me dando a maior corda – diz o moço apontando para uma mulher muito bonita que acabara de sair do banheiro e subia para o mezanino do bar.

DETALHE: *alheia ao que se passava ao seu redor, a loira a quem ele se referia caminhou até a mesa, sem ao menos olhar para os lados, sentou-se e beijou o homem que estava com ela. Na sua mão esquerda brilhava uma aliança de ouro. Na mão esquerda do seu acompanhante brilhava uma aliança de ouro idêntica à dela.*

Numa rodinha de três homens

– Cara, eu fui comprar uma Ranger hoje, mas não fechei negócio, não gostei do *test drive*... A cabine dupla...
– E você comprou o quê?
– Vou esperar mais um pouco. Acho que vou comprar uma S10 ou um Troller. Estou pensando.

DETALHE: quando vou pegar meu carro no valet, vejo o moço saindo com um amigo que não estava na roda. Eles cumprimentam os manobristas e o "comprador de carros" senta-se no banco do passageiro. Intuitivamente, como tenho amizade com os funcionários do estacionamento, perguntei ao dono do valet se ele conhecia o cara que se sentou no banco do passageiro e qual carro ele tinha.

– Acho que ele não tem carro. Vem aqui há mais de um ano, toda semana, e sempre está de carona com alguém.

– *E aí,* AMIGO DA NOITE? *Alguma observação?*
– *Sim. Ele sofre o assédio do senhor* GARGANTA DO DIABO.

CONCLUSÃO DA AUTORA: MULHER É FOFOQUEIRA.
HOMEM É PAPUDO.

ELAS: O competitivo Clube das Meninas

Ninguém mais estranha ver uma mulher sozinha num bar ou danceteria. É normal e saudável. Mas, apesar disso, a maioria ainda prefere sair na noite acompanhada de suas amigas. Com uma, duas, três ou com um bando delas. Tanto faz.

A mulher moderna quer se divertir, e sabe que uma mesa só de meninas pode ser muito engraçada. Ou virar uma "Gaiola das Loucas" – o que não deixa de ser hilário.

É claro que as colegas, de qualquer idade, até mesmo as ninfetas, sabem os riscos que correm saindo com parceiras do mesmo sexo. Se a intenção for só se distrair, conversar e tricotar com as comadres, tudo bem.

Mas, se o objetivo for paquerar, arrumar um namorado, um ficante ou transar, toda atenção é pouca. Muitas mulheres estabelecem um "código de honra" com as amigas, companheiras de baladas, que é mais ou menos assim:

Primeira situação: elas ficam a fim do mesmo cara e nenhuma o conhece.

Trato: é ele quem vai escolher (quem não for escolhida não pode ficar emburrada).

Segunda situação: uma delas encontra na balada "a paixão", "o amor da vida dela".

Trato: as amigas não podem nem chegar perto, a não ser que seja para "dar uma força" e ajudá-la a ficar com o gato.

Terceira situação: uma delas encontra o cara que está paquerando há algum tempo. Ela não está apaixonada, só a fim de ficar com ele, e não rolou nada ainda.

Trato: se ele se encantar por uma de suas amigas, paciência, ela pode ficar com o gato, contanto que depois conte como foi.

Quarta situação: uma delas encontra o ex. Jura para as amigas que não tem nada a ver, que não sente mais nada por ele.

Trato: as amigas podem ficar com ele, numa boa.

Esse acordo entre as comadres seria justo e coerente. Mas o que geralmente rola é o seguinte:

Primeira situação: se elas ficam a fim do mesmo cara desconhecido, mesmo depois de ele escolher uma delas, as outras usarão todos os truques femininos para chamar a atenção do gato ou atrapalhar o casal, usando as desculpas mais esfarrapadas do mundo. E o que é pior: se houver uma traíra ou invejosa no grupo, mesmo que ela seja feia e sem graça, levará o troféu. De algum jeito cortará o barato da escolhida. A perua usará qualquer arma. Especialmente seu poderoso olho gordo calibre 45.

Quem ganha a parada é sempre a mais esperta. Não a mais bonita.

Segunda situação: se uma delas encontra "a paixão", "o amor da sua vida" na balada, e as amigas sabem disso.

Na frente dela, as comadres darão a maior força e até comentarão:

— Ele não para de olhar para você! Vai lá! Quer que eu fale com ele? (Todo o cuidado é pouco quando outra mulher fala que um cara não para de olhar para você.)

Se ele for feioso, pobre e sem charme, dá até para acreditar. Mas, se for um gato, o mais provável é que a coitada, nervosa e ansiosa, volte do banheiro e pegue uma das suas "amigas" no maior papo com "o seu Romeu". E, quando for tirar satisfações com a traíra, pronta para jogar o drinque na cara dela, ouvirá:

— Mas ele estava falando de você. Eu só tentava te ajudar, sua boba. Eu estava te elogiando, sondando ele...

E a Julieta dançou. A essa altura, a espertinha já disse ao cara que não queria magoar a amiga dela, que está louca por ele. Revelou tudo o que a outra lhe confidenciou, trocou telefone com o gato e deu uns beijinhos na moita. Isso se já não combinou de sair à francesa e ir embora com ele.

Terceira situação: o cara lindo que a gata teimosa ou iludida paquera há seis meses — mas nunca conseguiu ficar com o bofe — gostou da amiga dela. E a sortuda sai com ele. Mas na hora de cumprir a promessa e contar às amigas como foi, mesmo que ela tenha tido "a transa do ano" e que o cara seja "tudo de bom" na cama, ela provavelmente dirá:

– Ah! Querida, você não sabe do que se livrou! O cara é uma fraude! Beija mal e tem pau pequeno!

O último "pau pequeno" do qual uma amiga minha ouviu falar, e resolveu checar, era tão inofensivo que a deixou dois dias com dores. Ela mal podia andar! Entretanto, ela estava muito feliz. Rindo à toa. Uma pele maravilhosa...

NOTA DA AUTORA: *Para os meninos – Essa história sobre o tamanho do pênis é apenas um jargão usado entre as meninas. Uma vingança feminina, já que toda mulher sabe que quando um homem se refere à nossa espécie, sempre faz um comentário picante. Ela, então, tem de arrumar alguma coisa para falar. A verdade é que a maioria das mulheres não liga para o tamanho do "dito cujo", mesmo porque os avantajados podem incomodar e até machucar. Portanto, se seu instrumento é pequeno, não leve isso a sério nem se sinta complexado. Essa fofoca que ela faz para afastar as amigas não resolve muito. Mulher, quando quer atacar, não está nem aí para os detalhes. Inclusive muitas preferem pênis menores ou pelo menos aquele tamanho salão (normalzinho).*

QUARTA SITUAÇÃO: a divorciada jura para as amigas que não sente mais nada pelo ex, que elas podem ficar com ele sem ressentimentos. Mas, quando isso acontece, e uma das amigas resolve encarar, ela fica possessa, carrega a coitada para o banheiro, e das duas uma: ou brigará com a outra, chamando-a de traidora, dizendo que não gosta dele, mas ela, como sua amiga, não deveria dar ponto para o cànalha, etc. ou começará a falar de todos os defeitos dele e até inventará as piores mentiras, até a outra desistir.

> TODO CUIDADO É POUCO QUANDO UMA MULHER
> OFERECE UM HOMEM A UMA AMIGA.

É claro que estou generalizando. Tudo depende do grau de amizade entre as companheiras, e essas são apenas algumas situações que costumam rolar com bastante frequência no Clube das Meninas.

Existem algumas ETs (extraterrestres), amigas sinceras mesmo nas baladas, que respeitam as companheiras, que as ajudam com "os paqueras" e não trocam suas amizades por uma aventura ou transa passageira.

> MAS, EM TODO CASO, COMO TODAS NÓS SABEMOS QUE EM LAGOA QUE TEM PIRANHA JACARÉ NADA DE COSTAS...
> QUEM NÃO ESTIVER NAMORANDO, DEVE IR PARA AS BALADAS SOZINHA.

ELES: O UNIDO CLUBE DOS MENINOS

Enquanto as mulheres competem entre si, armam e mentem para se dar bem nas baladas... os homens costumam ajudar uns aos outros. Mesmo rivais ou a fim da mesma mulher, são capazes de reverter totalmente a situação quando a amizade deles ou simples solidariedade masculina entra em jogo. E nem precisa ser *brother*. Basta saírem juntos na *night*, mesmo que ocasionalmente.

Qual a mulher que nunca foi abordada, numa balada, por um homem que disse:

– Hei! Meu amigo quer te conhecer; ele está apaixonado por você!

Pode até ser que o amigo dele seja tímido. Ou é ele mesmo que está querendo te paquerar. Ou, talvez, uma brincadeira de meninos.

Mas uma coisa é certa: seja o que for, ele sempre vai ter o apoio e a cumplicidade do companheiro.

Os homens não estabelecem um "código de honra" como as mulheres, e não combinam nada com os amigos antes de cair na *night*. Os meninos não são tão bons em "armar" como as "meninas". E quando o fazem, elas, que são mais rápidas por natureza, percebem logo a armação.

Entretanto, o homem se relaciona com outros homens de forma mais objetiva, leal e unida. O genro quase sempre vai proteger o sogro, se o coroa resolver "pular a cerca" e vice-versa. "Homem é homem" e "sexo nada tem a ver com amor!" são as principais justificativas masculinas.

Eles não precisam combinar nada previamente. Tudo é instintivo e espontâneo. Se, por exemplo, eles notarem que a mulher está dando mole para os dois ao mesmo tempo, sai de baixo. Eles vão se unir e a gata que está "se achando" vai ser tratada como uma qualquer.

Os fiéis cavalheiros vão dar corda para a moçoila assanhada, fingir que estão deslumbrados, e das duas, uma: ou ela vai sair com um deles, que depois vai "liberá-la" para os amigos e fatalmente cairá na boca do Clube do Bolinha, ou ela vai ficar sem nenhum dos dois, ou com ambos, sem saber que um já sabe do outro. A espertinha vai achar que está enganando os meninos. Pura ilusão.

É possível que o feitiço vire contra os feiticeiros. E o cara que saiu com a gata acabe gostando e ficando com ela para valer. Mas, mesmo assim, ele vai abrir o jogo com o amigo e contar que acabou se envolvendo. O outro? Com certeza vai entender e respeitar.

É claro que há exceções. Não se veem mais duelos à moda antiga por causa de uma mulher, mas, dependendo da situação e a que ponto o "macho" foi atingido, sobram socos e pontapés para todos os lados. Entretanto, não é o que costuma rolar quando os meninos são amigos ou mesmo conhecidos.

Um morenão gatíssimo, alto e sarado conhece uma mulher muito bonita numa casa noturna. Chama o amigo que faz aniversário, apresenta sua recente conquista e enche a bola dela.
– Cara, o aniversário é seu e eu que ganho um presente! Encontrei a mulher da minha vida! E ela não é só linda, é inteligente também. Há muito tempo eu não encontrava uma mulher assim.
– Legal, meu! Vá em frente!
Mais tarde, quando o entusiasmado volta do bar, com dois drinques nas mãos, o aniversariante está dançando com "a mulher da vida dele".
O casal se aproxima do cara, que tenta disfarçar a decepção; ela vai ao banheiro. E eu, que estava "filmando" tudo, ouço o seguinte diálogo:
– Pô! Meu! Eu só estava dançando com ela.
– Não faz mal, cara. Eu vou embora, tenho de acordar cedo!

– Você ficou puto, cara, gostou dela que eu sei. Nunca te vi tão chapado numa mulher!

– E você, gostou dela?

– Claro, né, meu... puta gostosa!

– Então, feliz aniversário, cara! Depois você me conta como foi.

Os dois começam a rir, se abraçam sem o menor ressentimento, e o moreno vai embora.

Quando a moça volta do banheiro e pergunta sobre o homem que tinha acabado de elegê-la "a mulher de sua vida", o aniversariante responde com um lindo sorriso:

– Hoje é meu aniversário, e ele deixou você de presente para mim!

E ELA NÃO ACREDITOU NO QUE OUVIU.

Quem sabe, um dia, as mulheres sigam o exemplo dos homens e ajudem a melhorar este planeta?

Certa vez, ajudei uma moça no banheiro de um bar, que estava bêbada e não parava de chorar.

Quando perguntei o motivo, ela contou que sua melhor amiga, que considerava uma irmã, tinha beijado o cara que ela gostava na sua frente. E a traíra justificou-se dizendo que "na balada vale tudo".

A coitada repetia, sem parar, que a traição da amiga estava doendo mais que o ciúme que ela sentia do cara.

TOMARA QUE A TRAIDORA SE LEMBRE QUE NA LEI DO RETORNO, QUE É IMPLACÁVEL, TAMBÉM VALE TUDO.

NO BANHEIRO FEMININO...

Mas, para ser justa, há um lugar, sim, onde as "Matildes" se unem. Nunca se viram na vida, porém em dois minutos se tornam amigas de infância.

É lá que as comadres, finalmente, se entendem e são solidárias. Para isso, basta compartilharem o mesmo espelho. Um minuto.

Amigas ou completas desconhecidas, não importa. Trocam informações, maquiagem, falam bem ou mal dos homens, se ajudam mutuamente, fazem amizade, brigam, choram, passam mal, dão palpites, se elogiam (claro, os homens não estão presentes), perguntam sobre o modelito que a colega está usando, se consolam, etc.

Nesse doce refúgio feminino, elas se dão uma trégua. Sensibilizam-se. Deixam a verdadeira natureza sobressair. E, por alguns momentos, ficam mais unidas que os homens.

É lá que elas "armam" suas estratégias, se preparam para atingir seus objetivos na noite, recuperam energia para atacar "a próxima vítima", e às vezes usam o "pipi-room" até mesmo para trair os homens. Literalmente.

Entrei no banheiro de uma casa noturna e vi cinco mulheres disputando o espelho. Sendo que dois ambientes reservados às necessidades humanas estavam trancados. Quer dizer, éramos oito lá dentro. Apesar de grande, o banheiro já estava ficando apertado.

Uma mulher abriu a porta de um dos boxes reclamando que não conseguia colocar direito o O.B., que a estava incomodando.

Uma loira se prontificou a ensiná-la. Disse que seu tio era ginecologista e que a maneira certa de colocar o absorvente era de cócoras.

Todas as "meninas" presentes olharam para ela e passaram a prestar atenção na conversa. E as perguntas começaram.

Não sei como, mas, de repente, a demonstradora de O.B. estava agachada no meio do banheiro, cercada por oito peruas acima dos 30, ensinando-as a colocar aquela coisa desagradável corretamente.

Também não sei em que momento as oito mulheres "levemente embriagadas" se deram conta do absurdo da situação (ninguém ali se conhecia) e tiveram um ataque de riso.

Nós rimos tanto e tão alto que a segurança feminina, que controlava a porta do banheiro, entrou para saber o que estava acontecendo.

Quando ela soube, começou a rir também. E ninguém mais conseguia entrar no banheiro. E a "gaiola das loucas" continuava...

Uma mulher falando mais que a outra, e todas ao mesmo tempo, querendo contar a história para a policial, rindo às gargalhadas. Veio o segurança masculino:

– O que está acontecendo aí? – ele perguntou, com cara de poucos amigos.

– Nada. É apenas uma aula. O passo a passo para colocar corretamente o O.B., absorvente feminino. O senhor quer aprender? – eu perguntei e me mandei rapidinho, deixando atrás de mim aquelas doidas tendo outro ataque de riso.

Ainda no banheiro feminino

Uma garota de 19 anos, que mora na zona norte de São Paulo, mas frequenta as baladas da zona sul, me contou que estava no banheiro de um bar, em Moema (SP), onde a bebida é barata, doce e a moçadinha bebe muito. No recinto, uma de suas amigas e mais três mulheres desconhecidas.

Uma moça entrou carregando a outra, que estava passando mal, muito pálida e completamente embriagada. No ato, ela se ofereceu para ajudar.

– Passe água na nuca, abaixe a cabeça dela, chame o segurança. Ela está muito branca, vai desmaiar!

– Eu não preciso de ajuda, ela é minha namorada e eu sei cuidar dela!

Dizendo isso, diante do espanto das outras, ela arrancou a blusa da moça que passava mal e começou a beijá-la nos seios, na boca, etc.

Quando a garota e sua amiga saíram do banheiro, um cara as interpelou, perguntando:

– Por favor, minha namorada está passando mal, será que ela melhorou?

– É sua namorada? Acho que ela trocou você... – respondeu.

Então, entreabriu a porta o suficiente para que ele visse o malho das duas moças.

E o cara ficou branco. Em estado de choque.

– O que foi? – perguntou a dedo-duro.

– Gente, minha namorada está beijando a minha irmã! Eu já fui chifrudo, mas minha própria irmã me trair desse jeito...

Percebendo o que tinha acabado de fazer, ela tentou acalmar o moço. E o nervoso fez com que ele tivesse um súbito ataque de bom humor.

– O que eu vou falar para a minha mãe, que pediu para eu tomar conta da irmãzinha na balada? Que ela está tendo um caso com a minha namorada?

VIU COMO AS MENINAS FICAM UNIDAS NO BANHEIRO FEMININO!? E, PELO MENOS NESSE ASPECTO, PODEMOS DIZER QUE VENCEMOS OS HOMENS, PORQUE...

No banheiro masculino...

Nada consta. Os homens usam o banheiro para fazer suas necessidades. Às vezes, para fazer outras coisinhas também. Mas não tem muita conversa. Nem segredinhos. Eles não se reúnem no "pipi-room" para falar aquilo que não pode ser dito publicamente, como fazem as mulheres.

Tiram o sexo para fora, esvaziam a bexiga, dão uma olhadinha básica no espelho, uma ajeitadinha de leve no cabelo ou no bigode e vão embora.

Os homens não pedem aos amigos que os acompanhem até o banheiro. Não fica nem bem. A não ser que... tenham algum interesse em comum.

Quando, por acaso, surge algum comentário entre eles, as frases são curtas e objetivas. Não há bate-papo.

Certa noite, eu me escondi no banheiro masculino de uma casa noturna (SP) para ouvir o que eles diziam. Com cuidado, subi no vaso sanitário e aguardei. Passado algum tempo, disse para mim mesma: "Nossa! Essa danceteria está lotada e não entra ninguém aqui. Nenhum homem fez xixi esta noite!"

Irritada, salto alto nove, segurando meu bloquinho de anotações numa das mãos e me apoiando com a outra no batente da porta, com medo de cair ou ser descoberta, a adrenalina a mil por minuto, me espichei para dar uma olhada. O banheiro estava lotado.

Evitando olhar para aqueles esguichos poderosos, entre eles alguns raquíticos, dizendo a mim mesma que eu estava trabalhando e deveria ignorar aquelas coisas masculinas, pensei para me animar: "Acho que são surdos-mudos fazendo turismo noturno. Vou aguardar os próximos."

Mais dez minutos se passam. Não ouço nada. Só o barulho do xixi e da água da torneira. Espicho-me para olhar de novo. O banheiro cheio de homens. Só que desta vez me desequilibro. O meu bloquinho de anotações cai no cesto de lixo, e eu enfio meu pé lindamente calçado com um sapato do Fernando Pires (400 reais) dentro do vaso sanitário. E, justo nesse momento, uma batida forte no boxe que eu ocupava me fez tremer:

– Tem alguém aí? Vamos desocupar esse banheiro!

– Tem! – imitei voz de homem, falando o mais grosso possível.

Tudo se acalmou. Respirei fundo. Subi de novo no vaso sanitário. Não tinha ninguém. Graças a Deus. Do celular, ligo para o meu cúmplice.

– Me tire daqui, pelo amor de Deus!

– Agora não vai dar. Mas a galera já está indo embora. Calma!

Sento-me no vaso e espero completamente possessa.

– Eram 4h20, quando meu cúmplice deu sinal verde.

– E aí? Descobriu o que queria?

– Não. Eles entram mudos e saem calados. E o que vi e ouvi foram homens fazendo suas necessidades, lavando as mãos, aspirando remedinhos, assoando o nariz. Tudo, menos conversando, que é o que me interessava.

– Eu te disse que era assim.

– E eu não acreditei. Sou repórter, meu dever é investigar. Mas, em todo caso, até logo, desculpe e obrigada.

Quando eu estava saindo, encontrei um conhecido, que me perguntou:

– Onde você estava? Você sumiu!

– No mundo do Charles Chaplin. E na terra do Peter Pan. Sabe, onde tem aquele famoso pó de pirlimpimpim – respondi mal-humorada.

Ele não entendeu nada.

Ainda no banheiro masculino

Não posso deixar de me lembrar do flagrante que o faxineiro deu em um dos clientes no banheiro de um famoso bar de São Paulo. Essa história já foi contada no livro *São Paulo é mais feliz à noite – Um retrato da vida noturna e de seus frequentadores* pela promoter SIMONE CASTRO, mas vale a pena reproduzi-la aqui.

Eu acho que nunca ri tanto. Como eu promovia essa casa havia muito tempo, conhecia todos os clientes. Um assíduo frequentador do bar, meu amigo inclusive, era muito rico e também muito feio. Entretanto, tinha um volume absurdo entre as pernas. E é claro que todas as mulheres notavam e comentavam. Até o dia em que o faxineiro saiu do banheiro masculino rolando de rir e me contou que pegou o cara em frente ao espelho, enrolando papel higiênico no pênis para aumentar o volume do negócio. Então a mulherada, finalmente, entendeu a razão pela qual ele paquerava todas elas, mas nunca saía com nenhuma.

O superdotado foi desmascarado e nunca mais voltou ao bar!

NO BANHEIRO UNISSEX...

O MANÍACO DO BATOM

Numa dessas casas noturnas onde homens e mulheres dividem o mesmo espelho do banheiro no mezanino... (É moderno, mas nem sempre dá certo.)

Eu passava batom quando, pelo espelho, notei um homem me olhando insistentemente. Era um gato! Lindo! Alto, saradíssimo! Galã de cinema! Rosto másculo e bonito, corpo perfeito. "Acho que ele não sai da academia", pensei.

Ele sorriu para mim.

Sorri de volta. Ele se aproximou, ficou atrás de mim e, por alguns segundos, viajei aos séculos passados imaginando um rei colocando um colar de esmeraldas no pescoço de sua rainha. O som alto da banda, que tocava um hit do *pop rock*, me trouxe de volta ao presente. Ele continuava ali.

Guardando o batom na bolsa, me virei de frente para ele e disse:

– Vou ficar constrangida, se você continuar aí parado me olhando sem dizer nada.

– É que você é tão linda, tem uma boca tão bonita, que fiquei admirando. Adoro ver mulher passando batom.

Perguntou meu nome, onde eu morava e me convidou para dançar.

Eu contei que era jornalista, estava ali a trabalho e tinha de entrevistar algumas pessoas, mas prometi que depois dançaria com ele.

Passado algum tempo, subi novamente para falar com a dona do bar e flagrei o moço passando a mesma cantada numa loira. A cena era idêntica. Ela passava batom em frente ao espelho e ele, bem atrás dela, falava baixinho provavelmente as mesmas coisas que tinha dito para mim. Com a diferença de que ela aceitou o convite para dançar. Farejei uma boa história e fiquei observando.

Dançaram só uma música. Eles se separaram, e o cara subiu de novo. Quando vi a loira perto de mim, puxei conversa, contei que antes de dar em cima dela, o cara do batom tinha feito o mesmo comigo. Só para conferir, perguntei a ela o que o moço do espelho lhe disse e o que tinha acontecido. Eu estava certa. Demos risada e chegamos à seguinte conclusão: ou era uma estratégia de paquera ou o cara tinha um fetiche por mulher passando batom.

Meninas, quando querem, são más, e apostamos que ele faria a mesma coisa com outras. Como eu estava trabalhando, pedi a ela que ficasse de olho e viesse me contar. Algum tempo depois, ela voltou com mais quatro mulheres. Todas tinham passado pela mesma cantada.

— E agora, o que a gente faz? Ele está cantando outra neste exato momento. Mas é muito engraçado porque, se a mulher aceita dançar com ele, depois da primeira música ele pede licença e volta para o espelho. O lance dele mesmo é ver a mulher passar batom — especulou minha nova amiga.

— Não sei se é fetiche e ele se excita com isso, porque não o vi entrar no banheiro nenhuma vez — comentou uma morena.

Como fui eu que levantei a lebre e não podia sair à francesa (como é meu costume), tive de pensar rápido. As meninas estavam se divertindo, mas, ao mesmo tempo, intrigadas e me cobravam uma atitude. Não foi difícil. Tive a ideia na hora. Embaladas pelos drinques, achamos que éramos detetives de um *serial killer*, e com tudo combinado previamente, nos dirigimos para o local do crime. Flagramos O MANÍACO DO BATOM, desta vez atacando uma ruiva. Fizemos um círculo ao redor dele. O homem ficou branco. A mulher não entendeu nada e se afastou. Todas nós estendemos um batom para ele ao mesmo tempo e dissemos quase em uníssono:

— Agora queremos ver você passar batom!

O cara, que devia ter quase 1,85 metro de altura, tentou nos afastar e escapar, mas vendo que a muralha feminina não cedia, começou a gritar pateticamente:

— Segurança! Segurança! Segurança!

O segurança subiu assustado e, quando soube do que se tratava, desatou a rir que não parava mais. E nós também. O MANÍACO DO BATOM se aproveitou da confusão e daquela moleza que dá quando a gente tem um ataque de riso, conseguiu se soltar (pena que não tínhamos algemas) e desapareceu.

Para os meninos: nunca se aproxime muito de uma mulher quando ela está em frente ao espelho. Ela só aceita dividi-lo com um ser de sua espécie. Esse é o único lugar onde as meninas são capazes de se unir e ficar contra os homens. Banheiro feminino e espelhos são sagrados para a mulher.

Para as meninas: não podemos afirmar qual era o problema do cara, mas do jeito que ele se apavorou e começou a gritar por socorro, chegamos à conclusão de que o cara estava mesmo abafando seu lado gay. Ele é que gostaria de passar batom! É claro que prejulgamento é algo que nunca devemos fazer, mas nesse caso... Por isso, quando perceber "um galinha pitoresco e original" com alguma mania estranha se aproximar de você e de outras mulheres, não perca seu tempo, saia fora.

Para o maníaco do batom: se, por acaso, você ler este livro, saiba que se resolver "sair do armário será muito mais feliz". Só não fique enganando as mulheres porque elas andam bem marrentas ultimamente. Agora, se o problema for outro, procure um psicólogo. Você não precisava pagar aquele mico.

Em todos os banheiros...

A baranga de Vênus

Realmente, fico muito brava e viro ninja quando vejo as torneiras abertas. Muitas pessoas simplesmente as abrem e se esquecem de fechá-las. Tomar uns drinques a mais não é desculpa para tamanha falta de consciência, educação e responsabilidade. Quando fiquei escondida no banheiro masculino, vi alguns homens completamente bêbados fechando a torneira depois de abri-la. E outros sóbrios largando-as abertas e saindo na maior caradura.

Certa noite, dei um tempo no banheiro (dessa vez no feminino) fingindo estar me maquiando, só para dar um flagrante nas moçoilas. Não tive de esperar muito. Quando a primeira cometeu "o delito" e ia saindo do banheiro, eu segurei seu braço e perguntei:

—Você não vai fechar a torneira?— achando que ela tinha esquecido e até se desculparia.

— Por quê? Você é filha de encanador ou fiscal do banheiro?

— Nem uma coisa nem outra. Só um ser humano que vive neste planeta e costuma fazer sua parte para preservá-lo.

— Mas eu não vou fechar porque sou de outro planeta! Sou de Vênus!

— Não, querida, você deve ser do Planeta das barangas burras e alienadas. Mas acho que você nem sabe o que é alienada. Não importa, sou repórter, estou com o fotógrafo aí fora e, se você não fechar essa torneira agora, vou mandar publicar sua foto na internet para que todo mundo conheça a "baranga de Vênus".

As outras mulheres começaram a rir, ela fechou a torneira e saiu à francesa.

A funcionária que tomava conta do banheiro disse:

— Obrigada, moça, não sei quantas torneiras tenho de fechar todas as noites. Outro dia, vi uma mulher abrir a torneira duas vezes, antes de entrar no boxe e depois que saiu. Nas duas vezes, ela não a fechou. Só porque chamei a atenção da moça, educadamente, ela mentiu para o gerente dizendo que eu a tinha maltratado. Quase perdi meu emprego.

Coisa feia...

OBS.: *Lembrete para homens e mulheres de fino trato — depois que vocês fecharem as torneiras de baixo, por favor, não se esqueçam de fechar as das pias também. Segundo as previsões, se o desperdício continuar, em 2025 não terá mais água no planeta. Quem não tiver esse costume, treine em casa. Você pode não estar vivo em 2025, mas seus filhos ou netos com certeza estarão.*

Capítulo 4

AS VITÓRIAS
DOS ANJOS BALADEIROS

*Nas baladas, as pessoas podem se conhecer,
tornar-se grandes amigas ou grandes amantes, brigar,
se separar, se reencontrar, fazer as pazes...*

CUPIDO NOTURNO E SEU PROTEGIDO FAMOSO

Estou quase dormindo. Ouço o bater de asas do CUPIDO NOTURNO. Com o passar do tempo, aprendi a distinguir as manifestações dos dois anjos baladeiros. AMIGUINHO DA NOITE é mais suave, tranquilo. CUPIDO NOTURNO é estressadinho, mandão e gozador.

— Acorde, dona escritora, você vai escrever mais um capítulo agora!

— Estou com sono, não vou escrever nada! Deixa para amanhã...

— Então não vou mais ajudá-la! É uma pena, porque aquele famoso que não quer se identificar autorizou a publicação da sua história...

Dou um salto da cama.

— O quê? Você conseguiu? Como? Ele me ligou pedindo que não publicasse a entrevista. Disse que pensou melhor, que muita gente sabia da história, e mesmo eu jurando que disfarçaria, omitiria sua identidade...

— Não interessa. Eu o convenci com o argumento de que o ajudei a ser feliz. Então, ele disse que você poderia escrever com a condição de que EU, Cupido Noturno, contasse com minhas palavras tudo o que aconteceu.

– Senhor Anjo, todas as entrevistas foram gravadas, caso haja algum problema, como vou provar o que o senhor está dizendo?

– Pode deixar que, se houver algum problema, eu me entendo com meu protegido famoso e com o juiz de qualquer tribunal. Afinal de contas, quem eles vão colocar no banco dos réus? Um anjo? Com tantos bandidos à solta no seu país? Ora, dona escritora, escreva logo o que vou lhe ditar porque já estou ficando irritado!

– O Senhor é quem manda.

O famoso (vou chamá-lo de Lelezão) é um homem bonitão. Ele costumava frequentar muitas festas e baladas, especialmente as que rolavam nas cidades de São Paulo e Rio de Janeiro. Antes de sair de casa, vaidoso e narcisista, ele já pensava em quantas mulheres ia "pegar" naquela noite. Mas já fazia algum tempo que ele estava sentindo falta de uma namorada, de um amor... E eu o instigava a pensar mais nisso. Como posso ver a alma das pessoas e o que elas querem de verdade, eu o adotei como meu protegido e planejei flechar seu coração. Eu sabia que, no fundo, era isso o que ele queria. Como todos os homens, aliás. Mesmo os mais teimosos, que insistem em dizer que não estão preparados para um relacionamento, que não querem perder a liberdade, etc. Entretanto, quando o moço, quase sempre acompanhado pelo Capetão Turbinado, chegava a uma balada, acabava se empolgando porque era cercado e assediado por aquele bando de peitudinhas e bundudinhas, assessoradas pela Madame Satã Siliconada e a dona Diaba Dá pra Todos.

Se a moça não tivesse um bumbum "bem servido e malhado", como vocês dizem aqui na Terra, ele nem olhava. Quando Lelezão entrava em algum lugar, grandão, imponente, se achando o dono do mundo, principalmente depois de aspirar certo remedinho pelo nariz, as moças faziam de tudo para chamar a sua atenção. Ele não tinha trabalho nenhum. Só precisava escolher. Empolgado com o sucesso, esquecia-se de seu propósito em conseguir uma mulher para namorar, e naquele momento queria todas ou qualquer uma.

Então, o Capetão Turbinado, com a ajuda do seu amigo Diabo Pega-Pega, aproveitava-se da situação. Eles dominavam meu protegido, que escolhia entrar na vibração deles, e o coitado não via mais nada.

Quando caía na real, acordava ao lado de mais uma bunduda da qual nem sabia o nome, nem diferenciar a bunda do peito.

Quando chegava à TV para gravar, era tomado pelo Senhor Garganta do Diabo, e se divertia ao contar para os amigos suas performances sexuais e aventuras noturnas.

Influenciado pelo Capeta Brigão, de vez em quando, arrumava uma confusão na balada. O fato era publicado na imprensa, ele dava um tempo, até que todo mundo esquecesse, e aprontava outra. Até que eu resolvi lhe dar uma lição.

Procurei uma moça que fosse como ele admirava: bunduda, peituda, loirinha, mas que também tivesse qualidades morais. Encontrei. Vou chamá-la de Lelezinha. Apesar de estar interessada em ingressar na vida artística e já ter feito pequenos trabalhos na área, era uma moça de caráter. Simples, sincera, romântica, do bem. Ela queria, antes de tudo, encontrar um grande amor. Tinha personalidade forte e não se deslumbrava com a fama. Ela não era como muitas moças que perseguiam a fama dispostas a tudo para conseguir o que queriam. Para Lelezinha, os caminhos para o sucesso deveriam ser honestos e limpos. Como ela.

Eu a intuí a ir à mesma balada que meu protegido rebelde estaria naquela noite.

O grandão chegou acompanhado por meus arqui-inimigos Capetão Turbinado, Demônio Come Todas e Diabo Pega-Pega. Eles descobriram meu plano e ousaram me enfrentar. Como aprendi que nunca se deve subestimar os adversários, pensei comigo: "Eles são fortes, inteligentes e convincentes. Mas eu sou mais esperto. Vou driblá-los e ganhar o jogo." Em vez de me aproximar do meu protegido e enfrentar meus adversários, corri para o lado da minha escolhida. Convoquei todas as estrelas do céu para iluminá-la e fiz com que a moça ficasse quietinha em seu canto.

Rodeado de mulheres, mesmo sob a influência dos diabinhos que tentavam não deixar que ele a visse, Lelezão – que como todo artista era muito sensível –, atraído pelas luzes que se irradiavam da aura de Lelezinha, mesmo naquele lugar escuro e barulhento, olhou em sua direção. Nesse momento, disparei uma flecha em seu coração e outra no dela. A que atirei em Lelezão teria efeito imediato, mas a que atirei no coração de Lelezinha foi preparada para ter efeito retardado. Já era. Como se estivesse hipnotizado, meu protegido foi andando até chegar perto da minha escolhida. Rapidamente, eu a cutuquei e ela olhou para cima. Quando ele tentava falar com a moça, eu a empurrava para os outros lugares. Para o bar, para pista de dança, etc. No momento em que ela quase o viu, joguei um cisquinho em seu olho, e ela teve de correr para o banheiro.

E, pela primeira vez, o famoso perseguido perseguia uma moça linda que ele nunca tinha visto, queria conhecer a qualquer custo e não conseguia. Ela simplesmente não o enxergou. Ele falou com o DJ, com a *promoter* da casa, com o dono do estabelecimento, querendo saber quem era a moça, mas não teve sucesso. Quando ele apontava em sua direção, eu fazia com que a moça sumisse, e também com que ela não o visse. Foi muito engraçado. Confesso que me diverti muito.

Eu a levei a mais duas baladas em que ele estava e repeti a façanha. Ele surtou. Na última vez, chegou a sair na recepção do bar para perguntar sobre a moça misteriosa. Ninguém sabia de nada. Coisas de anjos. Meus segredinhos.

Alguns dias depois... Resolvi atacar de novo. Descobri que ele estaria brincando de DJ numa festa e fiz com que ela recebesse o convite. Nessas alturas, eu já tinha despistado o trio demoníaco. E Lelezão já estava tão curioso que, quando viu Lelezinha na boate, quase caiu da cabine do DJ. Pediu que o substituíssem e foi falar com ela.

— Oi, como é seu nome? Eu já te vi outras vezes, mas nunca consegui falar com você.

— Meu nome é Vênus, não sou desse planeta, mas onde moro tem televisão e eu te conheço. Muito prazer! — disse ela, sorrindo, com a maior naturalidade. Não parecia nem um pouco impressionada por um homem tão famoso vir falar com ela.

O grandão notou, ficou um pouco desconcertado e lhe ofereceu um drinque.

Educadamente, ela aceitou.

Conversaram, dançaram, e ele não conseguia tirar os olhos da moça. Ela parecia ignorar as outras mulheres que chegavam perto dele a todo o momento para pedir um autógrafo, fazer gracinhas, etc.

E ele, normalmente tão atencioso, não via a hora de despachar cada uma que chegava. Minha escolhida continuava firme. Até mesmo desinteressada. Olhar distante, meio displicente, respondia com monossílabos a tudo o que ele perguntava (não se esqueça de que a flecha dela teria efeito retardado) e o grandão ficava cada vez mais nervoso.

De repente, ela se despediu.

– Tive muito prazer em te conhecer, mas tenho de ir embora – disse, beijando-lhe o rosto.

– Mas por quê, você é casada? Não vai me dar seu telefone?

– Qualquer dia a gente se vê – ela respondeu, abrindo o maior sorriso.

E ele ficou ali totalmente paralisado, seguindo-a com o olhar e se perguntando: "Mas o que está acontecendo comigo? Será que ela não ficou a fim de mim? Ou está fazendo joguinho para que eu fique mais interessado? Deixa para lá, foda-se!"

O que o grandão não sabia era que tinha sido flechado por mim. A balada perdeu a graça e ele foi para casa, pela primeira vez, em muitos anos, sozinho.

Em vão tentava deixar de pensar na moça. "Será que eu fiz ou disse alguma coisa de que ela não gostou? Será que foi o assédio das outras garotas que a espantou? Mas ela parecia não estar nem aí. Acho que ela é casada ou tem namorado firme… bem, até que foi bom não sair, amanhã tenho que gravar cedo."

Dormiu pensando na moça, certo de que a esqueceria no dia seguinte. Mas sonhou com ela. E não conseguiu tirá-la da cabeça nos dias que se passaram.

Enquanto isso, Lelezinha começou a sentir o efeito da minha flecha infalível.

E pensava: "Até que ele é legal, mas dizer que já tinha me visto outras vezes e queria falar comigo… Eu nunca vi esse cara numa balada, só na TV! Só podia ser ator mesmo. Acho que ele diz isso para todas… Mas eu devia ter dado meu telefone, ele foi tão bacana comigo!"

Apesar da resistência, dormiu pensando nele, acordou com Lelezão na cabeça e também não conseguiu tirá-lo mais do pensamento.

Eu nunca flecho um coração só. São sempre dois. Quando acontece de alguém se apaixonar sem ser correspondido, pode ter certeza de que é coisa do time do mal, que gosta de ver os humanos sofrerem.

Dois meses depois, quando fazia a ronda pelas baladas brasileiras, providenciei o reencontro dos meus protegidos.

Ele foi à mesma boate onde tinha visto Lelezinha pela última vez. Já estava indo embora quando ela chegou. Estava linda, toda de branco, como eu havia lhe sugerido.

Tímidos, porém muito emocionados, eles se aproximaram. Como não posso me intrometer nas escolhas das pessoas, pois temos de respeitar o livre-arbítrio de cada um, fiquei ali torcendo para que eles se entendessem. Aconteceu. Em dez minutos, estavam se beijando. O amor é lindo. Eu os acompanhei até a casa dele, e os deixei na porta do quarto do casal – onde sou proibido de entrar –, sabendo que no dia seguinte ele não acordaria ao lado de mais uma bundudinha, e sim ao lado de seu amor, sentindo-se outro homem. E também não se gabaria de mais uma conquista quando chegasse à TV.

Acertei. Eles começaram a namorar, e passaram quatro meses juntos na maior felicidade, até que ele teve de viajar com seu grupo de teatro para apresentar uma peça em várias capitais do país.

E agora? Será que o amor deles esfriaria?

Lelezinha não suportou. Bobinha, como estava muito apaixonada, resolveu terminar o namoro antes. E Lelezão se foi com o coração partido.

Mas a minha flecha tinha preparado uma surpresa: gerou uma flechinha. Pouco tempo depois que Lelezão viajou, ela descobriu que estava grávida. Ligou para ele, contou a novidade; o ator chorou de felicidade e prometeu que iria vê-la assim que pudesse.

Reataram o namoro, decidiram morar juntos e, felizes, aguardaram a chegada do herdeiro.

Mas não me perguntem o porquê. ELE, MEU CHEFE, tem desígnios e motivos insondáveis, que ninguém lá no céu ousa questionar. Quase no sexto mês de gravidez, Lelezinha perdeu o bebê.

Lelezão ficou tão triste que voltou às baladas sozinho. Baixou a vibração, atraiu o Capetão Turbinado e companhia, que estavam loucos para se vingar de mim, e caiu. O casal começou a se desentender, numa noite ela deu um flagrante nele com outra mulher e se separaram.

Um ano se passou. Dei outro empurrãozinho. Numa noite, eles se encontraram na mesma balada em que tinham começado a namorar. Mandei que o DJ tocasse a música deles. Quase todo casal tem a sua. Foi o suficiente para caírem nos braços um do outro. Ela engravidou de novo, e dessa vez a outra flechinha, que eu já tinha escondido no coração dela, desceu para seu útero e vingou.

O casal já tem dois filhos. Eles estão juntos até hoje e muito felizes. Às vezes, eles vão às baladas juntos, mas o amor deles está tão forte e maduro que o trio demoníaco não consegue se aproximar do casal. Benfeito! Ganhei!

Pronto, dona escritora! Agora pode voltar a dormir.

"Eita! anjo convencido", pensei. E ouço o bater de asas.

– O senhor ainda não foi embora?

– Não, eu estava esperando a senhora me agradecer, em vez de reclamar. Mal-agradecida!

– Está bem! Valeu! Já lhe dei o crédito da linda história, mas se o famoso brigar comigo, quando ler o livro, vou colocar a culpa no senhor.

– E eu o entrego ao CAPETA BRIGÃO! Pode ficar tranquila, ele vai adorar! Agora pode dormir. Quer um chazinho de camomila?

– Sem comentários.

AMIGO DA NOITE E SEUS PROTEGIDOS BRIGUENTOS

Duas semanas depois...

Estou quase dormindo. Ouço o bater de asas. Desta vez é o AMIGUINHO DA NOITE.

– Acorde, dona escritora, agora sou eu que vou contar minhas histórias e provar que nas baladas é possível fazer amizades verdadeiras, sim!

– Ah! Já sei! O senhor ficou com ciúmes porque o CUPIDO NOTURNO conseguiu a autorização do famoso para publicar sua história e resolveu mostrar sua competência também!

– Que modos são esses? Ciúmes e competição são coisas de humanos. No céu, a gente se respeita muito; cada um cuida de um departamento. Vou ajudá-la porque prometi colaborar com seu livro e me lembrei de duas histórias que a senhora conhece bem! Foi testemunha delas.

– Sinceramente, senhor anjo! São tantas histórias... Por que vocês vêm sempre na hora em que já estou quase dormindo?

– Porque somos anjos baladeiros, especializados na noite, não trabalhamos na matinê! Esqueceu?

– Mas, afinal, quais são as histórias?

– A primeira é sobre aqueles três amigos que saem quase todas as noites, e a outra sobre aquelas duas moças baladeiras que estão sempre juntas nas baladas.

– Já sei! Mas conte o senhor mesmo, que sabe o que acontece com eles na real... Aliás, sei que tem uma asinha sua nessa história...

— Está bem, vamos à primeira. É verdadeira e aconteceu em uma casa noturna de São Paulo. Há muitas testemunhas oculares!

Três amigos baladeiros...

Eles se conheceram numa balada. José estava sozinho tomando um drinque, sentado no balcão de uma casa noturna. Pedro se aproximou de José pedindo licença para ocupar o banco vazio ao seu lado, para que sua namorada sentasse. Gentilmente, José puxou o banco e o ofereceu à moça. Ela se sentou. No mesmo instante, João, o estabanado, que estava do outro lado de José, derrubou sua caneca de chope em cima dele. Pediu desculpas com aquele típico gesto masculino: deu um tapinha no ombro do moço. José já ia responder quando algo chamou sua atenção e a de todos os presentes: uma maluca apareceu, de repente, subindo no balcão do bar, dançando escandalosamente.

No início, as pessoas acharam que era alguma dançarina contratada pelo bar para fazer uma performance. Mas, quando a moça desabotoou o casaco e estava sem calcinha, o espanto foi geral. Aquele não era um local onde aconteciam coisas daquele tipo, e até os funcionários da casa ficaram sem ação. Rapidamente, o dono do bar mandou os seguranças retirarem-na do balcão, mas a moça, que era linda e estava possuída pela CAPETONA PELADONA, acabou dando um trabalhão. Instigada por alguns homens que estavam gostando do espetáculo, ela continuou a dançar, abrindo e fechando o casaco sensualmente, exibindo o belo corpo e se mostrando como veio ao mundo. Ignorou a presença de um segurança que, educadamente, estendia a mão para que ela descesse do balcão, e o pedido de outro grandão que a mandava parar com a exibição, até que foi retirada de lá na marra.

A maluca foi levada pelos dois seguranças, que a despacharam para fora e a obrigaram a pegar seu carro e ir embora, mas virou o assunto da noite. Percebendo que não era contratada do bar, os clientes especulavam se ela estava drogada, bêbada ou era uma *stripper* profissional que apareceu por lá e resolveu dar seu show.

José, o solitário, e João, o estabanado, esqueceram o incidente do chope e começaram a conversar animados sobre a moça peladona. Pedro se meteu na conversa dos dois, não lembrou que estava acompanhado, e o "papo de homens" rolou entre observações bem-humoradas, piadinhas e gargalhadas. A namorada de Pedro não gostou e tentou tirá-lo da conversa, mas ele não a ouvia. O namoro, que já estava por um fio, acabou ali mesmo. Ela foi embora, e ele não fez nada para detê-la.

Depois que a namorada de Pedro saiu, os três novos amigos começaram a comentar sobre a chatice das mulheres, as vantagens de sair desacompanhado para as baladas, etc. Ficaram ali mesmo no balcão bebendo, falando bobagens, rindo e se divertindo. Deram-se tão bem que trocaram cartões de visita antes de irem embora.

No dia seguinte, Pedro ligou para José, contando que tinha mesmo terminado o namoro e queria cair na balada para se distrair, porque, afinal de contas, acabava de sair de um relacionamento de três anos.

José ligou para João contando sobre o rompimento de Pedro com a namorada, dizendo-lhe que deveriam ajudar o novo amigo, levando-o para a balada, porque em parte "eles eram culpados" pela briga do casal. João concordou, disse que arrumaria três convites vips de uma balada superconcorrida e que esperaria por eles na porta.

Foi a primeira de inúmeras baladas. Naquela noite, os três se divertiram tanto que nunca mais se separaram. Tornaram-se grandes amigos. Passaram a viajar, praticar esportes e fazer outras atividades sempre juntos.

Os anos foram passando, e com eles os três amigos enfrentaram vários testes de amizade. Pedro e José se apaixonaram pela mesma mulher, que conheceram numa balada. Quase se desentenderam, mas, em nome da amizade que os unia, despacharam a coitada, que ficou sem nenhum dos dois. Os três passaram por crises profissionais, pessoais e financeiras, porém um dava força ao outro. E, por mais que estivessem com problemas, acabavam as noites nas baladas se divertindo e dando risada.

Certa noite, em um pub, João e José discutiram por causa de dinheiro e romperam a amizade por três dias. Pedro fez com que os dois se reconciliassem, dando-lhes dois convites vips, e a briga só durou até a balada seguinte.

Nenhum deles conseguia namorar sério. Desde o episódio com a PELADONA DO BALCÃO, que coincidiu com o início da amizade, já haviam se passado cinco anos. Eles se convenceram de que eram baladeiros assumidos e não queriam nem podiam namorar sério, porque levar namorada às baladas, segundo eles, era muito chato.

Passaram-se mais dois anos...

Até que os pais de João, mais antiquados e tradicionais, começaram a questionar a amizade entre os três. Eles já estavam com mais de 30 anos e nenhum deles namorava. Será que eles tinham uma relação gay? A pequena suspeita virou uma grande desconfiança. Intimaram João, que contou aos amigos, deixando-os irados. José contou à sua mãe, que foi tirar satisfações com a mãe de João. Os pais de Pedro se meteram e virou a maior confusão. Antigos desafetos dos moços, ex-namoradas e noivas que não conseguiram agarrar nenhum dos três, uniram-se aos pais dos meninos fortalecendo a ideia de que havia alguma coisa entre eles. E o bicho pegou, como vocês dizem aqui na Terra.

Foi tanta energia negativa em cima deles, boatos desagradáveis que, sob pressão, o orgulho dos machos falou mais alto, e numa noite, já alcoolizados, brigaram feio. Chegaram a se esmurrar, e foram postos para fora pelos seguranças da balada.

A amizade esfriou e acabaram se separando.

Propositadamente, os pais de João financiaram um curso que havia tempos João queria fazer nos Estados Unidos, e ele foi morar fora. José acabou se casando. Pedro mudou-se para outra cidade, onde arrumou uma namorada e foi morar com ela.

Mas as pessoas que separaram os três amigos, interferindo em seu livre-arbítrio, na escolha que fizeram de não se envolver e continuar baladeiros, fazendo intrigas e levantando suspeitas infundadas, esqueceram-se da Lei do Retorno.

Três anos depois, João voltou dos Estados Unidos solteiro e mais festeiro do que nunca. José se separou da esposa e caiu na noite. Pedro voltou para sua cidade natal, deixando a namorada com quem morava por lá mesmo.

De olho nos meus protegidos, eu sabia o quanto eles sentiam falta da amizade que os unia antigamente. Tinham esquecido aquela briga e chegaram à conclusão de que se separaram não porque quiseram, e sim porque os outros fizeram de tudo para que isso acontecesse. Eles esperavam, sinceramente, um dia reatar a amizade. Mas as coisas mudaram e eles tinham perdido o contato. Fazia tempo que os três amigos tentavam se encontrar, indo aos mesmos lugares que frequentavam antes de se separarem. Mas muitos bares, como aquele em que se conheceram, tinham fechado.

Então entrei em cena. Primeiro, ajudei o dono do bar onde eles iniciaram a amizade – aquele da peladona – a reabri-lo. E, para a noite da inauguração, fiz com que os três recebessem o convite. Eles estavam um pouco ansiosos, pensando que poderiam se encontrar novamente, mas como não sabiam o paradeiro um do outro, acharam melhor não ter esperança. Homens não são tão emocionais como as mulheres, ou pelo menos não demonstram isso. Não fiz nada para entusiasmá-los nem soprei no ouvido de nenhum deles porque queria lhes fazer uma surpresa. Adoro fazer surpresas!

Quando Pedro chegou à balada, deu de cara com José. Sorriram, se abraçaram e, felizes como duas crianças, foram para o bar. Propositadamente, fiz com que a cena do passado se repetisse. Cutuquei João, o estabanado, que estava no balcão, e fiz com que se virasse ao mesmo tempo que José se aproximava. Ele tomou tamanho susto que novamente derrubou seu drinque em cima do amigo. Quando ia pedir desculpas e viu que era José, começou a rir.

E os três se abraçaram, brindaram e juraram ali mesmo que nunca mais iriam se separar. Lembraram da peladona e fizeram um brinde a ela.

Eles estão beirando os 40 anos e continuam nas baladas... Solteiros e felizes. De vez em quando, um deles namora por uns tempos, mas acaba voltando.

Agora, você e seus leitores sabem por que dizem que "nada é por acaso" e que coincidências, fatos que se repetem ou destino sempre têm a asinha de algum anjo, especialmente as minhas: o AMIGUINHO DA NOITE!

E agora a senhora pode voltar a dormir.

– Engraçado, me tira o sono e me manda voltar a dormir... Não sei quem é mais convencido, esse AMIGUINHO DA NOITE ou o CUPIDO NOTURNO!

Preparo-me para levar bronca...

– Sabe, dona escritora, existe a Lei da Atração. Se a senhora nos atraiu, é porque é convencida também. Agradeça-me a contribuição, porque preciso voltar às baladas!

– Tá legal, valeu! Só que agora o senhor me espera porque vou me arrumar e também vou! Depois dessa, perdi o sono!

E foi nessa noite que presenciei uma cena inusitada, engraçadíssima. Outra armação do AMIGO DA NOITE para comprovar sua teoria...

Duas amigas baladeiras...

Eu não sabia aonde ir. Depois que o anjo me acordou para contar sua história, perdi totalmente o sono e resolvi dar uma volta. Rapidamente me produzi, tomei um drinque e saí. Parei em frente a uma casa noturna que frequento.

– Não é aqui, siga em frente!

Passei em outra, estava movimentada, pensei comigo: "É aqui mesmo!" Quando ia entregar o carro ao valet...

– Não é aqui, siga em frente!

– Senhor anjo, eu não saí para trabalhar! Esqueceu que sou baladeira também? Só quero dar uma volta para me distrair! Tanto faz, qualquer balada serve...

Enquanto discutia com o anjo, quando dei por mim, entrei numa rua cheia de bares e parei na frente de um deles. Quando saio para me divertir, costumo ir a lugares que conheço. Embora já tivesse ouvido falar daquela casa, nunca tinha entrado.

Sabendo que não adiantava discutir com meus assessores, entreguei meu carro ao valet.

O bar era legal. Eu estava apertada e fui direto ao banheiro. Quando entrei, duas mulheres choravam de soluçar, se abraçando, falando sem parar! Não pareciam gays.

Entrei no boxe e, embora não tivesse a intenção de ouvir o que elas diziam, foi impossível, porque elas estavam emocionadas, falavam muito alto e logo percebi que estavam fazendo as pazes depois de uma briga.

Fingi que não estava ouvindo a conversa, passei batom, arrumei o cabelo e o Amigo da Noite ordenou:

– Pergunte a elas o que está acontecendo, vamos!

– Mas não posso me meter na conversa, eu nem as conheço!

– Você não é repórter, dona escritora? Desde quando esses escrúpulos?

– É diferente, elas estão fazendo as pazes, o senhor não está vendo?

– Acho que você está enganada!

Mal o anjo acabou de falar, eu resolvi abordá-las.

– Queridas, desculpem interromper...

Elas não me ouviram. A morena disse não-sei-o-quê, a loira se enfezou e puxou o cabelo dela. A morena reagiu e puxou o piercing da barriga da outra. Começaram a brigar de novo. Não aguentei e comecei a rir.

Foi hilário! Mulher brigando já é engraçado, puxão de cabelo é normal, mas puxar o piercing da barriga de alguém eu nunca tinha visto...

Notei que, quando outras mulheres entravam no banheiro, elas paravam de discutir, mas, quando saíam, elas continuavam. Na minha frente elas brigavam, na das outras mulheres não. Será que eu tinha morrido? Que estava invisível? Estaria sonhando? Desde que o Amigo da Noite me acordou para escrever, era tudo um sonho? Não. Eu estava me vendo no espelho! Foi tão louco que toquei meu braço para ver se o sentia. Eu estava ali! Viva e normal. Acordada. Loira e linda! Liguei-me que eram coisas dos anjos e que, enquanto eu não interviesse na briga, não conseguiria sair dali.

— Meninas, me escutem, por favor! Desculpem por me intrometer, mas vocês não param de discutir e eu estou justamente escrevendo um livro sobre relacionamentos nas baladas. Vocês podem colaborar? Pelo que pude ouvir, vocês são amigas há algum tempo...

Primeiro, as duas me olharam espantadas. Uma olhou para a cara da outra, pararam de chorar, até que a morena falou:

— Algum tempo? Há oito anos. Desde que a gente se conheceu numa balada...

— Então por que vocês estão brigando?

— Você não viu que ela me agrediu, puxou meu piercing, me machucou! — disse a loira.

— Fui eu que te dei de presente! No mesmo dia em que te dei esse piercing, o que você fez?

Entre a vontade de rir e a de zoar, perguntando-lhes se o vilão da história era o tal do piercing, e não um homem... Vendo que elas não estavam alteradas por causa da bebida, e sim tomadas pela emoção... Sentindo que ali havia realmente uma grande amizade, achei melhor não tomar partido e apaziguar a situação.

Propositadamente, comecei a contar sobre o livro, o encontro com os anjos, os diabinhos das baladas e disse-lhes que, com certeza, o Capeta Brigão e a Madame Satã Siliconada, numa alusão aos enormes peitos das duas — estavam por ali. Perguntei se podia entrevistá-las. Elas começaram a rir sem parar, e concordaram.

— Acho que mereço um crédito, pelo menos vocês pararam de chorar! Agora eu sei por que vim parar aqui!

Contei tudo sobre o AMIGO DA NOITE e de como ele tinha me levado até lá. E completei:

— Vocês devem ser protegidas dele! É obvio que ele quer que vocês contem a história dessa amizade, que começou numa balada, para reproduzi-la em meu livro!

Elas riram, ficaram felizes, retocaram a maquiagem e me convidaram para sentar à mesa delas. Sugeri que só uma delas falasse, porque com aquele barulho eu não conseguiria ouvir as duas ao mesmo tempo.

Foi muito legal! A gente se conheceu em uma balada. A casa estava tão cheia que demos um encontrão, sem querer. Desculpamos-nos e, mais tarde, no banheiro, a gente se cruzou de novo. A Alzira pediu emprestado meu batom e começamos a conversar. Descobrimos que estudávamos na mesma faculdade, mas a gente nunca tinha se visto. Ela estava com uma amiga e eu sozinha. Fiquei a noite toda com elas e nos divertimos muito. Marcamos de nos encontrar na faculdade, no dia seguinte. Parecia que a gente se conhecia havia séculos. Descobrimos que tínhamos um monte de coisas em comum. Ela estava sem namorado e eu também.

Combinamos de ir a uma balada no fim de semana comemorar o aniversário de um amigo meu. Foi demais. Desde aquela noite, a gente foi se apegando, viramos confidentes e nos dávamos tão bem que começamos a fazer muitas coisas juntas. Por exemplo, nós duas tínhamos vontade de colocar silicone. Acho que foi ideia da MADAME SATÃ SILICONADA, de quem você falou! Ah! Ah! Ah!

Marcamos a cirurgia no mesmo dia, correu tudo bem e lá fomos nós, superpeitudas para as baladas! Maior sucesso! Tornamo-nos inseparáveis. Nesses oito anos de amizade, a gente nunca se separou nem brigou por motivo nenhum. Fizemos um pacto de amizade verdadeira. Se um cara viesse paquerar as duas ao mesmo tempo, uma contava para outra e o cara ficava sem nenhuma. Mesmo quando nós duas estávamos namorando, nunca deixamos de sair para as baladas só nós duas pelo menos uma vez por semana. Tanto ela quanto eu deixávamos claro para os namorados desde o início que tínhamos uma noite livre, só nossa. Alguns desistiram da gente por causa disso.

Depois que nos formamos, começamos a sair menos, porque arrumamos emprego e tínhamos de acordar cedo. Mas a gente não abria mão das nossas baladinhas, só para rir e se divertir. Só discutíamos por causa de dinheiro. A Alzira achava que os homens não deveriam pagar nossa conta, porque ficava chato, que eles iriam querer outra coisa, e eu nunca concordei com isso. E, toda vez que aparecia alguém que ficava com a gente e queria pagar a conta no final, o que é normal, virava a maior discussão. Ela não queria, me puxava para ir embora, era grosseira com os caras, falava uns desaforos, etc. É claro que discutíamos por outros motivos bobos também, como todo mundo que se gosta, mas tudo era resolvido na hora. Sempre foi assim, até seis meses atrás, quando ela me disse que queria colocar um piercing no umbigo e eu fui contra. Mesmo assim, dei-lhe um bem bonito de presente de aniversário.

Viviane, uma amiga nossa em comum, ofereceu-se para ir com ela colocar o piercing. Achei legal. Estava esperando a Alzira me ligar para contar como tinha sido, mas quem me ligou foi a Vivi, contando que a Alzira tinha colocado um no nariz também, que ia fazer uma tatuagem, e pediu para que ela não me contasse nada porque eu ia encher o saco dela! Não entendi. Achei aquilo tão absurdo que nem liguei para ela. Fiquei esperando que me ligasse ou mandasse um e-mail.

Esperei, e nada. Dois dias depois, fui sozinha ao bar que a gente estava frequentando nos últimos tempos, e a Alzira estava lá no meio de uma turma de gente toda tatuada que usava montes de piercings. Fui direto falar com ela e perguntei o que estava acontecendo. Disse-lhe que não achava legal, mas que a respeitava e não deixaria de ser sua melhor amiga porque ela havia aderido a uma nova moda. Ela estava fria e logo vi o porquê. Estava de chamego com um tatuado, que usava piercing em tudo quanto era lugar e nem ligou para mim. Fiquei tão magoada que resolvi ir embora. Ela me ligou no dia seguinte dizendo que não tinha me contado nada porque sabia que eu não ia curtir e achar que ela estava sendo influenciada pelo novo namorado, etc. Começamos a discutir, falamos um monte de desaforos uma para outra, eu bati o telefone na cara dela e a gente nunca mais se viu.

Justamente hoje, a gente se encontrou por acaso aqui no bar. Eu senti muita falta dela nesses meses, e ela idem, e só sei que a hora que a gente deu de cara uma com outra, nos abraçamos e ficamos tão emocionadas que corremos para o banheiro. Foi justamente quando você nos viu e interrompeu a conversa.

— Mas, então, vocês fizeram as pazes?

As duas riram. Foi Alzira, a loira do piercing, que falou dessa vez.

— Acho que foi o ANJO AMIGO DA NOITE. Se não fossem vocês, acho que a gente ia brigar de novo! (*risos*) Sabe, acho que a gente se separou porque todo mundo tinha inveja da nossa amizade, que sempre foi verdadeira.

— E se vocês se encontrassem na rua, em outro lugar, seria mais fácil ficar de bem?

— Não ia rolar.

— Por quê? É mais fácil se reconciliar numa balada?

— Claro! O ambiente, a música, a alegria, a descontração, tudo isso colabora para que fiquemos mais abertas. Por mais que a gente esteja brava, entra no clima da balada e vira festa. É só alegria.

— Valeu, meninas! Muito obrigada! — eu disse, levantando-me e pegando minha bolsa para ir embora.

— Mas você já vai?

— Já! E nunca mais briguem! Nenhum piercing merece isso!

Elas riram. Abraçaram-me. Chamaram-me de ANJO. Não paravam de me agradecer... Fui.

No carro... De volta para casa, ouço o bater de asas duplo: CUPIDO NOTURNO e AMIGO DA NOITE.

— Vocês, hein? Valeu, AMIGO DA NOITE, mas que historinha dessas duas, hein? Tudo porque nós, humanos, temos mania de interferir na vida do outro sem deixar que ele seja quem é ou quer ser! Estou entendendo... Mas parabéns! Conseguimos ajudar! Acho que vou acabar virando anja também!

— Só se for anja escritora endiabrada!

— Não gostei!

— Brincadeirinha!

— Contem-me uma coisa... Não é fofoca, mas, sabe como é, sou repórter, curiosa... Essas duas encontraram uma amizade verdadeira nas baladas, mas e o amor? Elas vão encontrar namorados legais, casar? São tão jovens, bonitas? Ô, DA FLECHA, dá uma força para as meninas...

— Ok. Vou flechar o coração da Alzira no umbigo! Uma flecha nela outra no piercing dela, tá?

— Ah! Ah! Ah!

Capítulo 5

OS DDDS E SEUS MOTIVOS

Por que tantas pessoas entram para o clube dos DDDS (DESCRENTES, DESILUDIDOS, DECEPCIONADOS E SIMPATIZANTES) certas de que está cada vez mais difícil encontrar, na noite, amigos ou amores para se ter relações duráveis?

> NOTA DA AUTORA: *Algumas pessoas me autorizaram a publicar suas opiniões; outras preferem o anonimato. Mas as declarações são absolutamente verdadeiras e os diálogos reproduzidos na íntegra.*

CLUBE DOS DDDS
(descrentes, desiludidos, decepcionados e simpatizantes)

O QUE "OS MENINOS" DIZEM SOBRE O...
"CLUBE DAS MENINAS"

"A mulher está muito fácil, liberal demais, matando cachorro a grito, não se valoriza e depois reclama do homem. Ora, ele se comporta conforme ela determina."

"Eu apresento uma mulher a um amigo e, em dez minutos, ela já está beijando ele. Fácil demais."

"Uma noite eu fiquei observando uma mulher que devia ter uns 22 anos. Ela beijou três caras diferentes em menos de uma hora! Só serve para sair uma noite mesmo!"

"Eu sou homem e sempre aviso as minhas amigas que elas não podem sair na balada e ficar com todos os caras. Pega mal. Mas elas dizem que, se eles podem galinhar, elas têm o mesmo direito. Sabe quando um cara vai levar uma mulher dessa a sério? Nunca!"

"A mulher está muito atirada. E, na noite, dificilmente a gente sabe qual é a dela. Eu não namoraria uma mulher que me beija na primeira noite!"

DETALHE: esta última declaração não é de um coroa careta. Embora ele já tenha passado dos 40 anos, é uma figura conhecida na *night* paulistana, muito louco, pinta de garotão, todo tatuado e antenado com tudo o que rola aqui e no exterior. Já trabalhou como *promoter* em Ibiza e Barcelona (ESP).

DEFESA FEMININA: o que meu amigo não sabe, ou finge não saber, é que os homens também estão atiradíssimos. Incontroláveis. Experiência própria. A todas as baladas que eu vou, logo aparece um cara me agarrando e querendo me beijar. Quando digo que não o conheço e o afasto gentilmente, ele insiste: "Ah, gata, pelo menos um selinho!"

Parece que virou moda o tal selinho. Ora, quem gosta de selo é carta! Dou mais três passos, e vem outro fulano que eu nunca vi na vida querendo me beijar! Não era assim. Nas baladas das décadas passadas, de vez em quando, apareciam alguns tarados querendo agarrar e beijar as mulheres que não conheciam. Mas, agora, parece que, além do DDDS, temos também o clube do BECO (BEIJOQUEIROS COMPULSIVOS), que ganha cada vez mais associados.

Até mesmo entre os povos considerados mais respeitosos com as mulheres, o selinho é a bola da vez. Certa noite, numa balada, apareceram cinco ciganos divertidíssimos que ficaram discutindo entre si quem eu iria beijar, como se eu não estivesse presente.

Quando eu disse que não iria beijar nenhum deles porque também era cigana e só beijava o meu homem, eles pediram uma prova. Eu disse algumas palavras no idioma deles (o romanês), que aprendi com meus amigos ciganos, e só então me deixaram em paz. Será que vamos ter de seguir as tradições da mulher cigana para sermos respeitadas?

Os menos expansivos orientais, geralmente mais recatados e educadinhos, também não estão deixando por menos. Num bar de roqueiros, tive de chamar o segurança para me livrar de dois japonesinhos atrevidos que queriam um selinho de qualquer jeito. E o segurança teve de despachar as duas malas japonesas para Tóquio.

Categoria juvenil

Duas franguinhas lindinhas (tipo galeto). A loirinha, quase assada, e a moreninha, já no ponto, destacam-se num bar muito badalado, porém frequentado por um público mais velho.

Achei que elas estivessem vindo de um casamento, tão produzidas que estavam. Engano. Puxo conversa com uma delas, mas a outra se mete toda hora porque também quer falar.

Elas me contam que frequentam todos os bares da moda. Vamos chamá-las de "QUASE ASSADA", 18 anos, e "JÁ NO PONTO", 21.

QUASE ASSADA: "Sabe, na maioria das baladas as pessoas só vão para se exibir, ninguém fica com ninguém. Hoje em dia, a paquera é superficial. Os homens só querem ficar."

JÁ NO PONTO: "Estamos na era dos descartáveis. Até as pessoas são descartáveis".

QUASE ASSADA: "Nas danceterias é um pouco diferente. Os caras já vão pegando a gente e beijando".

Pergunto o que fazem neste bar de gente mais madura.

– Vamos a todos os lugares para saber o que rola – responde a QUASE ASSADA.

Questiono como se sentem em relação à paquera, se esperam encontrar alguém para namorar sério

É a JÁ NO PONTO quem responde:

— A gente até quer namorar, mas a verdade é que aprendemos com os homens. Na noite tem as pessoas espertas e as trouxas.
— E vocês pertencem a que time?

A FRANGUINHA QUASE ASSADA VIRA PERUA ASSUMIDA E PETULANTE. E SE GABA:

— Ao time dos espertos, é claro. Outra noite eu estava beijando o amigo do cara por quem estou apaixonada no camarote de uma danceteria. Mas, quando vi que ele apareceu, saí à francesa, dei a volta na casa e ele não ficou sabendo de nada!

Isso porque está apaixonada. Garota esperta. Mas, enfim, é baladeira e só tem 18 anos. O pior é que isso nada tem a ver com idade. Tem gente de 40 na mesma situação.

E O QUE "AS MENINAS" DIZEM SOBRE O...
"CLUBE DOS MENINOS"

"Os homens só querem ficar, usar a gente. Dizem que querem uma garota para levar a sério, namorar, mas é mentira. No dia seguinte, somem sem deixar vestígio, e isso independe se conseguiram transar com a garota."

"É difícil arrumar namorado na noite. Os homens conhecem a gente numa festa fechada ou balada, fingem que estão encantados, telefonam, fazem a linha *gentleman*, levam para jantar, mandam flores, mas, depois que 'comeram' ou deram uma 'desfiladinha' ao nosso lado e tiveram suas horinhas de fama, desaparecem."

"O problema são as outras mulheres. Elas estão muito fáceis. E os caras pensam que todas são iguais. Não querem nem saber. Já vão agarrando a gente, passando a mão, querendo beijar na boca."

"O pior é a falta de criatividade dos homens. São as mesmas cantadas idiotas. 'Você é a mulher mais bonita da festa', 'Parabéns', 'Eu te conheço de algum lugar', 'Meu amigo quer te conhecer'. Além disso, estão cada vez mais arredios e mentirosos."

DEFESA MASCULINA: mas por que será que os homens estão agindo assim? Quem foi que provocou ou liberou esse comportamento masculino? Que eu saiba, em outros tempos, quando um homem faltava com o respeito ou queria beijar qualquer uma das mulheres que estivessem em um salão de baile, levava um tapa ou uma bolsada na cara. Todas elas reagiam da mesma maneira. Tinham moral para isso... Não saíam por aí fazendo campeonato de beijos na boca, apostando com as amigas quem beijaria mais, e jamais tomavam a iniciativa quando estavam interessadas em um homem...

MUDANÇAS NO TEMPO, CRESCIMENTO DEMOGRÁFICO E MÚSICA ELETRÔNICA

FLASH-BACK

É claro que a mudança de comportamento das pessoas acompanha a mudança dos tempos. Há uma série de fatores sociais, econômicos e culturais que interferem nos padrões, valores e atitudes de cada ser humano. Uma mulher do século XXI jamais se comportará como uma donzela do século XVII, a não ser que faça uma regressão a vidas passadas, descubra que foi uma rainha ou escrava, tenha um surto e decida viver de acordo com o passado. Você está rindo? Pois isso existe. Conheço homens e mulheres que justificam suas atitudes presentes alegando que em suas vidas passadas foram não sei quem...

Outro dia, encontrei, por acaso, um amigo muito bacana, que era frequentador assíduo das baladas. Ele é lindo, empresário de sucesso, surfista, tem 34 anos e sempre foi o maior pegador. Quando perguntei por que ele tinha sumido da *night*, ele respondeu:

– Fiz regressão a vidas passadas e descobri que já fui um monge. Estou indo para o Tibete. Preciso resgatar minha sabedoria para ajudar as pessoas e o mundo. Nas baladas só tem putaria e negatividade. Ninguém que frequenta baladas pode evoluir.

Antes de formar uma opinião, apelo para os anjos.

– O que os senhores acham disso?

É o ANJO AMIGO DA NOITE quem responde:

– Acho que seu amigo surtou. Ele reencarnou sendo quem é hoje justamente para evoluir no meio em que vive. É muito mais fácil crescer como pessoa e aprender no meio de outras pessoas do que sozinho. Você acha que, se ninguém pudesse evoluir nas baladas, eu seria um anjo baladeiro e as escolheria para prestar meus serviços? Todo ser que reencarna na Terra vem com a finalidade de evoluir espiritualmente. De mudar a si próprio, não aos outros. Por exemplo, se ele foi um monge em sua vida passada, virou baladeiro na atual justamente para aprender a conviver com pessoas de todos os tipos, não se isolar, fugindo à responsabilidade de trocar informações e energia com seus iguais, comparando suas escolhas às dos demais. De que maneira ele poderá escolher ter melhores pensamentos e ações se não tiver referências? Espelhando-se em um móvel? Rezando? Ele só poderá escolher melhor e ter uma atitude positiva a partir de outro ser humano. Se numa balada ele presenciar um homem maltratando um funcionário do bar, por qualquer motivo, e achar isso muito feio, poderá optar por tratar sempre muito bem aquele que lhe está prestando um serviço.

Todo ser traz consigo, em seu registro de memórias, o aprendizado de todas suas vidas passadas e, mesmo que não se lembre de nada, sua alma sempre saberá tudo. É ela quem tem a sabedoria. Por isso, o que é bom para uns pode não ser para outros. É impossível e insano querer buscar sabedoria em qualquer outro lugar senão dentro de si mesmo. A prova disso é que alguém só se sente feliz realmente quando faz o que seu coração, ou seja, sua alma, intuição, chame do que quiser, estiver pedindo. Só você, ou seja, sua alma sabe o que é melhor para você. Mas os humanos gostam de ficar inventando e procuram fora aquilo que já têm. Vocês não sabem ouvir vocês mesmos, ficam se guiando pelos outros e se dão mal. Se soubessem seguir a própria intuição, ninguém entraria para o DDDS. Mas um dia vocês aprendem.

Quanto às mudanças de comportamento em relação ao tempo, mesmo que passado, presente e futuro só existam pela continuidade dos pensamentos, sugiro que conte sobre aquele senhor que você entrevistou na praia, a conversa com aquele seu amigo engraçado e reproduza a entrevista com aquele *promoter* experiente publicada naquele seu outro livro. Dessa forma, seus leitores poderão saber o que mudou de fato, divertir-se e formar uma opinião.

Eu sabia que aquele encontro na praia era coisa dos anjos. Era fim de tarde, estava sozinha, sentada na areia, quando apareceu **o pai de uma amiga**. Começamos a conversar e contei sobre meu novo livro. Aos 66 anos, boêmio assumido, ele logo se entusiasmou com o assunto.

– O senhor bem que poderia me contar como eram as baladas naquela época.

– Com todo o prazer. Mas também quero dar a minha opinião sobre as baladas atuais. Só assim os leitores jovens vão entender as coisas e parar de chamar a gente de "coroas caretas". Você só não pode revelar minha identidade, sabe como é...

– Lógico. Esse será nosso segredo!

Em São Paulo, até meados dos anos 1950, o que se chamava de noite era a PUTARIA. Mais precisamente ZONA DO MERETRÍCIO, que ficava no BOM RETIRO. Popularmente chamada BOCA DO LIXO. As prostitutas se espalhavam por ali e tudo era uma festa até o governador mandar fechar a zona. Os frequentadores não gostaram, e a piada da época era a seguinte: a mãe do governador tinha sumido. Então, ele mandou fechar a zona na esperança de que ela, sem ter para onde ir, voltasse para casa. Com o fechamento da zona, as prostitutas se transferiram para os PUTEIROS, casas fechadas.

– E a mãe do governador? (*risos*)

– Deve ter voltado para casa! (*risos*)

– Continue, por favor, estou adorando!

As nossas baladas, na verdade, eram baladinhas. Rolavam no ambiente familiar. Nos bailinhos realizados nas casas das pessoas, onde todo mundo tomava conta de todo mundo. Era muito difícil comer uma menina naquela época. A gente chamava esses bailes de MELA CUECA. Não passava disso. O homem só podia dar UMA ENCOXADINHA. A expectativa era de conseguir alguma coisa a mais com as namoradas. Mas as meninas que deixavam a gente ir um pouco além ficavam malfaladas. Por isso, mesmo tendo vontade, elas se reprimiam. Havia algumas exceções, é claro. Porém, raras. Com o tempo, vieram os bailes promovidos pelos clubes da cidade, que já não eram tão familiares assim. Nos anos 1960, a mulher começou a se soltar, e a dança de rosto colado e corpos juntinhos aproximava os casais. Havia mais romantismo e tesão na noite. Os relacionamentos eram mais fáceis porque as pessoas se respeitavam. Indo para a cama ou não, havia respeito. O homem não ficava esculachando a mulher, era um cavalheiro. Mas, infelizmente, a mulher deixou de ser uma dama. A liberdade que ela conquistou fez com que se tornasse disponível, fácil demais, e o homem não se sente mais na obrigação de assumir qualquer compromisso ou responsabilidade. Hoje em dia, todo mundo passa na mão de todo mundo, e os relacionamentos ficaram vazios. Naquele tempo, tudo era romântico, mágico... O tesão pela conquista do amor era um motivo para viver sempre alegre e feliz, até realizar nossos desejos e fantasias. Ninguém precisava se drogar nem encher a cara.

Agradeço, despeço-me, mas, como naquela praia todos se conhecem, logo encontro **Tio Tonhão**, outro senhor, mais idoso ainda, 70 anos. Uma figura. Ele quer saber o que eu conversava com o pai da minha amiga. Quando resumi o depoimento do seu colega de geração, ele, que também foi boêmio a vida toda, deu sua opinião.

– Ô, minha filha, escreve aí! Será que quando esses jovens chamam a gente de careta, na verdade, não estão com inveja de nós? Pelo menos, no nosso tempo, raramente aparecia um cornudo... Hoje em dia, a maioria dos homens toma chifre. A única diferença é que alguns sabem disso; outros não sabem ou preferem não saber; e muitos sabem, mas fingem que não sabem.

Meu amigo engraçado a quem o anjo se refere é o paulistano To‑ nico. Figura ímpar que sempre circulou pela alta sociedade de São Paulo, ele é uma pessoa bem relacionada, dono de um invejável mailing de 16 mil pessoas, do qual fazem parte alguns dos nomes mais expressivos da sociedade brasileira. Ele costuma dizer: "Só cavalo de raça! Pangaré não é comigo!" Essa é uma maneira que Tonico tem de se referir às pessoas que poderia soar pejorativa, mas em sua boca fica tão engraçado e inofensivo que até "os pangarés", ao invés de ficarem ofendidos, acabam dando risada. E foi assim que o conheci.

Ele era membro da diretoria da Hípica Paulista e, quando eu ia cobrir alguns eventos, sempre procurava por ele só para conversar e dar risada. Ele é muito divertido. Certa vez, eu comentei com ele que um frequentador lá da hípica estava me paquerando. Ele rapidamente respondeu:

– Não dá mole, não, esse é pangaré! Vem aqui que eu vou te apresentar um puro-sangue! Mas tudo é pura gozação...

Sou filho único, fui criado numa família normal, e meu contato com a alta sociedade e as famílias ricas e tradicionais de São Paulo talvez se deva ao fato de ter estudado em bons colégios, morado em um bairro nobre da cidade e à sorte que sempre tive de encontrar as pessoas certas, na hora certa e no local certo. Contudo, o mais gostoso da vida é conhecer e se relacionar com pessoas de todos os níveis. Costumo dizer que vim ao mundo a passeio. Para mim, todo dia é domingo. Mas, apesar de não ter preconceitos, sou de um tempo em que homem gostava de mulher, e cabeleireiro e cozinheiros não entravam nas grandes festas. De uma época em que os colunáveis abriam suas belíssimas casas e davam festas maravilhosas simplesmente porque isso garantia o *status*, seus nomes nas colunas sociais e, consequentemente, acabava gerando bons *business*. Era quase uma obrigação social para essas pessoas receber seus amigos e conhecidos assiduamente, pelo menos uma vez ao mês. *Socialites* deixavam de viajar nos fins de semana porque tinham de ir à festa na casa de fulano... Mas mudou tudo. A sociedade se encolheu e o dinheiro mudou de mão. Hoje, a gente tem uma ou duas grandes festas por ano, o resto é casamento e missa de sétimo dia. A alta sociedade ficou exclusivista. Resume-se a pequenos grupos de pessoas que recebem poucos amigos para jogar tranca ou jogar conversa fora. E isso entre os mais velhos, porque os jovens vão curtir nos bares da moda. Antes era muito mais fácil se relacionar, porque a gente sabia quem era quem. Agora, especialmente nas baladas, é um acúmulo de gente e ninguém sabe com quem, de fato, está lidando.

Entretanto, o pior desencontro entre o homem e a mulher é causado pelo comportamento de ambos mesmo.

A iniciação sexual começa aos 13 anos, e aos 25 a mulher está exausta. E o pior é que ela tem prazo de validade. Muitas meninas nessa idade já estão na porta da esperança. A vida social delas é um corredor de shopping. Não leem nada, não pegam um livro e não sabem nada.

Mal conhecem um homem e já ficam nuas... Acredito que seja porque elas não têm nada para falar, vão fazer o quê? Não diferem muito das meninas da minha época, que chamávamos de úteis fúteis. Criadas para casar, elas só faziam o curso "espera marido". E hoje, com tanta oportunidade e preparação que as meninas têm, parecem ter banalizado o amor. É uma pobreza... Aliás, tudo que pobre faz é uma merda. Pobre faz amor e tem cinco filhos. Não pensa, não conversa, só transa. O cara que está no casebre e fica sozinho tem atração até pela fechadura da porta... e isso é tudo.

É por isso que eu digo que, quando não se tem o que conversar, a alternativa é ficar nu e fazer sexo. Os valores se inverteram. Na maioria dos casos, um homem bem-intencionado, que convida uma menina jovem para sair, a leva para jantar e lhe dá flores acaba fazendo o papel de lobinho, aquele com espírito de escoteiro.

O empresário rico, na meia-idade, inseguro, acaba pegando aquela pobrezinha, bonitinha, limpinha, que mora longe, certo de que essa ele vai dominar. Mas, quando ele a levar pela primeira vez a uma joalheria, pode ter certeza de que a personalidade da moça vai mudar.

Eu conheci muita gente boa na noite. Fiz grandes amizades com gente de diferentes classes sociais que conservo até hoje. Mas, amor mesmo, são dois ou três casais que dão certo, e isso quem determina é a mulher. É ela quem conquista o homem. Ele é só um figurante. Se ela não quiser saber dele, não tem jeito. Entretanto, ela precisa se valorizar, se quiser um relacionamento sério. Sai, beija, transa... e vira rodízio de churrascaria. Quando a gente menos espera, é servido e acaba comendo até se empanturrar. O homem acaba ficando com medo.

Em São Paulo, por exemplo, mais ou menos até metade da década de 1990, havia um rodízio entre as mesmas pessoas que frequentavam os mesmos bares e festas. O casal se paquerava numa semana, trocava olhares e telefones. Nenhum dos dois telefonava, mas sabiam que se cruzariam nos próximos dias.

Numa outra festa – os vips e não vips eram sempre os mesmos –, eles faziam um pouco de jogo duro, provocavam ciúmes um no outro, iam embora irritados, mas tinham certeza de que se encontrariam em breve. O interesse ia aumentando, a paquera virava paixão, até que rolava uma noite de sexo, um caso, um namoro ou um casamento, mas rolava.

Entretanto, com a explosão da população e com centenas de casas noturnas e vips (HOJE TODO MUNDO É VIP) espalhadas por todos os cantos das cidades, as pessoas não se encontram com tanta facilidade. Exceto quando fazem parte da mesma tribo e frequentam os mesmos lugares.

SYDILSON OLIVEIRA, um dos *promoters* mais experientes da vida noturna de São Paulo – CONSIDERADA UMA DAS QUATRO NOITES MELHORES DO MUNDO – que tem mais de 40 anos e é um profissional sério, competente, querido e respeitado pelos baladeiros paulistanos, pode, melhor do que ninguém, estabelecer o que mudou na noite (o "antes" ao qual se refere são os anos 1970, 1980 e início dos 1990).

- ANTES: os pais frequentavam as casas noturnas.
- AGORA: são os filhos.
- ANTES: tínhamos poucas casas noturnas badaladas e o público era de 500 pessoas, no máximo.
- AGORA: temos megacasas para públicos de 1.500 a 4.000 pessoas.
- ANTES: o cliente vip gastava 400 reais numa noite. A vida noturna era restrita. Era só para quem tinha dinheiro.
- AGORA: o cliente vip gasta 30 reais, e olha lá! A noite é aberta à população.
- ANTES: o traje usado na *night* era esporte fino, social ou *black-tie*.
- AGORA: os baladeiros usam tênis de marca, calça preta de grife, camisa ou camiseta justa para mostrar os músculos. E as baladeiras desfilam saias curtíssimas ou jeans, seios à mostra, naturais ou com silicone, botas com plataforma.
- ANTES: as pessoas eram mais educadas.
- AGORA: são muito mal-educadas. Gastam 30 reais e se acham donas da balada.
- ANTES: a gente demorava dois ou mais fins de semana para beijar uma mulher.
- AGORA: beija, depois pergunta o nome.

Pergunto ao *promoter* o que ele acha dessa nova realidade e o que explicaria essa mudança de comportamento.

— Acho que a noite foi massificada. Como acontece no Carnaval, onde todo mundo se beija. O que é aquilo? Festa da população, da massa. Então é só pegação mesmo.

Cerca de 90% dos baladeiros são universitários que têm de estudar e sobreviver com a mesada dos pais, quando não têm de trabalhar para ajudar a pagar os estudos. Eles não têm dinheiro para ir ao motel, só para beijar.

O objetivo na noite, hoje, é ficar bêbado o mais rápido possível e ganhar as apostas. É muito engraçado. Eles chegam em grupos. Cinco homens dentro de um carro ou cinco mulheres também no mesmo carro. Os homens apostam entre si quem vai beijar mais na noite.

— E quem é o juiz?

— O juiz é sempre o mais feio. Aquele que nunca beija.

— E as meninas também apostam quem vai beijar mais?

— Pode apostar. (*risos*)

— E a juíza das meninas?

— A mais feia, tímida, gordinha...

— E qual é sua opinião sobre os relacionamentos nas baladas atualmente?

— Acho que a educação de hoje está muito diferente. Os pais apoiam os erros dos filhos, e eles perdem a noção do certo e errado. De quarta a domingo, lido com um público de 15 mil pessoas. Se homens e mulheres fossem mais educados, tudo seria melhor.

NOTA DOS ANJOS: *dona escritora, nós te dissemos, no primeiro contato que tivemos com você, que o pior problema era a EDUCAÇÃO! Lembra-se?*

ALEX OLIVEIRA, outro *promoter* bem mais jovem, chama a atenção para o comportamento e a postura dos(as) baladeiros(as).

Muita gente acha que a balada é um lugar vazio, cheio de pessoas perdidas. Não é assim. Conheço muitos casais que se conheceram na noite e estão juntos e felizes. Eu mesmo conheci uma mulher com quem fiquei e namorei sério dois anos. O problema são as fantasias das pessoas. Muitos homens querem se autoafirmar, ganhar *status*; e muitas mulheres sonham que vão conseguir melhorar sua autoestima na balada e conhecer homens interessantes para casar. Ninguém pode esperar por isso. Já deve ir para a balada bem resolvido(a) consigo mesmo(a). Parece ser uma das missões do verdadeiro *promoter* usar suas ferramentas para fazer as pessoas felizes. Já apresentei muitos casais que deram certo. No entanto, notei que em todos os casos as pessoas queriam ser levadas a sério.

– E o que é preciso para isso, ALEX?

– É preciso ter limites, ser natural, sorrir, não ir com muita sede ao pote e não forçar a barra nunca. Meu lema é: "goste de gente que muita gente vai gostar de você".

A onda da música eletrônica também colaboraria para o "desencontro romântico". É individualista e não facilita muito a aproximação entre as pessoas. Será?

Fui a uma festa fechada, comandada por uma DJ famosa, que "arrebenta" na E.Music. Rolou num espaço bacana, alugado ou cedido para a ocasião, comida e bebida importadas e de graça, sem regulagem, gente jovem e linda, modelitos, modernetes, figurinhas da *night*.

Tudo muito *fashion*. Só que as pessoas mal conversavam. Muito menos "ficavam". Os convidados paravam em rodinhas "dando uma pinta" ou andavam de lá para cá, e todos pareciam estar com muita pressa. Não sei para quê.

Apesar de não gostar muito de música eletrônica, quando dei por mim estava me balançando, meu corpo se mexendo instintivamente, porém, sem sair do lugar. Parada. Sozinha. Como todos os convidados. A E.Music faz isso. É contagiante, entra no corpo e na mente, mas é só.

Quando eu estava saindo do recinto, encontrei um garotão que tentava entrar na balada e me perguntou:

– Que festa é essa?

– Festa do Nada Consta – respondi.

Algumas noites depois, no banheiro de um bar, observei, através do espelho, uma garota que não parava de olhar para mim. Ignorei. Continuei passando batom, e ela se aproximou e disse:

– Desculpe perguntar, mas qual é a sua idade?

– Sou mais velha que você. Por quê?

– Porque você é linda. Exótica, diferente, sua roupa, seu cabelo, esse corpão!

O ego agradece. Mas é claro que não satisfaço a curiosidade dela. Viro o jogo, e começo a fazer perguntas. Afinal, a repórter sou eu.

– Qual é a sua idade?
– Eu tenho 22 anos.
– Você frequenta as baladas eletrônicas?
– Lógico, eu adoro. Já fui a balada eletrônica até em Londres.
– Então, me conta o que você curte nessa onda. Acho que rola pouca paquera.
– Rola paquera, sim, mas é diferente. A gente troca olhares sedutores, passa perto, não precisa conhecer uma pessoa. Muita gente vai a uma balada eletrônica para se drogar, tentar fugir da realidade, é uma válvula de escape. Agora, os veteranos...
– Os veteranos?
– Sim. São aqueles que já conhecem como é lá fora. Em IBIZA e LONDRES, por exemplo. E aqui sabem que estão numa balada TRASH, por isso, vão só em busca de curtir o som. Na verdade, a música eletrônica é uma descarga emocional tão grande que dispensa paquera, bebidas, drogas ou qualquer outra coisa. Ela liberta. É um barato muito diferente, e quem ouve sempre sai ganhando. Mas, para isso, a gente tem de ir a uma balada sempre "sem expectativa".
– Obrigada, A.V. Agora entendo um pouco mais de E.Music. Você também é linda, inteligente e, quando for mais velha, vai ficar igual à titia aqui, viu?! Só mais uma coisinha, você tem certeza de que a música eletrônica dispensa drogas, até certa "droga do amor", chamada *ecstasy*?
– Tenho.
– E cocaína, também? (Ela estava bicuda.)
– Sim, quer dizer, claro.
– Então, tá!

SAIO RINDO DO BANHEIRO, PENSANDO QUE
QUANDO ELA NASCEU EU JÁ ANDAVA DE BICICLETA.

Observei a mesma distância entre as pessoas quando estive em outras duas festas embaladas pela E.Music. Nada contra, mas não somos ingleses. Entretanto, por que tanta gente gosta? Afinal, é uma tendência mundial. E até os bares com música ao vivo já estão mandando uma eletrônica entre um intervalo e outro em que os músicos descansam.

Sinto que antes de chegar a uma conclusão, preciso conhecer melhor esse estilo musical e como a galera se relaciona nessas baladas. Então, vou a um dos mais badalados clubes de Música Eletrônica em São Paulo.

A GERENTE DO BAR: aqui tem paquera sim. As pessoas que frequentam o clube regularmente me fazem confidências, e muitos casais que se conheceram aqui agora estão namorando.

O CLIENTE: adoro as baladas eletrônicas. Outro dia fui a uma balada de axé, mas não me senti bem. E todas as minhas namoradas, eu conheci aqui.

A CLIENTE: hoje em dia, a galera mais bacana curte eletrônica nas festas "Top". Tem gente que só vem ao clube para curtir o som, mas também tem pegação, paquera. O que rola é que esse gênero musical é tão extasiante que, se não pintar nada nem ninguém especial, não faz mal, a gente se liga no som e é só alegria.

E finalmente vou me dando por vencida... Especialmente depois de entrevistar o DJ BEHROUZ, considerado o pai da HOUSE MUSIC (um dos estilos da E.Music) por ser um de seus criadores há vinte anos.

De passagem por São Paulo, numa *tour* que ainda o levaria a Florianópolis, Curitiba e Punta Del Leste, muito simpático, BEHROUZ me surpreende:

> Música é, antes de tudo, energia, conexão. Não acredito que nenhum tipo de música afaste as pessoas. Eu acho que, se o clube for um tipo *lounge*, é possível, mesmo com a música eletrônica, encontrar um grande amor nas baladas de qualquer lugar do mundo. Tem um casal que se conheceu numa festa em que eu tocava e acabou casando. Fiquei orgulhoso porque, tempos depois, eles vieram me contar que tiveram um filho e deram meu nome ao garoto. E tem mais: disseram também que fazem amor ouvindo meu CD. Isso não é romantismo? Creio que isso acontece porque quando um DJ toca põe criação e sentimento no seu trabalho. As pessoas sentem isso e curtem.
>
> Isso não é relacionamento? Sentimento? Não é amor?

Atenção: *As pessoas pensam de forma diferente. Existe a balada certa para cada tribo. Hoje, no século XXI, temos centenas delas. E, geralmente, todos sabem o que vão encontrar naquela que escolherem cair. Em cada uma rola um clima diferente. Uma energia única. E cada um tem sua opinião. Portanto, ninguém deve se impressionar. Além do mais, no social tudo é válido.*

Os aditivos da NIGHT...

... e o exagero nas bebidas e drogas seria outro motivo que levaria a galera a fazer parte do DDDS (só para lembrar: descrentes, desiludidos, decepcionados e simpatizantes)?

Em minha opinião, quem bebe muito ou se droga demais não consegue paquerar. Já faz parte do **DDDS** sem se associar, simplesmente porque não consegue ver nem ouvir ninguém direito. Quanto mais "encontrar" alguém! Será que o álcool e as drogas aproximam ou distanciam as pessoas? Deixo para o leitor a tarefa de fazer seu próprio julgamento.

Quem bebe socialmente nas baladas sabe que um drinque sempre ajuda a descontrair. Seja para dançar, conversar, paquerar ou namorar.

Geralmente, desinibe os tímidos, encoraja os mais fracos, acalma os nervosinhos, solta a língua dos travados. Mas atenção! Eu disse um ou dois drinques. E nem sempre é assim.

O efeito da bebida alcoólica varia de acordo com cada organismo e com a quantidade ingerida.

Tem gente que bebe e trava.

Tem gente que toma um copo de vinho e não se sente bem.

Tem gente que bebe e fica agressiva.

Tem gente que, se tomar uma dose de qualquer bebida alcoólica, surta.

Tem aqueles que já nascem bêbados. Não precisam beber.

E outros tomam "todas" e não acontece nada.

Tenho uma amiga que mistura caipirinha, uísque com guaraná, cerveja, champanhe – tudo o que tiver. Ela toma muitas doses, pelo menos nove. E fica absolutamente sóbria. É inexplicável.

Eu, se tomar mais que três doses, "dá defeito". Se misturar, então, vou parar no pronto-socorro. Ou ouço o galo cantar às 3 horas da manhã.

EXPLICO: a primeira vez que tomei tequila (eu não sei o que acontece com essa bebida poderosa, acho que por isso os mexicanos são tão alegres e festeiros), fiquei tão louca que ouvi um galo cantar. Eu estava de carona e comecei a atormentar minha amiga para me levar embora porque já eram 5 horas da manhã.

– Mas, Sula, são 3 horas da manhã – dizia ela, me mostrando o relógio.

– O seu relógio está errado. Galo canta às 5 da manhã. Não às 3 da madrugada. Você está surda? Não está ouvindo o galo?

A minha amiga e as pessoas que estavam conosco riam tanto que não conseguiam falar. E eu ria também, sem parar. Mas queria ir embora.

Alguém que fazia parte da "turma da tequila" e conseguiu parar de rir, tentou me explicar que o "galo" eram moleques engraçadinhos que estavam do lado de fora do bar imitando a ave.

E, por mais que cinco ou seis pessoas me mostrassem seus relógios provando que eram 3 horas da manhã, e através da janela do bar me apontassem os moleques, até eu entender e aceitar a verdade já eram mesmo 5 horas da manhã.

Eu juro que só tomei tequila. Quatro copinhos. Acredite, se quiser. Culpa da bebida? Não. Eu é que passei das minhas três doses. Há muito tempo descobri que meu limite alcoólico eram três doses. Tomei quatro, deu defeito!

O álcool em quantidades moderadas (cada um deve encontrar o seu limite) pode ajudar a paquera ou acabar com ela. Lembro que naquela noite da tequila tinha o maior gato na turma da minha amiga e que, desde o momento em que fomos apresentados, ele estava me paquerando. Mas, depois da tequila e da minha "viagem com o galo", nem o CUPIDO NOTURNO daria um jeito de nos aproximar. Porque eu só falava e pensava nas horas e no puto do galo! O cara desistiu, é lógico!

As pessoas que chamo de "LEVEMENTE ALCOOLIZADAS" (seja homem ou mulher), alegrinhas, soltas e felizes – que estão naquele estágio de curtir saudavelmente a ligação gostosa da bebida, porém, totalmente conscientes e no controle de qualquer situação – são mais atraentes exatamente por passarem aos outros uma energia de alegria, descontração, leveza e sensualidade.

O que é muito DIFERENTE DE ESTAR BÊBADO, de porre mesmo, desrespeitando a si mesmo e aos outros.

Na vida, tudo é muito relativo. Mas se há uma regra sem exceções nesse departamento é a seguinte: ninguém atura gente bêbada, tropeçando em todo mundo, dando baixaria, falando um monte de besteiras e, principalmente, sendo inconveniente, chata e pegajosa.

E o que é pior: passando mal, estragando a própria noite e a dos seus acompanhantes. Há algo mais desagradável e deprimente na balada que ver alguém vomitando?

Pode ser o Brad Pitt. Se ele estiver bêbado, caindo em cima de mim... eu o levo para minha casa e cuido dele. BRINCADEIRA!

O que acontece, na verdade, é que se uma mulher estiver paquerando um homem, interessadíssima no gato, e ele passar dos limites na bebedeira, o encanto acaba na hora.

E, se um homem estiver paquerando uma mulher lindíssima, a maior gata, gostosíssima, e ela passar dos limites na birita, ele perde o tesão. Brocha. Aliás, nem os bêbados se suportam. Certa noite, vi um casal completamente "Babalu" no balcão do bar de uma conceituada e famosa casa noturna. Não dava para saber qual deles estava em pior estado. Aproximei-me e ouvi o seguinte diálogo:

ELE: Você não quer me beijar!
ELA: Você está bêbado. Você está com mau hálito!
ELE: Você é que está bêbada. E eu não quero beijar essa
boca de m...!
ELA: Boca de m... tem a sua mãe, aquela p....! Segurança! Segurança!

A mulher, bonita e bem-vestida, tentou se levantar e acenou para um cliente que usava terno, achando que ele era um dos seguranças. Mas caiu sentada no colo do homem que não queria mais beijá-la.

ELA: Segurança, tira esse bêbado daqui, ele está me importunando.
ELE: Segurança, tira essa bêbada daqui, não suporto mais essa vadia.

O garçom, que observava a cena, chamou o segurança verdadeiro da casa. Educadamente, ele pediu aos dois que se retirassem, alegando que haviam bebido demais e estavam extrapolando.

Ele: Quem bebeu? O senhor? Vou chamar o segurança. Você está bêbado!

Ela: Eu vou embora – disse a madame, levantando-se do colo do homem e caindo nos braços do segurança –, não suporto mais este homem nojento!

Ela saiu tropeçando. Simplesmente sumiu.

Ele ficou por lá, bêbado feito um gambá, tentando agarrar todas as mulheres que passavam na sua frente. E, depois, sumiu também.

Mais tarde, descobri que eles eram casados e frequentavam a casa regularmente. Segundo o gerente, eram pessoas distintas e bem-educadas. Mas, quando bebiam demais, a noite acabava em briga, e cada um ia para o seu lado. **Que coisa feia!**

Entretanto, conheço vários casais que se conheceram na noite, se aproximaram porque estavam "levemente alcoolizados", descontraídos e alegres, beberam moderadamente na companhia um do outro, se apaixonaram e hoje frequentam as baladas juntos porque estão casados e felizes.

Drogas

Cuidado, o Ministério da Inteligência adverte: drogar-se faz mal à saúde, pode até matar, destruir sua vida, dar cadeia e acabar para sempre com suas baladas.

As drogas mais usadas nas baladas são basicamente as mesmas, desde os anos 1960. Com exceção do *ecstasy*, que apareceu no Brasil na década de 1990. As mais comuns são: maconha, lança-perfume, cocaína e LSD (o ácido, antigamente chamado de "AC", e atualmente rebatizado como "doce").

É muito difícil prever o efeito de determinada droga no corpo humano. A exemplo do álcool, cada organismo reage de um jeito. Os consumidores desses aditivos podem ingerir mais de uma droga numa noite e beber também.

Os resultados? São imprevisíveis. Podem ser os piores. Mas, como a questão aqui é saber se elas prejudicam ou ajudam na paquera e aproximação entre as pessoas, aí vai uma pequena descrição de cada uma e os efeitos mais comuns.

A conclusão é sua! Decida se vale a pena...

Droga de engraxate

A moça está a fim de paquerar e arrumar um namorado na balada. Antes, ela consome aquela "droga de engraxate", que suja as mãos, tem um fortíssimo odor e deixa os olhos vermelhos.

Não foi nada. Lava as mãos, pinga colírio nos olhos, põe perfume e entra na danceteria "viajando". Ela logo se engraça com um gato interessante e atraente que está sozinho, sentado numa mesa acompanhado de um casal.

Ele a convida para se sentar a seu lado. Depois de alguns minutos de papo, ela pensa consigo mesma: "Essas pessoas são caretas, mas legais, educadas". Ele a chama para dançar, conversam e tudo está indo muito bem. Até ele pedir uma porção de batatas fritas. A moça avança no prato, come como uma troglodita, engole uma batatinha atrás da outra sem dar um tempo. Enquanto seus acompanhantes comem uma, ela come dez, não responde quando falam com ela. Tão ocupada está, saboreando a comida, que naquele momento passa a ser a coisa mais importante do mundo e, em sua "larica" descontrolada, não percebe que desencantou o moço que estava gostando tanto dela. Nem que ficou sozinha na mesa com um prato vazio à sua frente. Adeus, paquera...

Pó de pirlimpimpim

A reunião começa na casa do Rogério Pan. Ele recebe dois casais, três homens sozinhos e duas mulheres também avulsas. Ninguém se conhece. Eles estão na "Terra do Nunca" experimentando o "pó de pirlimpimpim", que Titio Pan oferece aos amigos antes de irem a uma balada. E, então, todos falam ao mesmo tempo, brigam para falar, ficam amigos íntimos, se sentem poderosos, inteligentes, espertíssimos. Falam de todos os assuntos com clareza e objetividade. Entendem tudo com facilidade e rapidez. Mentes brilhantes. Os donos do mundo.

No grupo dos solteiros rola um clima entre um homem e uma mulher. Ela quer que o clima e a paquera que começaram a rolar logo que se viram, no início da noite, continuem. Ele também quer. A atração entre eles aumenta. Os dois não param de falar, ligadíssimos, animadíssimos, mas, de repente, esquecem que estão se azarando.

E no outro grupo... Um fala com o outro, todos falam com todos, e surgem até negócios na parada.

"Amanhã", dois dos homens que estão sozinhos vão se associar a uma das mulheres e vão abrir uma loja. Um dos casais, que adora teatro, vai ajudar uma das moças avulsas, que é atriz, a buscar patrocínio para a sua peça. "Amanhã".

Titio Pan vai apoiar a campanha política do amigo e se filiar ao partido dele. "Amanhã".

Alguém se lembra de que o grupo tem uma mesa reservada num bar e, depois de muito blablablá, todos "conseguem" sair de casa.

No bar, a "turma do bico" continua a sua festinha. Os desacompanhados conversam com outras pessoas que estão na balada *flashback*, fazem amizade, paqueram, bebem, dançam, vão ao banheiro, voltam à mesa, bebem, dançam, vão ao banheiro. E vão ao banheiro de novo.

Os dois casais bebem, conversam entre si, falam com seus novos amigos íntimos, dançam, vão ao banheiro, bebem, dançam, vão ao banheiro. O casal que estava se paquerando desde o início da noite resolve ir embora. Titio Pan recomenda que seu amigo cuide bem da sua amiga e indica um bom motel. Excitadíssimo, o casal chega ao seu ninho de amor. Ele bem que tenta fazer amor com ela. Uma, duas, três vezes. Mas brocha todas as vezes. Não tem jeito. E ela pede para ir embora.

E as outras pessoas do grupo, que iam fazer grandes negócios juntos "amanhã", nunca mais se viram depois daquela noite.

PERFUME DIABÓLICO

Um "cheirinho" aqui, um cheirinho ali. Um "piripaque" na cabeça, um sininho tocando dentro do cérebro, a vontade irresistível de dançar, pular, brincar. Não é Carnaval. Mas as pessoas que descobriram o cheirinho rolando na balada formam rodinhas animadas ao redor dele, e ninguém sai dali até que o perseguido se acabe. Ele passa de mão em mão, ou de nariz em nariz, ou de boca em boca, e cria um elo muuuuito poderoso entre as pessoas. Entre um cheirinho e outro, que é bom e dá barato, as pessoas se conhecem, conversam, se animam, se pegam...

E, depois de tantos cheirinhos, as pessoas, já meio tontas e "passadas", só têm duas alternativas: se atracarem com os parceiros do cheirinho ou irem para casa sozinhos, com a estranha sensação de que estão lá no céu, pisando nas nuvens...

Mas, que eu saiba, no céu não tem paquera nem sexo.

BALA DO AMOR

Numa balada...

– Gente, esse casal está a mil! Dá para ver que eles sentem um tesão incontrolável. Devastador. Acho que eles vão se comer aqui mesmo! Na frente de todo mundo.

– Será que tudo isso é paixão?– pergunto a uma das moças que acompanham o casal.

– Não. É que eles tomaram a "droga do amor".

–Você também tomou?

– Eu tomei, mas estou sozinha curtindo o som, a luz, as pessoas, olha que lindo...

–Você não vai procurar alguém para ficar e fazer amor?

– Não. Estou bem aqui. Estou na minha. Sabe, sinto as batidas da música dentro de mim, é uma louuuucura!

A "droga do amor" altera os sentidos básicos (tato, olfato, visão, audição). E quem a ingere fica mais sensível ao som, à luz, ao tesão e a tudo o que pintar em sua frente.

Se a pessoa estiver sozinha, fica tão envolvida com o ambiente à sua volta, que dificilmente vai lembrar de paquerar alguém em especial ou vai se dar ao trabalho de forçar qualquer aproximação. Embora sensível, ela está totalmente "desencanada".

Entretanto, se estiver acompanhada, o bicho pega. O casal que ingeriu a "droga do amor", junto, está focado na relação. E o tesão que os dois já sentiam naturalmente se transforma num vulcão em erupção.

DOCE ESQUISITO

Eu estava casada, na época, e fui a uma balada com o meu marido. Estávamos sentados à mesa, bebendo e conversando, quando um conhecido nosso se aproximou. Ele olhava fixamente para nós.

Intrigado, meu marido perguntou:

– Que foi, cara?

— Nossa, meu, como você envelheceu! Como você está velho (na época meu marido tinha 28 anos)!

E, passando a mão no rosto dele, o alucinado continuou:

— Sua barba está branca. Muito branca!

Detalhe: meu ex-marido nunca usou barba. Aliás, ele a tinha feito antes de sairmos de casa.

EXPLICO: nosso amigo tinha engolido "um doce" e estava vendo coisas.

Um docinho completamente antissocial que faz as pessoas rirem de tudo, rirem sem parar, sem motivo nenhum, quando não provoca alucinações e distorce completamente a realidade.

Já imaginaram, meninas, serem abordadas por um gato na balada que passa a mão no seu rosto e diz:

— Nossa, como você está deformada! Sofreu algum acidente?

Que paquera é essa??? Melhor ficar em casa e assistir a um filme de terror.

Eu não poderia escrever sobre as baladas sem falar de bebidas e drogas. Estamos falando de relacionamento entre as pessoas. E os aditivos fazem parte desse departamento. Principalmente o álcool.

No entanto, como não sou *expert* nesse assunto complexo e delicado, limitei-me a falar um pouquinho do que vi e ouvi. Posso ter me enganado em alguma coisa. Ou exagerado. Eu duvido. Em todo caso...

ALGUMAS CONSIDERAÇÕES:

Estes seriam alguns dos motivos, apontados por muita gente, que levariam as pessoas a ingressarem no DDDS. Mas será que elas entraram para esse clube mesmo? Por que, então, continuam frequentando as baladas? Segundo a opinião de alguns, tudo depende do que se procura numa balada. Mas será que sempre sabemos ou temos de saber o que procurar numa balada? Tudo é tão relativo e pessoal...

Alguns terapeutas (psicólogos e psiquiatras) que entrevistei afirmam que as pessoas que costumam cair nas baladas estão, na verdade, procurando encontrar o amor. Que, no fundo, quando homens e mulheres planejam sair à noite desacompanhados, alimentam a fantasia de encontrar uma grande paixão. Pode ser.

Exceto as pessoas que já têm seu par e caem na balada ocasionalmente, só para sair da rotina (conheço muita gente "bem casada", "bem amada" e "bem comida" que sai na noite só para se divertir, dar risada, dançar, ver gente, ser vista), é evidente que o objetivo maior de alguém desacompanhado é paquerar e encontrar alguém especial. Não necessariamente o amor, mas quem é "normal" quer se relacionar. Ou simplesmente "transar" com alguém interessante (mesmo que depois não se lembre nem do nome da pessoa).

Para quê? Ou por quê?

Para se relacionar com alguém por pura carência humana. Ou física. Ou afetiva. Para se sentir vivo. Para não se sentir só ou apenas mais um no mundo. Mesmo aqueles que teimam em dizer que é por pura diversão.

Até mesmo os baladeiros mais jovens, que não têm a pretensão de arrumar alguém para levar a sério nas baladas, porque nessas ocasiões só vão zoar, beijar e no máximo "ficar", no fundo têm a esperança de que na noite role algo mais.

Caso contrário, que busca incessante seria essa de sempre ir à próxima balada, e à próxima, e à próxima... Geralmente, quem frequenta as baladas só as deixa quando está namorando... Engraçado, não?

Salvo algumas exceções, essas historinhas... "Eu só quero fazer amigos"; só conhecer gente nova"; "não quero nada com ninguém, acabei de sair de uma relação" estão completamente *out*. Algumas mulheres adoram repetir isso. Não cola mais. Nem fica bem dizer essas frases.

Primeiro porque quem acabou de sair de uma relação, ou fica em casa chorando, ou, se tem amor-próprio, vai tentar esquecer rapidinho o desafeto e substituí-lo por alguém melhor. E, quem sabe, nas baladas role uma atração fatal?

AFINAL, REI MORTO, REI POSTO.

É A MARDITA PINGA QUE ME ATRAPÁIA...

Estou quase dormindo. Ouço o bater de asas.

– Acorde, dona escritora! Acabamos de ter uma reunião e decidimos que você escreverá sobre a MANGUAÇA em uma página especial. Temos uma história para contar. E os fatos são reais!

– Mas por que vocês sempre aparecem quando estou quase dormindo?

– Porque fica mais fácil lidar com a senhora quando está ensonada. Não fica reclamando, questionando, perguntando...

– Tá legal! Não vou nem discutir. Pode "ditar" que eu escrevo! Virei secretária do céu, agora!

O baladeiro bebum e a baladeira cachaceira

CHUCHUCO é um baladeiro de carteirinha. Ele é um homem bonito, culto, rico, bom caráter e que sonha em encontrar sua alma gêmea. Uma mulher para amar e se casar. Gosta de se divertir com os amigos, dirigir carros importados, malhar, trabalhar, cair nas baladas à noite e encher a cara, como vocês dizem na Terra. Beber, beber, beber. Ele tem uma garrafa de uísque 70 anos, guardada em seu nome, em cada bar que frequenta. CHUCHUCO não é um alcoólatra, é até bem saudável, mas quando chega à porta de alguma casa noturna, seu amigo invisível, o SATANÁS LEI MOLHADA (aquele que assinou essa lei no inferno com direitos reservados aos terrestres), chega com ele e o coitado nem percebe. O mais interessante é que toda noite, antes de entrar na balada, ele pensa: "Hoje não vou beber muito. Só tomar umas duas doses. Sei que vou encontrar uma mulher para mim, a minha cara-metade."

E começa assim:

– Garçom, me dá uma dose...

Não acontece nada, nenhuma mulher especial aparece.

– Garçom, dá mais uma...

Ele espera um pouco, dá umas voltas, conversa com os amigos, dança, paquera as moças, a maioria delas ele já conhece e "já pegou", mas aquela mulher especial não chega.

— Garçom, dá mais uma...

E assim vai até ficar bêbado. Vai embora e, quando sai acompanhado, no dia seguinte não lembra nem o nome da mulher com quem saiu.

Um dia, saindo de uma balada menos bêbado do que de costume, ele pensou: "Meu Deus, que saco! Estou indo embora sozinho de novo, acho que nunca vou encontrar uma mulher legal para mim. É sempre igual! Divirto-me, bebo feito uma esponja, estou estragando minha saúde, procurando uma mulher para ficar casadinho, quietinho, mas nada acontece! Eu queria tanto encontrar um amor!"

— Ao invocar o nome de Deus e do Amor, eu me apresentei. Ele estava falando comigo!

— Oi, sou o CUPIDO NOTURNO! Muito prazer! Estava esperando você me chamar para poder te ajudar!

— Eu acho que, além de bêbado, estou louco! Ouvindo vozes...

— Errou, senhor Chuchuco. Eu já me apresentei e disse quem sou, se o senhor não quiser me ouvir, problema seu!

— Estou ficando maluco...

Ele pegou o celular e ligou para um amigo.

— Cara, eu não estou bem. Eu estou até com medo de dirigir de volta para casa. Estou tão bêbado que acabei de ouvir um anjo falando comigo. Ele disse que é o CUPIDO NOTURNO. Não dá para você vir me buscar? Eu tô aqui no...

O amigo dele caiu na gargalhada.

— Volte para casa, cara! Vá dormir que isso passa! Eu já estava dormindo. Tenho de trabalhar amanhã. Ah! E sonhe com os anjos...

Chuchuco foi para casa. Eu o acompanhei, mas ele não sonhou com nada. A história virou piada. No dia seguinte, ele contava para todo mundo que encontrava.

– Gente, fiquei tão bêbado, ontem à noite, que ouvi um anjo falando comigo. Nitidamente. Ele disse até o nome dele... CUPIDO NOTURNO, eu ouvi muito bem. Existe esse anjo em alguma mitologia?

Mesmo ele não acreditando muito em mim, resolvi ajudá-lo. Na semana seguinte, ele foi a uma balada e conheceu CHUCHUCA. Ela também é baladeira, mas nunca tinha ido àquele bar. A moça é bonita, inteligente, sincera, até um pouco ingênua, porém bebe tanto nas baladas que se esquece de paquerar. E o pior é que ela se comporta da mesma maneira que o CHUCHUCO. Tudo o que ela quer é encontrar um amor. Antes de sair de casa, jura que não vai beber muito, que nessa noite vai arrumar um namorado, mas diante de mais uma expectativa frustrada, acaba dominada por sua amiga, a dona CHIFRUDA CACHACEIRA, e faz exatamente a mesma coisa que CHUCHUCO:

– Garçom, dá mais uma dose... Aqui não tem homem para mim mesmo... O jeito é beber...

Os dois se gostaram assim que se viram. Ele ofereceu a ela uma dose do seu uísque 70 anos. Chuchuca adorou. Sabe como é... Para agradar uma moça romântica se oferece uma flor; para conquistar uma executiva, o homem tem de falar de números; para a interesseira, tem de falar de suas riquezas; mas para uma cachaceira, ele tem de dar cachaça.

Juntou a fome com a vontade de comer. Foram embora juntos, mas tinham bebido tanto que não conseguiram fazer aquelas coisas. Ele não encontrava aquele buraquinho e ela não sabia mostrar onde ficava. Dormiram juntos sem fazer nada. Mas, como estavam flechados, conversaram muito no dia seguinte e se prometeram que não iriam beber porque queriam fazer amor. Deu certo. Começaram a namorar, se apaixonaram e, como ficaram traumatizados com a primeira noite em que saíram, bebiam pouco quando iam cair na *night* e iam embora. E também já tinham encontrado o amor. Para que ficar bebendo até cair? O namoro durou seis meses. Terminaram e CHUCHUCO voltou às baladas e a beber muito. CHUCHUCA idem.

Numa noite em que ele estava sóbrio, sozinho em sua casa, fui conversar com ele.

– CHUCHUCO, você percebeu que, quando estava namorando a CHUCHUCA, bebia muito menos? Isso porque não ficava ansioso, cheio de expectativa, esperando a mulher de sua vida chegar. Percebe que você acaba trocando uma pessoa pelo copo? Nada acontece, então, você bebe!

– E o que eu devo fazer para controlar isso?

– Muito simples. Domine sua mente. Agora que você sabe o motivo que o leva a beber tanto, será fácil se controlar. Primeiro, saia de casa sem grandes expectativas. Diga a si mesmo: "Hoje vou me divertir muito e vai dar tudo certo". Quando notar que está ansioso porque não tem nada de diferente acontecendo na balada e resolver tomar mais uma dose, pegue a primeira mulher que aparecer na sua frente. Melhor invocar o DIABO PEGA-PEGA do que o SATANÁS BEBERRÃO! Vá conversar com o DJ, puxe assunto com aqueles terrestres grandalhões que tomam conta das baladas, faça qualquer coisa, mas desvie a atenção do copo!

– Obrigado, anjo, vou tentar. E se eu não conseguir?

– Ligue para mim. Meu celular é 10101010101010101010.

Depois de convencer CHUCHUCO, voei para a casa da CHUCHUCA e lhe dei as mesmas instruções. Sabe o que aconteceu?

Ambos seguiram meus conselhos. CHUCHUCO continuou indo às baladas, mas passou a beber cada vez menos. Nunca mais ficou "babalu". Só alegrinho. Quando ele menos esperava, conheceu uma moça baladeira também, mas que só bebe água mineral ou suco natural. Ela tem medo de engordar e ficar com aqueles furinhos na perna! Eu arrumei uma atleta para ele.

E a CHUCHUCA se apaixonou pelo terrestre grandalhão que toma conta de uma balada que ela frequenta. Estão morando juntos. Enquanto ele fica ali paradão, ela circula pela balada, mas não sente a mínima vontade de ficar bebendo. O marido dela não pode beber no trabalho. Então, ela aprendeu a ser solidária...

– Viu como sou genial? Agora, dona escritora, mude o título desta página. Quero que escreva:

**É A MARDITA EXPECTATIVA
QUE ME ATRAPÁIA...**

Capítulo 6

A PAQUERA

*Flerte, paquera, azaração, conquista,
tesão, sedução, atração, pegação...
Chame do que quiser... É o melhor da noite!*

Olhares que se atraem.. Sensuais, alegres, tristes, amistosos, curiosos, esperançosos, tortos (os dos bêbados), maliciosos, convidativos, inexpressivos, gozadores, sedutores.

Sorrisos tímidos, abertos ou escancarados.

Gestos que expressam desejos, medos, sensualidade, sexualidade, alegria, insegurança, segurança, simpatia, amizade.

Atitudes que atraem ou repelem.

Caras e bocas, músculos e cantadas (homens), peitos e bundas (mulheres) de todos os tipos na tentativa de marcar um gol. Ou vários.

Na *night* vale tudo para se dar bem. Menos fazer gol contra. Ou errar no pênalti.

A PAQUERA QUE NÃO DÁ CERTO

Sentada no balcão do bar, a morena toma um drinque e fuma um cigarro. Percebe que aquele homem alto e lindo conversa com outras pessoas, mas olha para ela. Dá um sorriso, disfarça, mexe no cabelo e vai ao seu encontro. Então sorri e, em poucos minutos, o seduz. Com olhos insinuantes, a boca convidativa, os enormes peitos de silicone. Ou naturais. Hoje em dia, não se sabe mais. E, quando ela pensa que aquele gato que sempre via nas baladas e desejava tanto conhecer (ele finalmente tinha reparado nela!) estava completamente na sua, uma loira linda e exótica passa e o cumprimenta, metendo-se entre os dois e dando o maior abraço nele.

O cara fica sem jeito, visivelmente perturbado, e ela sente que perdeu a parada. Entretanto, disposta a competir, continua conversando com o ROMEU de outra JULIETA. Inútil. Embora o homem responda educadamente, a moça sente que ele esfriou, e que ao ver a loira fazendo charme para outro gato ele a fuzila com o olhar. A essa altura, percebe que o gato recém-capturado está morrendo de ciúmes da loira, e só a mantém ali porque não sabe o que fazer. Mesmo assim, não desiste. Já que ele está tão magoado com a loira, por que não consolá-lo? Resolve sair com ele e tem a pior noite da sua vida. O cara simplesmente brocha. No seu orgulho de macho, ele não queria assumir, mas estava completamente apaixonado pela outra.

> *Balada tem dessas coisas... Tudo começa com a paquera, é claro. Mas certifique-se de que vale a pena. Se "sentir" (porque essas coisas a gente sempre sente, mas tenta se enganar) que o gato ou gata não está totalmente na sua, caia fora. Deixe os apaixonados se entenderem. Ou se desentenderem. Não entre nessa energia negativa. Procure outra pessoa. Ou também acabará entrando para o DDDS.*

A PAQUERA QUE DÁ CERTO: ORIGINALIDADE

Fui assistir à estreia de uma banda nova e me aproximei do balcão para pedir um drinque. Notei uma rodinha de três homens me olhando insistentemente, mas, como estava sozinha e não os conhecia, fingi que não vi. Disfarcei, olhei para o outro lado, atendi o celular e, quando desliguei, os três mosqueteiros continuavam ali, me observando. Quando eu ia saindo para ir ao banheiro, o loiro gatíssimo, de cabelo espetado, olhou bem nos meus olhos e disse:

— Eu te amo.

— Como? – perguntei incrédula.

– Eu te amo – repetiu ele.

Não pude deixar de sorrir. Ele se aproximou mais e o papo começou. (Essa cantada eu não conhecia.)

Adivinha se ele não conseguiu meu telefone? (Mulher é boba...)

A paquera que não dá certo: desrespeito

Numa badalada casa noturna do Rio de Janeiro...

Na rodinha de três amigos, o machão sarado e meio bêbado, com corpo de lutador de jiu-jítsu, cara de pit-bull e se achando o rei da cocada preta, "manda" para os *brothers*:

– Aquela morena gostosa está me dando o maior mole...
– Deixa disso, cara, ela está acompanhada – responde um dos amigos.
– Que nada, meu irmão, o cara é vacilão, é só chegar...
– Não vai arrumar confusão, malandro! – pede o outro amigo.

Mas, assim que o acompanhante da morena sai para ir ao banheiro, o pit-bull ataca (e eu me aproximo disfarçadamente para ouvir a conversa). A morena diz que está acompanhada, que o namorado é ciumento e pede educadamente para ele dar o fora. O homem insiste, pega no braço dela, passa a mão em seus cabelos e, nesse momento, o cara chega. Pergunta se ela o conhece (a maioria dos homens acha que, se outros homens dão em cima da suas mulheres, é porque elas deram mole) e ela diz que não. E o "vacilão" parte para cima do machão. Começa a confusão, os amigos socorrem o mané do jiu-jítsu, que já estava apanhando, os seguranças apartam a briga, mas o pit-bull já está no chão. A causadora da briga corre para o banheiro, vou atrás dela, disposta a ser solidária e colher material para o livro.

Ela está em frente do espelho e, como se nada tivesse acontecido, retoca a maquiagem.

Observo suas mãos enormes, os pés maiores ainda, o rosto bonito, porém anguloso, e outros detalhes suspeitos. Desta vez, sou eu quem sai correndo do banheiro para falar com o *maître*. Ele entrega:

— Ela é travesti, sim! Difícil acreditar, não é? Ela é casada com o Paulão. Eles são frequentadores assíduos da casa. Só sei que ela é operada... Já virou mulher...

Avisto o pit-bull sentado numa cadeira, recompondo-se, e não resisto em cutucar, sabendo que para um machão o que eu iria lhe contar teria um efeito maior do que a surra que ele tomou.

— Que coisa feia, hein? Azarar a mulher dos outros? Você sabia que apanhou por causa de um travesti? Ou melhor, por causa de um transexual?

— Trans ôôôquê? — pergunta o cara enrolando a língua.

O amigo dele começa a rir e me antecipa na resposta:

— Que roubada, *brother*! Transexual! Ele tinha pênis, agora tem vagina! (não foram esses termos que ele usou).

Enquanto eles discutiam e acalmavam o inconformado pit-bull com a cara amassada, fui embora antes que sobrasse para mim.

Já vi cenas parecidas nas baladas de São Paulo, Belo Horizonte, Curitiba e Recife. Homens e mulheres sozinhos que "se acham" escolhem paquerar justo quem já está acompanhado. Partem para a competição, desrespeitam a si mesmos e aos outros, geralmente envolvem os amigos, e a balada sempre acaba em baixo-astral ou numa delegacia. A mulher estava acompanhada e ele sabia disso. Ponto-final. Não importa seu sexo ou sua orientação sexual. A questão é RESPEITO, só isso.

Quando for paquerar alguém, cheque primeiro se a pessoa está sozinha. Cuidado com a LEI DO RETORNO. No caso do nosso amigo pit-bull, ela mandou artilharia pesada.

A PAQUERA QUE QUASE SEMPRE DÁ CERTO: NATURAL

Três amigas estão sentadas à mesa em um bar-dance. Elas fofocam sem parar até descobrirem dois "gatíssimos" desacompanhados, bebendo em pé, ao lado do balcão do bar. Uma delas, a mais assanhada, levanta-se e usa o velho truque de ir ao banheiro, só para chamar a atenção dos moçoilos. Eles a ignoram. O ASSUNTO É FUTEBOL.

Na volta do "pipi-room", ela para em frente ao mais bonito deles e puxa conversa. Em alguns segundos, chama as amigas, apresenta os novos amigos, e ali começa mais uma história.

Que pode durar cinco minutos, uma noite ou muito tempo. E pode render, no mínimo, uma grande amizade.

Vi que eles saíram todos juntos do bar. E a assanhada se deu bem porque saiu de mãos dadas com o bonitão. Algum tempo depois, cruzo o casal em outra casa noturna no maior LOVE. Não é que a investida da moça deu certo?

A PAQUERA QUE SEMPRE DÁ CERTO: EDUCAÇÃO

Uma mulher bonita, sozinha, circula pelo bar e fala com muita gente. Cumprimenta os funcionários da casa e outras pessoas que encontra pelo caminho. Pega um drinque e para perto de uma mesa. O homem alto, moreno, gatíssimo, que a estava observando desde a hora em que ela entrou no bar, resolve não arriscar. Primeiro pergunta ao *maître* quem é ela. Em seguida se aproxima e fica a seu lado. A gata faz charme e finge que não o vê. Ela acende um cigarro, ele pede seu isqueiro emprestado e simplesmente é sincero:

– Obrigado. Mas o que eu quero mesmo é te conhecer, posso?

Eles conversam a noite toda, trocam e-mail e telefone. Ele vai embora primeiro. Aproximo-me dela, me identifico e pergunto:

– Com tantos homens te paquerando, por que você o escolheu?
– Porque ele foi simples, direto e educado. Ao invés de me abordar logo de cara, me julgar ou desrespeitar só porque eu estava sozinha, vi que ele foi pedir informação ao *maître* e só depois veio falar comigo. Esse merece!
– Você acha que vai dar certo?

O celular da moça toca. Ela pede que eu espere um minuto. Desliga, abre o maior sorriso, e responde à minha pergunta interrompida pelo toque do telefone:

– Já deu. Era ele. Marcamos um encontro no shopping amanhã!

NOTA DA AUTORA: *paqueras simples, diretas e respeitosas sempre têm grandes chances.*

UMA PAQUERA QUE DÁ MAIS CERTO AINDA: ATITUDE SEM MEDO

Eles se olham. E se reconhecem. Em qualquer lugar. Os gays têm uma forma mais sutil de paquerar. Porém, o jogo da sedução entre eles é fulminante. Poderoso. Caiu na rede é peixe. E eles se divertem. Como se divertem nas baladas! Talvez até mais que os heterossexuais com seus milhões de princípios, manias e preconceitos.

Entre eles, basta um olhar. Se bater, a ordem é a seguinte: "Eu vi, gostei, eu quero, fui." Se não der certo, partem para outra, rapidinho. Não tem tempo ruim.

Ah, como eu gostaria de ser gay... Tudo tão simples...

Bem, nem sempre! Quando os homossexuais são flechados pelo CUPIDO NOTURNO, também não escapam... Um conhecido cabeleireiro de São Paulo e seu namorado que o digam...

"Considero a PARADA GAY a maior balada homossexual que existe."

Naquele dia, eu não estava a fim de nada com ninguém. Fui encontrar meus amigos de Fortaleza aos quais eu tinha prometido acompanhar na Parada, deixei meu carro onde eles estavam hospedados e pegamos o metrô para descer na Avenida Paulista, onde o evento teria início. Meus amigos são muito divertidos e começaram a zoar um cara bonito que estava sozinho na dele, sentado num dos bancos do trem, perto de nós. Vi que o cara era tímido, e pedi que o deixassem em paz. Quando descemos do metrô, começamos a conversar e ele me contou que estava lá só porque esperava encontrar seu ex-namorado e que, se o visse, iria quebrar o maior pau com ele. Pedi a ele que deixasse para lá, explicando que a Parada não era lugar para um acerto de contas. Que aquele era um movimento pacífico, exatamente para reivindicar os mesmos direitos dos heterossexuais, mostrando que também somos pessoas dignas e de respeito. Embora eu estivesse me sentindo muito atraído por ele, abominava a ideia de que alguém pudesse brigar, denegrindo ainda mais a nossa imagem, indo contra os nossos objetivos. Eu disse a ele que, se quisesse brigar, que fosse para longe da gente. Ele pareceu aceitar e continuou no nosso grupo. Mas foi categórico:

−Tudo bem, mas eu não vou ficar com ninguém.

− Muito menos eu! − respondi − apesar do clima que estava pintando entre a gente.

Continuamos andando e, de repente, ele disse:

− E aí?

− E aí nada!

Então, ele agarrou o primeiro cara que passou e tascou um beijo nele. Eu continuei andando e ele veio atrás de mim. Perguntou-me:

− Você não vai fazer nada?

− Eu não! Foi bom o beijo?

− Não. Eu não gostei de beijar aquele cara. Estou arrependido.

− A gente deve se arrepender só do que não faz!

Então, parei, olhei bem nos olhos dele e disse:

− Cara, você quer saber o que é um beijo de verdade e sentir alguma coisa quando beija alguém?

Não dei tempo a ele de responder. Dei o maior beijo na boca dele.

Ele ficou passado. Depois que o soltei, agi como se nada tivesse acontecido e lhe ofereci uma carona. No caminho, ele disse que tinha beijado o cara só para me provocar, porque era tímido e esperava que eu tivesse uma atitude. Na hora de sair do carro, ele quis me dar seu telefone e eu não aceitei. Dei o meu para ele. Quando ele veio me beijar para se despedir, eu retribuí, só um pouquinho, e disse que, se ele quisesse conhecer o restante, me telefonasse. No dia seguinte, ele ligou. Começamos a sair, mas só fui para a cama com ele três meses depois. "Casamos e estamos juntos até hoje."

QUE LIÇÃO... HEIN... MENINAS!
ISSO É O QUE CHAMO DE SABEDORIA.

PAQUERA DE OLHOS VERDES
(É MELHOR SE PREPARAR PARA AS SURPRESAS QUE A NOITE RESERVA)

L.S. foi para a balada com o filho e conheceu um japonês. Naquela noite, ela usava lentes de contato verdes (seus olhos são castanhos), e a primeira coisa que o doce oriental fez foi elogiar seus olhos. Mas a paquera foi além do que ela imaginava. Começou a sair com o gato, a brincadeira foi ficando séria, virou namoro e ela não sabia mais como contar a ele que seus olhos não eram verdes. Até que ele a convidou para viajar. Estava tudo lindo na pequena e simpática cidade do interior de São Paulo.

Acabaram de fazer amor, ele dormiu (*normal*) e ela foi ao banheiro. Ao lavar o rosto, a infeliz perdeu uma das lentes. Desesperada, deixou o namorado dormindo e percorreu todas as farmácias da região. Como nenhuma vendia lentes de contato, comprou um tampão, voltou para o hotel, deitou-se, e o japonês ACORDOU AO LADO DO CAPITÃO GANCHO.

Ela inventou que estava com uma infecção no olho, que surgiu repentinamente. O coitado acreditou, a encheu de mimos e cuidados e antecipou a volta para São Paulo. Eles continuam namorando até hoje. E ele continua pensando que sua amada tem lindos olhos verdes!

A HISTÓRIA É HILÁRIA, MAS JÁ IMAGINOU A FALTA DE LIBERDADE QUE ELA CRIOU PARA SI MESMA POR CAUSA DE UMA MENTIRA? É MELHOR SER VERDADEIRA SEMPRE.

TUDO PORQUE ELA ERA SÓCIA DO CLUBE DDDS (DESCRENTES, DESILUDIDAS, DECEPCIONADAS E SIMPATIZANTES) E NUNCA IMAGINOU QUE PUDESSE ENCONTRAR UM NAMORADO NUMA BALADA.

Paquera, engano cruel
(compra galeto por galo...)

Uma senhora muito bonita, gordinha, mas muito sensual, foi para a balada com as amigas. Na pista de dança, embalada pelos muitos drinques que havia tomado – livre, leve e solta –, logo foi agarrada por um gatão sarado. Estavam se beijando quando a amiga foi chamá-la para ir embora. Antes, deu o número do seu celular para o sujeito. Saiu se gabando para as amigas de que ele beijava bem e tinha certeza de que ligaria para ela. Não deu outra. No dia seguinte, ele telefonou e combinou de ir buscá-la. Quando ela entrou no carro, tomou um susto. O gatão tinha idade para ser seu filho. Ela comentou que pensava que ele fosse muito mais velho. Ele lhe garantiu que idade não tinha importância, que estava muito a fim dela e ponto-final. Divertiram-se tanto durante a noite, e o rola-rola estava tão quente, que ela nem cogitou dispensar o garotão. Entretanto, no caminho de volta para casa, pensou: "Não posso transar com esse menino e deixá-lo ver esses pentelhos brancos, ele vai pensar que está comendo a avó dele". Teve uma infeliz ideia. Pediu que ele parasse numa farmácia. Comprou aquele produto baratérrimo que os idosos usam para escurecer os cabelos e a barba ou o bigode.

Chegando em casa, inventou uma história e pediu que ele voltasse dentro de uma hora. Quando o moço voltou, e ela já estava com a "perseguida" devidamente pretinha, jogou-se nos braços do gatão e relaxou.

Entretanto, quando acabaram de fazer amor, e olhou para o rosto do amante, quase teve um enfarte: ele estava com a cara toda preta.

Dupla vergonha: comprou galeto por galo, esqueceu de lavar o forno, e ainda queimou o coitadinho.

Capítulo 7

TERAPEUTAS BALADÍSTICOS

Chamo de terapeutas baladísticos as pessoas que, de tanto observarem o comportamento da galera nas baladas, adquirem *know-how* suficiente para opinar sobre o assunto. São os donos de bares – aos quais me refiro como "diretoria", músicos, gente que faz a noite acontecer, como os gerentes, *promoters*, *maîtres*, garçons, DJs, *hostess*, etc. E frequentadores assíduos da *night*, é claro. Alguns autorizaram a publicação de seus verdadeiros nomes. Outros preferiram o anonimato. Mas, quando contei sobre o assunto que estava escrevendo, todos eles se entusiasmaram e tiveram o maior prazer em colaborar.

> **NOTA DA AUTORA:** *lembrando que o termo "balada" não é usado em todas as cidades do Brasil. Nem no exterior, é claro. No Rio de Janeiro e Salvador, por exemplo, o pessoal costuma dizer "vamos pra night".*

Propositadamente, evito dar o nome dos bares e das casas noturnas – a não ser em casos específicos ou quando meus entrevistados as mencionam – porque estaria sendo injusta, já que há inúmeras baladas bacanas na maioria das cidades brasileiras.

E eis os depoimentos dos terapeutas baladísticos que fui encontrando enquanto escrevia o livro. Alguns deles procurei; outros apareceram do nada (obra dos anjos); e os que falaram sobre algumas baladas internacionais também "caíram do céu".

Da diretoria...

Will Dantas, dono de casas noturnas em São Paulo, Curitiba, Belo Horizonte, Rio de Janeiro e filiais de um dos mais badalados *nightclubs* de Nova York (EUA).

Você acredita que o namoro mais sério que tive até hoje e durou mais de cinco anos começou numa balada na Suíça? Foi na boate Sixone. Conheci uma brasileira que estava lá, a gente começou a namorar, ela veio para o Brasil e a história rolou.

Sou brasileiro também, baiano da gema, e vivo na noite porque, além de empresário, sou músico (vocalista e compositor). Nas baladas, as pessoas ficam mais abertas e sociáveis. E acredito que a gente faz nosso próprio destino. Quem fica em casa não vai conhecer ninguém. Essa história de dizer que as mulheres estão muito atiradas, eu discordo. A mulher batalhou pelo próprio espaço e tem direito a se igualar ao homem. Ela já foi muito reprimida, e agora está deixando aflorar sua sexualidade. Acho isso ótimo. Nada mais justo que, caso ela goste de um homem, tome a iniciativa e chegue nele. Desde que seja verdadeira. Aliás, não só as mulheres, mas homens também. Só dessa forma os relacionamentos terão futuro, sejam quais forem.

Nos Estados Unidos, em Los Angeles, especialmente em Nova York e San Diego, os bares estão no mesmo lugar há trinta, quarenta anos. E as casas são frequentadas tanto por celebridades, como pela periferia. Não existe vip. Os americanos são mais fechados e vão às baladas para dançar, beber, curtir, assistir aos jogos... já que em todos os bares tem telão. Ninguém sai para fazer amizades ou "pegar alguém", como acontece nas baladas brasileiras. Então, se essa é a intenção, que as pessoas sejam mais verdadeiras e simples.

Em um badalado bar cubano de São Paulo...

Converso com um dos donos, o argentino Juan Troccoli. Ele é discreto, reservado e está sempre na dele.

– Você deve ser um excelente terapeuta baladístico porque está sempre quietinho, só observando a galera. E quem fala pouco normalmente ouve e sabe mais.

Ele começa a rir e me dá razão.

Depois de um casamento de muitos anos, meu cunhado se separou e ficou solto no mundo. Começou a sair que nem um LOUCO só para se divertir. Numa noite, ele conheceu uma mulher aqui no bar que estava na mesma situação que a dele. Separada, depois de um longo casamento, ela nem pensava em se amarrar outra vez. Mas, quando eles perceberam, já estavam casados. Estão morando juntos no interior de São Paulo e muito felizes. Assim como eles, outros casais se conheceram aqui e agora frequentam a casa juntos. Meus sócios e eu também fizemos grandes amizades aqui dentro.

Observo que o que é apenas uma balada para um pode ser uma busca para o outro. Depende do que a pessoa procura. E, principalmente, do seu estado de espírito. O que tenho visto todos esses anos aqui, e em outros bares também, é que as pessoas que saem desesperadas para encontrar um par não conseguem nada. Mas as que estão bem consigo mesmas e só estão ali para se divertir, acabam atraindo alguém na mesma sintonia que elas e então as coisas acontecem.

Entusiasmado, o argentino continua *hablando* e solta, sem querer, que conheceu sua esposa numa balada também. Mas, quando lhe peço para contar a história deles, num drible digno de Maradona, ele muda de assunto.

BARES BOÊMIOS TRADICIONAIS

ÁLVARO AOAS (dono de um dos poucos bares boêmios tradicionais de São Paulo, com direito a paquera à moda antiga, porém frequentado por gente jovem e bonita).

Depois de 25 anos no ramo do entretenimento, posso dizer com toda a certeza que mesmo que as pessoas se produzam maravilhosamente e façam caras e bocas, na hora em que rola o clima, elas tiram as máscaras e se expõem. Essa é a isca. O grande passo para a química. O começo de qualquer relacionamento sempre foi e sempre será a química. No entanto, mais do que achar a pessoa certa, a gente só encontra alguém quando REALMENTE ESTÁ A FIM DE ENCONTRAR. NÃO QUANDO PENSA QUE ESTÁ.

Existem milhões de pessoas que querem ser encontradas. Não é a pessoa especial. É o seu momento especial. Todo mundo fala que quer encontrar alguém, mas geralmente se o outro dá o primeiro passo e telefona, a gente diz "Ih! já está pegando no meu pé". É porque, na verdade, inconscientemente, não está a fim. As pessoas estão se acostumando a ficar sozinhas. O mundo evoluiu e a humanidade se modernizou. Tudo está banalizado. Acho que a gente está encontrando um jeito gay de se relacionar. Os gays são mais simples. Eles falam de três meses de relacionamento como se fossem três anos. Aqui, que é um bar romântico com características boêmias, ainda rola a paquera à moda antiga. Mas noto que está tudo tão fácil e confuso que as pessoas estão cada vez mais desconfiadas e com medo de se entregar. A sensação da traição existe só pelo fato de o relacionamento existir, mesmo que seja platônico.

EM MARESIAS (SP)

O empresário argentino GUSTAVO MEDLAM, mais conhecido como Gus, é o queridinho da *night* paulistana. Trabalhou na Europa e nos Estados Unidos, onde foi *barman*, gerente, caixa, etc. Em São Paulo, logo se transformou no homem de confiança dos donos das baladas paulistanas, como o apresentador Luciano Huck – na época dono do Bar Cabral. Gus gerenciou várias casas noturnas, inclusive o famoso clube privê Café Photo. Depois de um notável trabalho como diretor operacional do Grupo Sirena (Maresias, litoral norte de São Paulo), Gus abriu sua própria empresa de consultoria, e hoje é dono de bar.

Se existe alguém que pode opinar com absoluta segurança sobre relacionamentos nas baladas, é Gus.

À noite as pessoas se mostram como são. De dia o guarda é guarda; o advogado é advogado; o juiz é juiz; o executivo é executivo. Na balada todos se misturam. Bebem da mesma garrafa, curtem as mesmas brincadeiras, riem da mesma piada. É muito mais fácil se relacionar. Mas é preciso lembrar que cada época é diferente. Hoje é muita loucura. A noite se massificou. Quem viveu nos anos 1970, 1980 sabe que havia maior equilíbrio nas relações. As mulheres de 16, 22 anos não iam atrás de um homem de 40. Hoje, a mulher de 18 concorre com a de 40 pelo mesmo homem. Por conta disso e da mudança no comportamento da mulher, o homem deixou de ser romântico. Atualmente, ele é prático. Não precisa conquistar. É conquistado.

Antes, as pessoas se conheciam melhor. Acho que o cavalheirismo nunca deveria ter acabado. Havia mais amor, mais charme nas relações. No entanto, foi a mulher que acabou com isso. Acredito que, para melhorar os relacionamentos, a mulher teria de voltar a ser uma dama, para que o homem pudesse voltar a ser cavalheiro.

Em MARESIAS, por ser uma cidade praiana, tudo muda. A liberdade é muito maior. O pessoal, quando volta da balada, não vai para casa do papai e da mamãe, mas sim para o hotel ou para a casa de amigos. São jovens que vêm de vários pontos geográficos, fazem amizade e os relacionamentos ficam mais fáceis e leves. O SIRENA, por exemplo, é um mundo à parte. Mantendo certas normas, lá tudo é permitido. O único problema é a educação. Mas isso deve começar dentro de casa. Os pais devem dialogar com os filhos para que eles saibam se comportar na balada, assim como em qualquer lugar.

O amor nas baladas? Continua existindo, e muitas vezes acaba em casamento. No SIRENA, uma patricinha se apaixonou pelo segurança da casa. Tudo começou quando ele não a deixou entrar. Discutiram e a briga daquela noite acabou em casamento. Estão juntos até hoje.

Em Florianópolis (SC)

Rico Grunfield, experiente empresário da vida noturna, que já teve bares em São Paulo e na ilha de Florianópolis, em Santa Catarina – que tem uma *night* bastante agitada, especialmente no verão.

Quando vim morar aqui em Floripa e resolvi montar um bar, já tinha experiência suficiente para saber que o maior segredo da relação humana é a comunicação. Não aquela superficial, que leva direto ao sexo ou a conversinhas supérfluas. Mas a verdadeira comunicação, aquela em que as pessoas se olham nos olhos, se apaixonam, ficam amigas, se relacionam de verdade. Tive outros bares em São Paulo e sempre notei que as pessoas, embora quisessem se aproximar de verdade, acabavam se perdendo porque não tinham um espaço romântico onde pudessem se conhecer melhor e namorar.

Hoje, penso que todos os bares tinham de reservar um canto especial que convide a galera para encontros mais íntimos. Além disso, o que as pessoas precisam saber é que todas elas têm chance de encontrar alguém especial na noite, seja numa balada em Florianópolis, São Paulo ou em qualquer lugar do mundo, desde que estejam dispostas a tirar a máscara e demonstrem que realmente estão interessadas em ter relações de verdade, sejam quais forem.

Alguns terapeutas baladísticos

Bate-papo no balcão

O bar boêmio mais famoso, tradicional e bem frequentado de São Paulo está meio vazio. Sento ao balcão, como qualquer cliente, e começo a conversar com meus colaboradores. Comento:

– Imaginem, senhores anjos, se o balcão de um bar pudesse falar...

O Anjo Amiguinho da Noite responde:

– De fato, dona escritora, o balcão não fala, mas quem está atrás dele tem muito o que lhe contar. Vou dar um jeito... Chamar os outros também.

De repente, o *maître* e a *promoter* da casa se aproximam.

Parece que naquela noite os anjos espantaram os clientes só para me ajudar. Do contrário, como eu poderia falar com aquelas pessoas sempre tão ocupadas?

Rápida no gatilho, aproveito a oportunidade rara para conversar com três feras: o *barman* FABIO, o *maître* LEVI e a *promoter* SIMONE. São pessoas que trabalham há tanto tempo na *night* que cada um deles poderia escrever seu próprio livro contando muiiiitas histórias.

FABINHO, como é chamado carinhosamente pelos clientes, 56 anos, e 30 na profissão, é o primeiro a puxar assunto.

Neste balcão senta gente de todo o tipo. Tem gente que só quer se divertir, tem gente que procura um relacionamento sério, tem gente que só quer beber. Sou discreto. Mas, quando o cliente puxa papo, não tenho como deixar de conversar e entrar no clima. Conheço vários casais que arrumaram casamento na noite. Sempre trabalhei em bares boêmios e o ambiente favorece o romantismo. O som, a iluminação, o astral.

Acontece que os tempos mudaram. A mulher mudou. Se um homem quer uma mulher hoje e amanhã não a quer mais, ela faz o mesmo. É dona de si. E o cara que procura uma aventura porque a mulher dele está velha, e pensa que vai arrumar outra que lhe obedeça ou fique nas mãos dele "cai do cavalo". A mulher percebe e descarta o cara em um piscar de olhos.

SIMONE (*promoter* há 21 anos) o interrompe:

– Mas, FABINHO, tem muitos homens que querem um relacionamento sério. Eles se abrem comigo e sei que com você também. Dizem que não aguentam mais essa vida, sair toda noite com uma mulher diferente. Eles querem uma namorada, uma companhia... É tão bom ouvir isso deles... O problema é que a mulher mudou. Ela descobriu que pode ser feliz sem amor.

– É, SIMONE, seria preciso ter mais compreensão de ambas as partes. Percebo que nos relacionamentos sempre há uma segunda intenção. Muitos clientes, homens e mulheres, sentam-se neste balcão, acabam se abrindo, fazendo confidências e ouvindo tudo isso. Chego à conclusão de que o pior problema é a falta de diálogo. Conhecem-se, começa o bate-papo, daqui a pouco já saem daqui e rola cama... Pronto! Acaba a magia. O sexo é só um complemento. Colocá-lo em primeiro lugar quase sempre dá errado. O que você acha, LEVI?

LEVI, *maître* há 25 anos, que já exerceu a função nas melhores casas noturnas de São Paulo:

— Eu acho que a noite surpreende. Às vezes o homem conhece uma mulher, pega o telefone dela, liga no dia seguinte e vê que não é nada daquilo. Ou pode acontecer o contrário. Vê que ela é melhor do que ele pensava e se apaixona. Ninguém manda no coração! Mas o que está interferindo, hoje em dia, no bom relacionamento entre o homem e a mulher, é o sexo e a falta de respeito. O homem que hoje está com 50 anos e antes se preocupava com doenças venéreas, agora teme uma doença fatal. Além disso, a mulher está fácil demais. Rola sexo no primeiro encontro, e o cara que não tem uma cabeça liberal, por mais que se diga moderno, acaba achando a mulher vulgar. Em ambientes onde todos se conhecem, ele conta para os amigos, rola boato e nada mais dá certo. Outro problema é a falta de respeito. O homem já chega pegando a mulher no braço, agarrando, quando não é ela que se comporta assim. As pessoas têm de dar mais oportunidade para a conversa. Quer saber o que funciona mesmo? O olhar.

— COMO ASSIM? O OLHAR? — perguntamos, Simone e eu, simultaneamente.

— Todo mundo deveria saber disso. Se rolar AQUELE OLHAR... E O OLHAR É A JANELA DA ALMA, a pessoa sabe que pode chegar. Não precisa de mais nada.

— Valeu, gente, mas acho que falta a opinião da "DIRETORIA"...

A empresária LILIA KLABIN comanda o bar há dezesseis anos. Estilo *low profile*, quando está na casa é gentil, educada e elegante com os que se aproximam para cumprimentá-la, mas fica o tempo todo na dela, e quem a observa pode jurar que ela não está nem aí para o que acontece a sua volta. PURO ENGANO. ELA VÊ TUDO!

Um bar intimista e boêmio como esse facilita a aproximação. Vi muitos casamentos acontecer aqui, ao longo desses anos. Meu primo mesmo conheceu sua atual mulher nesta casa. Mas, para arrumar namoro, as pessoas devem ser leves, alegres e principalmente não beberem muito, porque aí perdem o encanto.

NA PRAIA

Réveillon. Meu aniversário, aliás. Acabo indo para o Guarujá (SP). Fui meio ressabiada. Nunca tinha passado o fim de ano por lá. Foi ótimo! Entre outras surpresas, o encontro com uma amiga querida.

Na casa dela estavam hospedados dois gregos. Oba! Logo percebo as mãos dos anjos, quer dizer, "as asinhas" dos meus amigos do céu... A Grécia vindo até mim. Não foi fácil entrevistar George, o grego que é *maître* do Beach Bar, o mais badalado de Kos (ilha da Grécia) porque, na euforia de fim de ano, ele sempre adiava a conversa, alegando estar "alto" ou de ressaca. Os gregos são muito alegres, festeiros, porém mais reservados quando o assunto é o comportamento de seus conterrâneos. Eu queria muito que ele falasse, porque, apesar de só ter 35 anos e morar em Kos há 20, George está sempre no Brasil, e poderia comparar as baladas brasileiras com as de seu país. E ele me enrolando...

ATÉ QUE UM DIA NA PRAIA, CONVERSANDO COMO QUEM NÃO QUER NADA, LANÇANDO MÃO DAQUELE FAMOSO JEITINHO BRASILEIRO, CONSEGUI TIRAR ALGUMA COISA DELE.

– O que está acontecendo na Grécia, é que as pessoas na faixa de 20 a 40 anos estão com medo de se envolver. Primeiro porque temos 70% de homens e 30% de mulheres. E elas são muito reservadas. Sabem que se um grego sai com uma grega conta para os amigos, e ela tem medo de ficar malfalada...

– Mas e o romantismo dos gregos de que a gente tanto ouve falar?

– Isso está acabando... Estamos falando de baladas. Não é como aqui e em outros lugares... A paquera é mais leve, o homem manda um recadinho pelo garçom, manda oferecer uma bebida, existe a troca de olhares, mas é difícil se relacionar com as gregas.

Apesar de elas estarem começando a se liberar, se vestir melhor e até a tomar a iniciativa na paquera, se tiverem sexo com um grego já acham que estão namorando. Se o homem não ligar no dia seguinte, se revoltam, telefonam, brigam, xingam...

– E você não acha isso certo?

– A verdade é que o grego é muito orgulhoso. Ele se acha o melhor amante do mundo, tudo dele é melhor. E, para não ter trabalho, ele acaba pegando as turistas, que são mais modernas e não dão problema depois de uma noite de prazer... O resultado é que, entre a galera mais jovem, cada vez mais, tanto os homens como as mulheres preferem ficar sozinhos. Temos cada vez menos casais e compromissos.

– COITADAS DAS GREGAS... (penso alto)

Ele dá de ombros. Afinal, sentada ao seu lado está uma moreninha brasileira muito carinhosa que ele pegou na noite do réveillon e, assim como ele, só está a fim de curtir bons momentos.

– Então, George, você não acredita que alguém possa encontrar um grande amor nas baladas, especialmente se for uma grega?

– Acredito, mas gregos gostam de espontaneidade, sinceridade. E a mulher grega ou de qualquer outra nacionalidade, para conquistá-lo, precisa ser verdadeira, leve, espontânea, não ficar pensando logo em compromisso. Deixar as coisas acontecerem, você me entende?

– Lógico que entendo, querido. Você e muita gente de várias nacionalidades pensam quase igual! Detalhe: todos são do sexo masculino!

NA CABINE DO DJ

O DJ DANIEL conheceu sua esposa numa balada. Quem pensa que os músicos, DJs e outros funcionários da noite apenas exercem suas funções e não veem nada, está muito enganado. Pelo contrário, eles observam tudo...

Eu não poderia dizer que é difícil encontrar um grande amor nas baladas porque conheci a mulher da minha vida numa delas. Naquele tempo, DJ falava ao microfone, brincava com o público, e ela se encantou por mim. Casamos e estamos juntos há dezessete anos. Mesmo nos dias de hoje, observo que tem muita gente que vai a um bar esperando encontrar alguém. Os tempos mudaram, mas o ser humano continua o mesmo. Ficou meio confuso, porque as mulheres estão muito atiradas e os homens se assustam, não sabem bem como agir. Antigamente era muito mais fácil se relacionar e namorar porque o homem sabia o papel dele e a mulher sabia o dela. Entretanto, posso garantir que se houver transparência no relacionamento desde o primeiro contato, e homens e mulheres se desarmarem, mostrando uns aos outros o que realmente desejam – coisa rara atualmente –, já é um grande passo para que a relação fique séria. Estou há anos tocando neste bar e já constatei que os casais que começaram a namorar aqui e estão juntos até hoje sempre fizeram o modelo tradicional, ou seja, deixaram claras suas intenções *desde o início.*

Tricotando com *promoters*

Conversei com *promoters* de cidades e idades diferentes. Escolhi dois depoimentos que resumem a opinião da maioria dessas profissionais, sem as quais muitas casas noturnas não sobreviveriam.

A casamenteira

Já casei doze pessoas. Só dois casais se separaram. Os outros estão juntos e felizes. Sempre brinco dizendo que meu próximo passo vai ser abrir uma agência de casamento. Mas, hoje em dia, está meio complicado. Tem muita gente que quer namorar, porém as pessoas estão tão carentes quanto desconfiadas. E eu atribuo isso ao mau comportamento das mulheres nas baladas. Estão atiradas ou interesseiras, perderam os valores e até os homens falam mal delas. A mulher que quer namorar e encontrar o amor não pode ser tão fácil e insensível a ponto de achar que, se comportando como homem, vai se dar bem. Isso gera desconfiança e descrédito. Apesar de quererem amar e se envolver, as pessoas têm muito medo. É uma pena...

CONFIDENTE E INFORMANTE

A *promoter* acaba virando confidente e informante. Todo mundo pede minha opinião. Quando uma mulher quer saber se o homem é legal, está a fim de alguma coisa séria, vem perguntar para mim. E vice-versa. Procuro ser sincera com todos e dizer a verdade. Posso falar porque observo o comportamento das pessoas e sei quem está a fim de um relacionamento ou não. Muita gente reclama que está difícil encontrar alguém para namorar. Mas a culpa disso é da mulherada, que está muito vulgar. A mulher evoluiu. O homem não. Continua machista. Lido com pessoas na faixa etária de 25 a 40 anos diariamente, e as histórias são sempre as mesmas. A mulher quer agir como o homem. Conhece um cara na balada, quer ter uma aventura, vai para a cama com ele, chega contando que foi maravilhoso, mas depois fica deprimida. E eu pergunto: era isso o que você queria? Uma noite de sexo? Não era. Ela queria namorar. Então, que tenha outra postura.

Primeiro ela tem de focar. Se quer namorar alguém, fique quieta num canto esperando que o homem tome a iniciativa. Não pode ficar galinhando e atirando para tudo quanto é lado. O tipo de bar é fundamental. Se ela for para uma casa mais intimista, onde dá para conversar, terá muito mais chance. Fiz grandes amigos nas baladas. Os casais que apresentei estão casados até hoje. Mas todas essas pessoas que ficaram minhas amigas de verdade ou que se casaram tinham a mesma postura – estavam focadas no que queriam e se comportavam de acordo com seus objetivos.

Nos bares de música ao vivo

Dizem que as mulheres são mais sensíveis... Fico feliz ao receber o convite para assistir ao show de uma banda formada só por mulheres – Dadá Cyrino and The Youngsters' Blues. Atriz e cantora premiada internacionalmente, Dadá Cyrino tem 52 anos de praia, muitas histórias para contar e conselhos para dar.

> Geralmente, as pessoas ficam tão enlouquecidas na *night* que não percebem as coisas ao redor. Especialmente nos dias de hoje, quando o medo de se envolver parece ser maior que o sentimento. É claro que a gente pode encontrar o amor numa balada, mas para isso é preciso estar atenta aos sinais. A emoção deve estar em primeiro lugar. Às vezes, a pessoa não tem o tipo físico que a gente espera, mas pode se revelar uma grande surpresa. Eu tinha um fã que me perseguia. Ele assistia aos meus shows, me mandava flores e me cercava de todos os jeitos. Mas eu não queria saber dele porque ele era bem mais jovem que eu. Até que resolvi dar uma chance. Fomos tão felizes enquanto durou a relação que eu sempre me arrependia quando me lembrava do meu preconceito idiota. É preciso dar oportunidade para o amor acontecer.

Sergio Urso, vocalista da banda Junkie Box, foi mais além. Sua história de amor deu um lindo fruto: sua filha Bárbara! No momento em que acabei de escrever o texto acima, recebi a notícia de que ela tinha nascido. Na noite em que fui entrevistar Sergio, toda vez que a banda parava de tocar e dava um intervalo, ele saía às pressas para telefonar. Queria saber se sua mulher estava passando bem porque ela estava prestes a dar à luz. Quando acabou o show, ele me pediu desculpas, disse que mandaria seu depoimento por e-mail porque tinha de correr para casa. Mas o que recebi antes da sua história foram as fotos de Bárbara, que acabava de chegar ao mundo. Fiquei emocionada. De brincadeira, respondi: "Parabéns, Sergio! Não preciso mais da sua história. No lugar dela, escreverei em letras grandes "O amor nas baladas" e colocarei a foto da garotinha.

Conheci a Clarissa em 1999, quando tocava com outra banda, de quinta a sábado, em um bar de ROCK AND ROLL. Ela costumava ir às quintas e aos sábados, mas foi só quando cantei *Something* (Beatles) e *Little Wing* (Jimi Hendrix) que ela prestou atenção em mim. Ficamos amigos, mas só começamos a namorar um ano depois. Em 2003, fomos morar juntos com nossos bichinhos: o cão JOHN (LENNON) e as gatas PENNY (LANE) e LUCY (IN THE SKY). Como posso duvidar de que a gente possa encontrar um grande amor na balada?

Agora a BÁRBARA chegou! Está aí para provar!

BAURU (INTERIOR DE SÃO PAULO)

Tem muita gente do interior de São Paulo e de outros estados entrando para o clube dos DDDS. São cidades pequenas, que não oferecem muitas opções de baladas. Além disso, a galera é sempre a mesma, formada por grupos de homens e mulheres que acabam fazendo um rodízio de casais dentro das próprias turminhas. Resultado: todo mundo já pegou todo mundo e os namoros ficam cada vez mais escassos. Uma garota de Cruzeiro (SP) me contou que quando as mulheres um pouco mais velhas, na faixa dos 30 anos, querem conhecer alguém diferente para tentar namorar, precisam emigrar para as cidades mais próximas.

Mas esse não é o caso de Bauru. Segundo Simone, uma cantora de jazz, que se apresenta em barzinhos, por lá as coisas acontecem.

> Em Bauru existe uma cultura de bar e boteco. A noite é agitada porque há muitas universidades. Tem balada direto e as pessoas sabem quais lugares as outras frequentam. É só correr atrás. As mulheres, hoje em dia, se atiram mesmo. Elas sentam às mesas dos homens e fazem amizade. Mas é porque elas se sentem paqueradas. Claro que os homens andam meio preguiçosos porque sabem que elas vão atrás deles. Não precisam fazer nada. Entretanto, eles não as criticam por causa disso. Acho que as cabeças são outras. E, como o clima em geral é aberto e alegre, acaba rolando muitos namoros sérios e amizades também.

Uma noite, estava sozinha, sentei à mesa de um casal e acabei fazendo uma forte amizade. Hoje, frequento a casa deles, e eles a minha.

Acredito que para encontrar um grande amor, seja onde for, é só deixar a porta aberta.

Recife (PE)

A dermatologista pernambucana, de Recife, CLARA SANTOS, famosa e reconhecida internacionalmente por seus *peelings* revolucionários (uma verdadeira plástica de beleza sem cirurgia), que têm atraído homens e mulheres de vários lugares do mundo, de tanto viajar a trabalho já conhece a vida noturna de vários países. Além disso, ouve as confissões de seus pacientes diariamente. Por isso, pode ser considerada uma perspicaz terapeuta baladística.

Eu acho a vida noturna de outros países, como ESPANHA e PARIS, fascinante. O público baladeiro é mais adulto e tem outra cabeça. Mas prefiro falar sobre a minha terra.

A noite de RECIFE é muito divertida e animada. Temos uma grande quantidade de bares e casas noturnas frequentados por um público na faixa etária de 25 a 55 anos. Os bares que tocam música ao vivo são os mais valorizados, e a preferência quanto ao ritmo musical é pela MPB (Música Popular Brasileira). Mas também temos barzinhos pitorescos nas praias, que ficam tão perto do mar que, se a gente vacilar, a água pega. São muito concorridos e servem deliciosos frutos do mar.

Faz tempo que cheguei à conclusão de que as pessoas que saem à noite estão à procura de alguém. E quem procura acha. Até mesmo o famoso Don Juan, o bonitão galinha, que, apesar de não assumir, quer encontrar um grande amor, porque essa é a essência do ser humano. Tenho uma grande amiga que conheceu o marido na balada e hoje são muito felizes. Converso muito com meus pacientes, e o que mais ouço em meu consultório, tanto de homens como de mulheres que terminaram uma relação ou por divórcio ou viuvez, é a mesma frase: "AGORA

QUERO UMA NOVA VIDA, FICAR BEM, MAIS BONITA(O) PORQUE QUERO ENCONTRAR UM GRANDE AMOR". Depois do tratamento de beleza, pergunto a eles e a elas: "O que você vai fazer agora?" Ouço sempre a mesma resposta: "Vou cair na *night*". É incrível! Parece que combinaram! Mas em RECIFE é preciso ficar atenta, porque o pernambucano é bom de paquera, ele se vende muito bem. Se a gente não tomar cuidado, pode comprar gato por lebre. Acho que para encontrar um amor verdadeiro numa balada, onde há tanta disponibilidade, as pessoas precisam ser mais sinceras. E para manter um relacionamento, porque encontrar até que é fácil, é essencial ser TOLERANTE.

Resolvo voltar a conversar com os anjos. E reclamo:
– Senhores, até aqui tudo bem. Mas não posso viajar por todo o Brasil para encontrar terapeutas baladísticos em cada cidade. Como serão, por exemplo, as baladas do Norte e Nordeste do país? Devem ser bem pitorescas... Vocês podem me dar uma força?
OBS.: Lembrei que poderia ter sido mais específica, porque, quando se pede alguma coisa aos anjos, devemos ser objetivos. Eles são muito brincalhões, até gozadores, e adoram fazer uma pegadinha... Pensei: "Será que eles vão me arrumar uma tribo de índios para falar das suas baladas?" Já os entrevistei quando fazia um programa de TV sobre ecologia. Adoro as tribos indígenas, mas não é o caso. Fiquei meio preocupada... De qualquer forma, desliguei o computador e resolvi aguardar.
Dias depois, um amigo me apresentou outro amigo que conheceu pela internet.

– Sula, esse é meu amigo Raku, que conheci pela internet. Ele é do Acre.
– Não acredito! Você mora onde?
– Em Rio Branco.
– Raku, você caiu do céu! Como são as baladas em sua cidade? Você é baladeiro?

RIO BRANCO (ACRE)

RAKU É UMA FIGURA. Jeito manso, meio tímido. Logo descubro que o garotão é muito engraçado. Ele não é propriamente um baladeiro.

Melhor do que isso... um *voyeur* de baladas. Quer melhor terapeuta baladístico que alguém que não participa das baladas e só fica observando tudo o que acontece? Melhor impossível. Não bebe, não se mistura, por isso não corre o risco de fazer julgamentos errados.

Rio Branco é uma cidade pequena, tem cerca de 300 mil habitantes. Mas até que nossa vida noturna é bem animada. Rola até as 3 ou 5 da manhã. É frequentada pela classe média alta, de 17 a 40 anos. Mas só de quarta-feira a domingo. Às segundas e terças, a cidade dorme. Quando fui morar no prédio da administração de um posto de gasolina, que tem uma loja de conveniências onde começam as baladas, quase pirei. Do outro lado da rua fica o complexo 14 BIS, que tem casas noturnas com vários ambientes e que a cada dia toca um gênero musical. Na mais badalada, que fica no segundo piso, toca música eletrônica. No início, me incomodava e era difícil dormir. Depois de um tempo, até passei a cantar algumas músicas com eles, acompanhando o movimento e vendo tudo o que acontecia da sacada do meu apartamento. É muito engraçado! As pessoas vêm para a loja de conveniências beber e ficam esperando até as casas BOMBAREM. Enquanto isso, a galera liga o som do carro no último volume e fica do lado de fora se exibindo. É uma verdadeira competição para saber quem tem o melhor carro e, principalmente, o melhor som.

Como a cidade é pequena e todo mundo se conhece, os casais "FICAM" e vão ficando até encontrar alguém especial e começar a namorar, o que é mais difícil. Agora, amor mesmo? Não sei. Os relacionamentos que dão mais certo são os que começam nas baladas de forró. Sabe como é... O ritmo *caliente* oficial da nossa cidade convida a grudar. Vi muitos casamentos, quer dizer, "ARREPENDIMENTOS" sairem do forró.

No mais, apesar de gostar de RIO BRANCO, acho que deveria ter nascido em SÃO PAULO, mas fui extraviado!

POUCOS DIAS DEPOIS, SURGE UM BAIANO ARRETADO! OUTRA VEZ, ENTREGA EM DOMICÍLIO.

Salvador/Trancoso (BA)

Por intermédio de um amigo, fui apresentada a um baiano que passava uns dias em São Paulo. **Sol Miranda,** 28 anos, comanda junto a sua mãe um dos restaurantes mais badalados de Trancoso – povoado que fica a 28 quilômetros de Porto Seguro –, frequentado por artistas, empresários, políticos e famosos de todos os lugares do país. É o Sol (o nome dele é esse mesmo) que promove as inesquecíveis festas do bar. Com aquele jeito descontraído e alegre que todo baiano tem, ele fala não só de Trancoso, mas também de Salvador. Afinal, festa é com os baianos mesmo!

Salvador é bem animado. Basicamente temos duas grandes festas: o Carnaval e São João, dia 24 de junho, a maior festa regional que acontece em quase todos os municípios baianos. É muito engraçado porque, quando acaba o Carnaval, já começam os ensaios de forró para a festa junina. E quando acaba São João, logo se iniciam os preparativos para o Carnaval. Fora isso, o baiano gosta mesmo é de sair para o reggae. **Aí, negão, vamos pro reggae?** Às segundas e terças-feiras é tudo morto. Embora Salvador tenha 2,5 milhões de habitantes, existe um público pequeno para balada de lugares fechados. Quando se abre uma casa noturna que toca vários ritmos musicais, vira febre e muita gente vai. Mas logo cai e todo mundo volta para as ruas, os barzinhos e as barracas, mesmo porque a grande maioria é de classe média baixa e não tem dinheiro para frequentar boates e danceterias. Mas acho que o motivo maior mesmo é porque baiano não gosta de ficar fechado. As baladas legais, com um público bacana, são as que rolam nas praias como em **Sauípe** e **Praia do Forte.** Hoje, em Salvador, tudo é comandado pelos trios elétricos. As pessoas que dominam a noite fazem parte do mesmo grupo que promove o Carnaval no verão. Por exemplo, o grupo de **Ivete Sangalo,** que faz festas fechadas no verão, ou o grupo do **Chiclete com Banana,** que anima o

Forró do Bosque, um evento tradicional na fazenda do BEL, vocalista do Chiclete que promove a festa de São João.

Em TRANCOSO, durante o ano, é sossegado. Temos uma boate que toca forró às sextas-feiras e um bar que toca de tudo. Mas a maioria dos nativos tem baixo poder aquisitivo e fica rodando os botecos que tocam música brega. Às vezes, quando não tenho o que fazer, compareço. É divertido. Mas nas temporadas muda tudo. TRANCOSO recebe turistas de todas as partes do mundo, e algumas casas noturnas que tocam música eletrônica são abertas para recebê-los. Há shows, festas consagradas e tudo a que se tem direito. No fim do ano, eu mesmo promovo, no meu bar-restaurante, um *open-bar* para clientes vips, com tudo de graça, DJ bacana e gente maravilhosa. Minhas festas são concorridas. Na última, compareceram 900 pessoas.

Eu acredito que se possa encontrar romance nas baladas. Conheci, numa casa noturna, uma mulher que se tornou um grande amor. Rolou a troca de olhares, uma atração gigantesca que saía faíscas. Ficamos juntos o verão todo. Quando ela voltou no verão seguinte, aconteceu tudo de novo. Eu trabalho muito nas baladas e conheci pessoas maravilhosas, que são amigas até hoje. Acho que nas festas as pessoas se soltam mais e mostram quem são de verdade. Por outro lado, todo o cuidado é pouco, porque os homens gostam de contar vantagens. Todos são milionários, todo sapo vira príncipe. E as mulheres estão muito atiradas. O complicado é quando se invertem os papéis. Homem gosta mesmo é de conquistar e, quando a mulher dá muito em cima, a gente perde o clima. Eu viajo muito e acho que isso acontece em qualquer lugar. Mas que fique bem claro, é só na hora da iniciativa. Depois que rolou o primeiro beijo, se o casal gostou, tem de ir até o fim. Não tem essa história de sexo na primeira noite. Se for bom, eu vou ligar no dia seguinte e começar um relacionamento. Mulher fazendo manha não é verdadeira. Se a coisa rola bacana, vai continuar rolando. Eu nunca vou julgar uma mulher que transou comigo logo que acabou de me conhecer. Se ela tem vontade como eu, por que não? Se eu quisesse uma pura iria buscar no convento. Aliás, se uma mulher não ficar comigo numa balada, não adianta me dar seu telefone, porque nunca vou ligar. Se não rolou nada, vou ligar para quê? As mulheres em Salvador são meio estranhas. Só ficam com os caras que forem apresentados a elas por amigos. Em compensação, nas baladas internacionais, já saí com mulheres sem ter de falar uma só palavra. Mas, voltando ao assunto, Trancoso é uma loucura, e convido todos para conhecerem nosso paraíso. Nas festas rola de tudo! Tem até maluco brincando de esconde-esconde, pega-pega, paquerando cerca de madeira e samambaia, achando que são duas mulheres... Foi o que aconteceu com um amigo meu... É de morrer de rir...

RIO DE JANEIRO (GB)

Numa boate badaladíssima, na Barra da Tijuca, um gato bonito, alegre e sorridente vem me receber na porta. É RAFHAEL NOBRE, CONHECIDO COMO "RAFINHA", A QUEM APELIDEI DE "GAROTO-PRODÍGIO". Apesar da pouca idade, ele é *promoter* por puro prazer. Dirige uma empresa de recursos humanos com mais de 3 mil funcionários. Enquanto rola a entrevista no camarote vip, ele pede licença muitas vezes, para receber seus ilustres convidados. A maioria deles global, é claro. Volta com cada um que acaba de chegar, faz as apresentações, e sempre com um sorriso nos lábios. Só se senta para continuar nosso papo depois de conferir se seus CONVIDADOS ESTÃO ACOMODADOS E BEM SERVIDOS. TUDO COMO MANDA O FIGURINO.

Desde os 15 anos, eu saía de casa para trabalhar escondido. Já promovi eventos, fui figurante no seriado *Malhação*, da TV Globo, sacoleiro, fiz de tudo... até ter minha empresa de recursos humanos.
Mas trabalhava só durante o dia, porque à noite fazia amizade com os donos das casas noturnas para poder entrar e curtir a balada. Não tinha grana, então acabei virando *promoter*. Sempre tive o prazer de ver as pessoas que gosto reunidas no mesmo lugar. É uma pena que a noite aqui no Rio seja pobre em infraestrutura. Quando a casa é boa, peca pela falta de espaço.

E, quando é muito grande, não consegue manter o mesmo nível social por muito tempo. Acaba abrindo para todo mundo. Acho que em São Paulo é o tipo de bar, boate ou casa noturna que atrai um pessoal bonito, de bom nível social, que acaba fazendo boas amizades e mantendo o relacionamento. Mas a noite carioca é uma MICARETA da vida. A galera não se importa muito se o bar é legal ou não. As pessoas querem se arrumar, estão mais ligadas na pegação. Para fazer amizades aqui, a gente tem de saber levar. Tenho muitos amigos que conheci na balada e que frequentam minha casa. Almoçam, jantam e até comparecem aos eventos familiares. Agora, amor é outra coisa. Mesmo que eu fique a fim de uma mulher, prefiro não sair com ela para que possa continuar no relacionamento. Até tive uma namorada que conheci na noite e ficamos juntos por um bom tempo, mas é difícil. E é claro que já apresentei casais que deram certo, entretanto, não acontece sempre.

Por que será?

Quem responde são AS MENINAS, amigas de Rafael, que sempre vão às baladas que ele promove, mais para prestigiá-lo do que por qualquer outro motivo. Bonitas, jovens, mas quando o assunto é namoro...

V.P TEM SÓ 20 ANINHOS. Fica quase a noite toda sentada no mesmo lugar coberta com uma espécie de xale. Ela alega estar sentindo frio. Sorri para todos, é muito educada, mas quando pergunto o motivo de ela estar tão quietinha, dispara a falar.

> Eu comecei a sair com 13 anos. Vim para o Rio estudar teatro, mas acabei me casando. Separei-me há pouco tempo e vou para a *night* só para me divertir. Extravasar. As pessoas acham que estou muito louca, mas não bebo e não fumo, só gosto de dançar. No Rio, a maioria da galera quer sair para pegação. Por isso, está difícil namorar. Paquera? Eu escolho. Mas jamais tomo a iniciativa. Primeiro observo o homem. Olho para ele e demonstro interesse. Com certeza, se ele estiver interessado, vai assimilar. E vai chegar. O homem só chega quando sabe que a mulher está a fim. Então, é só mandar a mensagem. Esta é a minha dica. As mulheres estão atiradas demais, vão logo se jogando para cima

dos caras e eles não gostam. Tenho muitos amigos que me dizem isso. Eles gostam de mulheres divertidas, inteligentes, não das exageradas e fúteis que chegam logo se oferecendo. Outro dia, uma mulher chamou meu amigo de gay só porque ele não quis nada com ela. Com essa falta de respeito e desentendimento entre os sexos, só rola pegação mesmo.

Antes de entrevistar a outra moçoila que está no nosso camarote, vou ao banheiro. UMA MOÇA MUITO SIMPÁTICA, DE 22 ANOS, ME PERGUNTA SOBRE O QUE ESTOU ESCREVENDO. QUANDO CONTO, ELA ABRE UM ENORME SORRISO.

Você sabe que arrumei um namorado quando menos esperava? Nem ia sair naquela noite. Foi em uma casa noturna lá da BARRA. A gente se viu, nos sentimos atraídos, e ele me beijou. Foi um beijo apenas. Dei meu telefone e fui embora, porque não estava muito bem. Acho que fiquei 15 minutos no bar. Foi o tempo de entrar, conhecer o gato, dar um beijo nele e sair. No dia seguinte, ele ligou. Estamos juntos há mais de um ano. Apaixonadíssimos.

VOLTO PARA MESA MAIS ANIMADA. PELO MENOS, UMA NÃO CANDIDATA AO CLUBE DO DDDS (SÓ PARA LEMBRAR: DESCRENTES, DESILUDIDOS, DECEPCIONADOS E SIMPATIZANTES).

E SÓ QUANDO COMEÇO A CONVERSAR COM A OUTRA GAROTA DO CAMAROTE L.L., OUTRA AMIGA DO PROMOTER RAFINHA, QUE TAMBÉM TEM 20 ANOS, consigo entender o que está acontecendo com a galera. Pelo menos, com grande parte dos jovens dessa faixa etária.

Namorei durante três anos e fiquei meses sozinha. Mas, depois de um tempo, a gente fica carente e quer encontrar alguém. Então caí na *night*. Entretanto, está difícil porque os homens não querem coisa séria. Nem as mulheres. Estão todos desconfiados. Quando a gente dá moral para um cara, ele não quer. E vice-versa. Meus amigos dizem: como é que a gente vai dar moral para uma mulher que fica com todo mundo? E as mulheres também estão ficando iguais aos homens. Antes, elas faziam isso só para empatar com eles. No fundo, a mulher é mais sonhadora e quer namorar. Mas agora elas estão ficando frias. Estão separando o sexo do amor, como os homens fazem. Tenho muitas amigas patricinhas que vão para a Rocinha, nos bailes da favela, transam com os bandidos porque sabem que não vai rolar nada além de uma noite de aventura. Elas dizem que querem conhecer algo diferente. E não é da boca para fora. É o que elas sentem mesmo. Tudo está ficando muito confuso...

Ainda no Rio De Janeiro

Aguardo CAROL, UMA DAS PROMOTERS MAIS BADALADAS DA NIGHT CARIOCA, em um pequeno restaurante japonês no Baixo Leblon. Ela chega cheia de fome e, quando meu amigo Zé Paulo nos apresenta, dizendo-lhe que quero um depoimento para meu livro, ela aceita, desde que possa jantar antes da entrevista. Afinal, atletas precisam comer bem. Carol jogou futebol profissional durante oito anos, luta jiu-jítsu há doze, e é dada à malhação. A regra de que noite e esporte não combinam não se aplica a ela. Mesmo porque não foi Carol que escolheu a profissão de agitar a vida noturna da cidade, promovendo casas noturnas e garantindo a presença de gente bonita e celebridades nos camarotes dos eventos e bares badalados. Sempre quando ia às baladas, levava tanta gente, incluindo famosos e globais, que acabou chamando a atenção dos "fazedores de baladas". Praticamente lhe deram um emprego sem que ela pedisse. Apesar da pouca idade, 26 anos, Carol é madura e tem sensibilidade suficiente (pisciana) para aconselhar os amigos que vivem a procurando quando precisam.

> Tive a felicidade de cativar milhões de amizades. Desde criança, já costumava organizar as festas dos amigos. Não tenho esse problema de ser paparicada porque me tornei *promoter*. As pessoas já eram minhas amigas antes disso. O que observo é que o comportamento da galera, hoje em dia, se deve à educação que começa nos colégios. Há muita liberdade, e cada um escolhe seu próprio padrão. Os outros simplesmente aceitam. Com isso, as pessoas estão muito individualistas. Eu, particularmente, não posso dizer que fiz grandes amizades nas baladas, porque as pessoas já eram minhas amigas antes disso. Mas já encontrei um grande amor. Conheci meu ex-namorado numa festa de

aniversário que promovia. A relação durou dois anos. Agora, o que posso dizer sobre os outros? É tudo muito relativo. Muitos saem só para azarar, outros só para se divertir. Dizem que a mulher está muito fácil, e o homem? Ninguém pode julgar o comportamento de ninguém. Como já disse, acho que toda essa liberdade tornou nossa geração muito individualista. Está faltando amor, companheirismo. Seria preciso começar a resgatar esses sentimentos agora e passar isso para nossos filhos. Só então as coisas vão mudar.

MEU AMIGO ZÉ PAULO ENTRA NA CONVERSA E DÁ A SUA OPINIÃO.

Eu acho que relacionamentos acontecem com a vida. Não dá para ficar procurando. Eu deixo a vida me levar. Não concordo com essa história de que a mulher está muito fácil e, por isso, o homem perde o interesse. Ela tem o mesmo direito que o homem. Aliás, o mundo está caminhando para a igualdade. Independentemente de rolar sexo no primeiro encontro ou não, se eu encontrar uma mulher legal e me identificar com ela, vou levá-la a sério e namorar.

LISBOA (PORTUGAL)

Encontro OLAVINHO casualmente. Em dois minutos de conversa, descubro que ele está indo para Portugal. Ele tem família em Lisboa, e por isso visita o país regularmente.

– Ah, é mesmo, Olavinho? Então vou te dar uma missão especial. Quero saber tudo sobre a *night* de Lisboa.

Ele ficou todo animado.

– Então, desta vez, vou prestar atenção! Na volta te conto tudo.

E FEZ A LIÇÃO DE CASA DIREITINHO.

O povo português é muito baladeiro. Quase não dá para acompanhar! Em Lisboa, a noite começa por volta das 22 horas, quando os portugueses saem para jantar e começam as rodadas de vinho, que eles chamam de "vinhaças". Depois de muuuitas vinhaças, eles param de beber e pedem um café para rebater. Aí começa a rodada de uísque. E quando a gente pensa que eles estão calibrados para cair nas baladas, eles dizem: "Vamos aos copos". E vai todo mundo para o Bairro Alto (parecido com nossa Vila Madalena, em São Paulo), repleto de bares pequenos instalados em casas geminadas. O pessoal fica nas ruas, pulando de um bar para o outro. Mas é completamente diferente do que acontece no Brasil. É difícil ver alguém sozinho. Eles são fechados e só andam em grupos. Os portugueses são elegantes e tradicionais, e a paquera só rola se alguém de um grupo conhece uma pessoa de outro. Então, eles se falam, apresentam seus amigos e os grupos se juntam. A princípio, eles não saem para paquerar como nós. Tanto é que as pessoas que estão namorando continuam saindo sozinhas e "indo aos copos". Uma vez, quando eu ainda era solteiro, vi uma mulher do outro lado da rua em um bar e comentei com meu primo que ia falar com ela. Ele ficou horrorizado. Disse: Como vai falar com ela? Você a conhece? Vai falar o quê? Não existe essa liberdade por lá. Até nisso os portugueses são educados e elegantes. Eles não saem para pegar mulher. Existe o respeito por ela antes de se relacionar. Até nas baladas ninguém chega em ninguém. Para conhecer uma mulher, o homem deve ser apresentado a ela por outra pessoa.

Os namoros só rolam depois de um tempo. Depois que um casal é apresentado, passa a noite conversando. Ela ou ele combina com seus grupos de sair uma outra noite e se encontrarem. Aí tem chance.

Entretanto, a noite não terminou. Eles estão só aquecendo os motores. As discotecas abrem na madrugada e as filas são gigantescas. Mas tem o *lobby* com os porteiros. Só deixam entrar quem eles querem. Tem de ir acompanhado com alguém que seja amigo do porteiro. De cada dez pessoas, nove são barradas. Os portugueses são muito seletivos. Por tudo isso, é mais fácil rolar relacionamentos duradouros. As pessoas são mais verdadeiras e todo mundo sabe quem é quem. Elas se conhecem, de fato, antes de iniciar uma relação de namoro ou amizade.

Sydnei e Brisbane (Austrália)

Certa noite, eu encontro com **Rafa**, que acabou de passar um ano na Austrália. Ele tem 24 anos e é um garotão descoladíssimo. Surfista, *personal trainer*, aventureiro e muito divertido.

– E aí, Rafa, como foi a temporada lá fora?
– Maravilhosa. Só voltei por causa do meu cachorro e do meu papagaio...

Então manda:

Depois de estudar e trabalhar o dia todo, não tinha jeito, eu caía na balada. E tive muito tempo para observar o comportamento das pessoas. Não tem mistério. Tem de tudo naquela terra. Tanto em **Sydney** como em **Brisbane**, a cidade na qual fiquei mais tempo e onde as pessoas são muito loucas. A mulherada bebe até cair. Se ela conseguir um cara antes de se embriagar totalmente, tudo bem, mas se tiver um pezinho mais torto, quer dizer, se for feia mesmo, acaba caindo. Os australianos são muito liberais. Eles bebem tanto que acabam perdendo a noção. Vi muitos casais comportados no início da noite, mas, à certa altura, o marido de uma já estava agarrando a mulher do amigo e por aí vai. Acabava no *swing* mesmo.

O que observei é que as pessoas por lá até tentam se conhecer melhor e namorar, mas a "mardita cachaça" atrapalha tudo. Para ter ideia, a cerveja deles é muito mais forte que a nossa... Tem muita droga também... É bom para curtir, mas se relacionar e arrumar casamento nas baladas australianas é meio difícil.

Norte da Itália

Atualmente, não dá para falar em baladas sem pensar em uma das rainhas da noite, **Ibiza, na Espanha,** ou nas três cidades litorâneas do Mar Adriático, no norte da Itália, **Rimini, Riccione e Milano Marítima** – são cem quilômetros de diversão noturna entre bares, restaurantes, cafetarias, discotecas e similares. Encontrar com a minha amiga Claudinha, ítalo-brasileira, que eu não via há muito tempo, por conta de mais uma de suas longas temporadas em Rimini, só pode ter sido outra obra dos anjos.

DETALHE: CLAUDIA É PARENTE DO CINEASTA FEDERICO FELLINI, NATURAL DE RIMINI.

RIMINI, RICCIONE e MILANO MARÍTIMA são as cidades italianas que mais oferecem entretenimento. Tanto é que em Rimini acontece anualmente a maior feira de bares, discotecas, restaurantes e similares, visitada por empresários da vida noturna do mundo todo. Eu sempre trabalhei no ramo de entretenimento. Fui relações-públicas, *promoter* e hoje sou empresária e produtora musical. Já morei na Itália. Viajo muito e acho que hoje em dia o comportamento dos jovens está globalizado. Graças à internet. Pude observar que os baladeiros são praticamente os mesmos no Triângulo do Mar Adriático, na Europa, nos Estados Unidos, no Japão e em qualquer outro lugar. Eles se assemelham na maneira de vestir e se comportar. Estão mais interessados em se exibir do que em se relacionar. Em Rimini, Riccione e Milano Marítima, especialmente durante o verão, as discotecas mais famosas, como PINETTA, PAPETTI, COCO-RICÓ, PACHÁ, TEATRO VERDI – frequentadas por celebridades do mundo todo –, são verdadeiras vitrines. Tem tanta gente bonita e *fashion* se exibindo, fazendo caras e bocas, que acaba todo mundo sozinho. Com esse exibicionismo todo, é difícil se relacionar. A vida noturna é até mais agitada do que em São Paulo. As pessoas vão à praia, curtem a *happy hour* com DJ, vão dormir um pouco e voltam para jantar nos bares e restaurantes. Depois caem nas discotecas, que só abrem à 1 hora da manhã e vão até as 6. Tem casas que promovem eventos, quando o Sol começa a nascer. São 24 horas de entretenimento. Não para.

Só em algumas discotecas, como a KURSAL, à beira-mar, frequentada por um público acima de 35 anos, é possível namorar e fazer amizades. Lá tem azaração e as pessoas se relacionam mais. Mesmo assim, não é fácil, porque a mulher italiana é mais dura, enérgica e anda em grupos fechados. Depois, elas não entendem por que os italianos gostam tanto das brasileiras, mais doces, espontâneas e femininas.

Acho que para mudar isso é preciso que a mulher desça do salto. Está havendo uma inversão de valores. Os homens estão procurando mais romance do que as mulheres, especialmente as jovens, que estão mais interessadas em grifes, dinheiro e num poderoso que lhes propicie isso. Os homens italianos, até os mais novos, cada vez mais procuram mulheres mais velhas e maduras, porque não se sentem seguros com as novinhas, interesseiras e fúteis.

Madri (Espanha)

Agendo uma entrevista com os donos de uma balada inusitada, mas eles não chegam na hora marcada. Quem me dá o recado, pedindo para esperá-los e desculpá-los pelo atraso, é uma moça bonita e simpática. Não lembro bem de onde a conheço. Descubro que é Denise Machado, atriz de teatro e que já morou em Madri, na Espanha.

Sinto a presença dos meus amigos anjos mais uma vez cumprindo a promessa que me fizeram quando comecei a escrever este livro. Eu não precisaria viajar pelo mundo todo para descobrir como eram os relacionamentos nas baladas internacionais. Eles as trariam até mim. Na Espanha, eu só conheci Barcelona, e os sete dias que passei por lá não seriam suficientes para formar uma opinião.

Mas Denise frequentou tanto as baladas de Madri que se tornou uma verdadeira terapeuta baladística espanhola.

As almas se encontram na vida noturna de Madri também. É uma noite fervilhante. Tem "El Aire", termo que se usa para definir as bailarinas flamencas. Dizem que uma bailarina flamenca precisa ter "El Aire", vida, sensualidade. E assim é a *night*. Parece que lá tudo é vermelho, cor da paixão. A sangria, a rosa vermelha na boca das dançarinas, os pimentões... E os relacionamentos são tão apaixonados quanto o vermelho que impera na cidade. Mas é muito interessante observar que existe um jogo de sedução no qual as mulheres espanholas fortes, independentes, porém passionais, brincam com a sexualidade. Elas não negam o sexo para se fazerem de difíceis, como as brasileiras. Elas negam o amor. Insinuam-se, podem até transar no primeiro encontro, mas não se entregam de maneira alguma. Não demonstram aos homens o que estão sentindo e os deixam pensar que é apenas sexo, mesmo que estejam loucas de paixão. São quase perversas nesse sentido. Só vão demonstrar sentimento lá pelo segundo ou terceiro mês em que estão saindo com um homem. E, mesmo assim, os levam na rédea curta.

E os homens, machistas como são, parecem gostar dessa marra. Eles precisam que as mulheres se apaixonem por eles de verdade. É claro que o objetivo delas, agindo assim, é conseguir um relacionamento mais sério. É como se o homem e a mulher entrassem numa arena, em um jogo de poder. Nas baladas, o homem espanhol, machista, porém romântico, já chega chegando. A espanhola se aproxima também, mas mantém o mistério.

Antes de ir aos bares, boates e danceterias, muita gente costuma se encontrar nos TABLAOS, onde há os espetáculos flamengos, para conversar, beber e degustar os famosos TAPAS, tira-gostos frios ou quentes servidos antes das refeições. E foi nessa balada que conheci um grande amor espanhol. Aliás, muitos amigos e amigas espanholas se conheceram nas baladas e estão casados até hoje.

NOTA DA AUTORA: *pelo que se pode notar, parece que vai rolar a "Revolução Feminina 2". Na primeira, no século 20, a mulher buscava direitos iguais aos do homem e conquistou uma nova posição no mundo. Por outro lado, a batalha foi tão violenta e as mudanças tão bruscas que a tornaram agressiva. O homem se assustou (e está assustado até hoje), o número de separações aumentou vertiginosamente, e os estragos na relação homem X mulher ficaram evidentes. Isso fez com que ela própria, já no final do mesmo século, reconsiderasse a situação, notasse o exagero e começasse a perceber a importância de resgatar a própria feminilidade e suavidade perdidas ao longo da luta por sua independência, porque, apesar da fachada dura e competitiva que assumiu, sua alma continua feminina. Ela não conseguiu, por exemplo, separar sexo de amor, como faz o homem. Podia gritar para o mundo que não estava nem aí, e não ligava a mínima para as traições do homem porque podia fazer o mesmo, etc. Só da boca para fora. Revanche, pirraça. No fundo, sofria. Mesmo após as mudanças, a maioria delas ainda acalentava seus sonhos juvenis de amor e fidelidade.*

Mas agora, no século XXI, começa a surgir entre as mais jovens uma nova mulher. Ela não finge que está mais dura ou fria, que não liga quando é traída, que separa sexo do amor – ou diz essas coisas só para se vingar do homem. ELA ESTÁ ASSIM. SENTE-SE ASSIM. Uma questão social, é claro. A adolescente sonhadora, que está virando mulher, já começa a crescer com outros valores. E está se tornando cada vez mais fria... Pelo menos no que se refere aos relacionamentos monogâmicos.

Outros terapeutas baladísticos (famosos)

Ainda bem que nem todo mundo pensa igual. E, para as leitoras que depois de lerem tudo o que já se falou sobre as mulheres até aqui e estão até pensando em trocar de sexo, mudar de país ou de comportamento, uma boa notícia: graças a Deus há alguns homens (e que homens!) com outra cabeça, que não apenas as defendem e compreendem mas também aprovam suas atitudes. Até mesmo agradecem por elas estarem tão ousadas!

Paulo Ricardo, ele é o cara!

Conheci o CANTOR E COMPOSITOR PAULO RICARDO no tempo em que ele ainda era casado com a modelo Luciana Vendramini. Nos anos 1990, fizemos uma viagem juntos, na qual o casal integrava o time de famosos convidados pela revista da qual eu era repórter. No ônibus, sentei com meu namorado, também famoso, que por acaso era amigo do Paulo, no banco logo atrás do casal. Notei que Paulo e Luciana estavam muito quietos, na deles, e pensei: "Será que eles são antissociais, antipáticos, ou chatos?" Nenhuma das alternativas anteriores. Puxei conversa e logo descobri que eles eram tímidos mesmo, mas muito bacanas. Tanto que esqueci de dar atenção aos outros convidados. Conversamos, ficamos amigos e rimos muito durante toda a viagem.

Paulo me convidou para ir ao seu escritório. Cheguei na hora marcada, pontualmente. Justamente no momento em que sua assessora estava falando com ele ao telefone. Quando terminou a conversa, disse que Paulo não iria demorar, que ele estava vindo a pé, já que morava pertinho dali, e me pediu para esperá-lo no bar que fica na esquina da rua onde estávamos. E justificou:

– Sabe, o Paulo Ricardo gosta de receber as pessoas lá no bar, fica mais informal.

Penso comigo mesma: "É a cara dele. Simples, informal, sem frescuras." Dirijo-me ao local, sento-me e me preparo para esperar um bom tempo. Mas ele logo chega com aquele jeito de garotão, pedindo desculpas pela demora, e com aquele sorriso lindo que faz a gente esquecer qualquer atraso. Típico libriano, ascendente em aquário, que oscila entre a justiça e a forma futurista de ver as coisas, quando pergunto ao Paulo – como a maioria dos músicos, ele começou a cantar na *night* e até hoje ainda se apresenta nas baladas com shows de música ao vivo – se ele já se envolveu com alguma fã que conheceu nos bares da vida, ele retruca:

> Sabe, não tenho essa história de fã. Isso reduz a possibilidade de relacionamento. Não discrimino. Para mim, são pessoas, mulheres interessantes, bonitas, que vão assistir aos meus shows. É claro que já conheci algumas especiais e cheguei a me envolver com elas. Eu discordo do ditado "ONDE SE GANHA O PÃO NÃO SE COME A CARNE". Nada mais legítimo e perfeito que conhecer e me relacionar com pessoas que tenham a ver comigo no meu ambiente de trabalho. O barzinho é a praia de uma cidade que não tem praia. E a vida noturna propicia a descontração. Aquele leve teor alcoólico quebra as barreiras da timidez. A noite libera o formalismo. Nas baladas, qualquer pessoa pode ser muito mais ela mesma do que no ambiente de trabalho, e isso revela sua verdadeira personalidade. Por exemplo, se a gente conhecer uma médica com aquela roupa branca, rolar um interesse e marcar de sair, é à noite, na maneira como ela se apresenta, que a gente vai ver se é roqueira, patricinha, etc. E o jeito de se vestir e se comportar socialmente vai revelar sua personalidade.

Aliás, pequenos gestos também revelam a verdadeira personalidade de alguém.

Nesse momento, um garoto engraxate se aproximou, ficou olhando para Paulo e ele logo sorriu, perguntando ao menino se ele queria comer alguma coisa. O garoto aceitou, coçou a cabeça e arriscou:

—Você é cantor, não é?
— Sou. Como é seu nome?
— Anderson.

O celular do Paulo toca, ele atende, mas, assim que desliga, volta a dar atenção ao menino. Anderson mostra, todo orgulhoso, sua camiseta com o autógrafo do Pelé. Ele tinha acabado de encontrar o "rei da bola" nas redondezas. E pede ao músico que também autografe aquela camiseta velhinha, mas que, com certeza, terá para ele valor inestimável.

Enquanto converso e brinco com Anderson, dizendo que aquele é seu dia de sorte, surpreendo-me ao ouvir Paulo ligando para seu escritório, pedindo para que trouxessem uma caneta especial (marcador de tinta permanente) só para atender ao pedido do garoto.

O mais curioso é que, certa vez, quando eu entrevistava uma famosa apresentadora de TV infantil, uma criança se aproximou, ela nem sequer sorriu, e rispidamente disse:

—Você não está vendo que estou ocupada. Espere! Que saco!

A MENINA FEZ CARA DE CHORO, FOI EMBORA, E EU JUNTO COM ELA. DEIXEI A BRUACA SOZINHA E ME RECUSEI A TERMINAR A ENTREVISTA.

Voltando ao que interessa, depois que o garoto se retirou para comer, peço ao Paulo Ricardo que continue...

> Você me perguntou se vejo muita diferença no comportamento das pessoas, especialmente da mulher nas baladas de antigamente e agora... Na primeira metade dos anos 1980, quando comecei a me apresentar na *night*, a liberação sexual e a euforia da anistia, como não havia mais censura, ditadura, faziam com que tudo fosse lindo. Mas na segunda metade, a aids trouxe um peso moral que acabou com a festa. Hoje, é uma doença controlável, e parece que a festa voltou a rolar. Em meio a esses acontecimentos, a mulher foi evoluindo, tomando seu espaço gradativamente, tornou-se competiti-

va em todas as áreas, e atualmente toma a iniciativa naquilo que quer. Os tempos mudaram. Ela não mais se programa para casar aos 21 anos, e não está obcecada em arrumar um marido. Quer se divertir. Eu concordo plenamente. De maneira geral, acho que, enquanto não aparece a pessoa certa, devemos nos divertir com as erradas. Esse negócio de o homem ficar falando mal da mulher, dizendo que perde o tesão porque quer conquistar e não ser conquistado, que a mulher se deprecia quando toma a iniciativa, é uma coisa meio gay, machista, ridícula. Eu, que sou tímido, quero mais é que a mulher tenha atitude, detesto joguinhos, acho ótimo não ter a obrigação de ser "o garanhão".
E também acho que se pode encontrar o verdadeiro amor nas baladas ou em qualquer outro lugar do mundo. É só deixar rolar.

OLIVIER ANQUIER, "SEM PRECONCEITOS"

OLIVIER ANQUIER, o padeiro mais famoso e badalado do Brasil, para quem não sabe, sempre teve uma relação especial com a *night*. Antes de vir ao país pela primeira vez, em 1979, ele trabalhou como DJ em algumas casas noturnas da Europa, e na época acabou ficando conhecido como um dos melhores DJs de Paris.

Entre outros empreendimentos no Brasil, esse francês de inegáveis e múltiplos talentos foi também um dos donos do AZUCAR, um bar cubano (SP), que desde sua inauguração tem tido absoluto sucesso. Foi onde conheci Olivier, numa noite em que ele estava sentado à mesa no mezanino do bar, conversando com amigos e fumando tranquilamente seu inseparável charuto. Notei que, apesar do seu ar *blasé*, ele observava tudo ao seu redor, com aqueles penetrantes olhos de águia. Inclusive eu. Acredito que se ele vivesse entre os índios, seu nome seria "Olhos de Águia".

Seis anos depois, eu o reencontrei no teatro onde ele apresentava sua peça *Olivier, Fusca e Fogão*.

Enquanto assistia ao espetáculo, conferindo sua performance no palco, onde ele se apresentava tão divertido e espontâneo, assim como é na vida real, pensava no que aquele homem aventureiro, inteligente e perspicaz, que viajou por tantos lugares do mundo a bordo de seus fuscas, ou em aviões e outros meios de transportes, teria a dizer sobre relacionamentos nas baladas.

Ele me recebeu em seu apartamento, um charmoso *loft* no 11º andar de um antigo edifício que fica bem no centro da cidade, no coração de São Paulo, em um local que só mesmo alguém tão excêntrico e ao mesmo tempo simples e natural como Olivier escolheria para viver.

De bermuda e camiseta e, é claro, um charuto na mão, ele parece muito mais jovem do que é realmente. Enquanto prepara um almoço em sua enorme cozinha industrial ambulante, da qual não se separa nem por um decreto – aliás, a mesma que usou no palco para encenar a peça na qual ensina a plateia a cozinhar –, ele expressa sua opinião sobre o assunto que coloco em pauta.

IRONICAMENTE, PARA UM HOMEM ACOSTUMADO A DAR RECEITAS, A PRIMEIRA COISA QUE OLIVIER DIZ É...

Não há receitas nem lugares específicos para se encontrar amigos e, muito menos, o amor. A noite pode, sim, proporcionar grandes encontros amigáveis ou amorosos, porque somos seres carentes e estamos mais abertos a relacionamentos quando não estamos trabalhando, apenas nos divertindo. Por outro lado, se estivermos ansiosos por encontrar alguém ou esperando que aconteça alguma coisa especial, essa procura pode ser decepcionante. Mas, acima de tudo, não acredito que o estado emocional de uma pessoa, mesmo que esteja aberta e deseje relacionamentos, possa lhe trazer isso. Em minha opinião, o que vai possibilitar fazer verdadeiros amigos e até encontrar um grande amor não é a vontade que isso aconteça, e sim a postura que se assume diante disso. Acredito que a única maneira de se obter isso, especialmente numa balada, onde em nome do social muita gente usa máscara, é tirá-la e ser verdadeiro, autêntico. Em primeiro lugar, ser sincero consigo mesmo. No mundo todo, as pessoas querem amar e ser amadas. Isso faz parte da raça humana, apesar das diferenças culturais. O que impede os relacionamentos são os preconceitos e julgamentos das pessoas. Não pode haver mais isso. Estamos no século XXI. Eu, particularmente, já encontrei muita gente legal na noite. Fiz muitos amigos, grandes amigos.

QUANDO PERGUNTO SUA OPINIÃO SOBRE SEXO NO PRIMEIRO ENCONTRO, E A MANIA QUE O HOMEM BRASILEIRO TEM DE JULGAR A MULHER DEPOIS QUE A LEVOU PARA A CAMA, OLIVIER USA UMA EXPRESSÃO MUITO ENGRAÇADA...

Eu acho que se o homem for um jesuíta e assumir uma postura rígida e intolerante...

VOCÊ QUER DIZER UM PURITANO? (risos)

Sim. O homem que julga a mulher por ela ter saído com ele depois que acabou de conhecê-la numa balada é um inseguro. Conheceram-se, atraíram-se, saíram, e daí? Pode ser ótimo e virar uma relação séria. Acho terrivelmente deselegante qualquer tipo de julgamento na época em que vivemos. É preciso se atualizar. As coisas mudaram. E pergunto: se o cara é tão puritano, por que, então, ele saiu com uma mulher na primeira noite em que a viu?

DESPEÇO-ME, AGRADEÇO E, QUANDO ELE FICA ME OLHANDO ATÉ O ELEVADOR COMEÇAR A DESCER, DIGO-LHE EM SILÊNCIO: *AU REVOIR*, ATÉ A PRÓXIMA, "OLHOS DE ÁGUIA".

A CAMPEÃ BRASILEIRA DE TIRAGEM DE CHOPE E O BATERISTA DA CANTORA CHAKA KHAN

A entrevista com a *barwoman* do PUB CHARLES EDWARD (SP) foi marcada para as 19h30. Horário em que o movimento normalmente é mais fraco e ela poderia se dar ao luxo de largar seu disputado balcão por algum tempo para conversar comigo. Entretanto, não recebo o torpedo que ela manda avisando-me que, por motivos de força maior, o bar, naquela noite, só abriria mais tarde. Quando chego, pontualmente, a casa estava fechada. Ligo reclamando! Bom pra mim! Ela pede que eu volte às 23 horas, prometendo que, desta vez, vai falar comigo.

Quando entro no bar lotado, fico pensando como a solicitada VIVIAN ALINE SALMERON SILVA, CONHECIDA COMO "VIVI" – agora mais paparicada ainda, depois que se sagrou campeã brasileira do Brasil

Master Chopp 2008, no campeonato mundial da Bélgica de tirada de chope, conquistando um honroso 10º lugar – vai largar todas aquelas pessoas que só querem ser atendidas por ela, principalmente quando querem chope.

Mas ela agora é famosa. E quem pode, pode! Assim que me vê, pede para alguém substituí-la e me leva para o escritório do bar.

Com apenas 26 anos, simpática e sorridente, a única mulher que participou do campeonato de tiragem de chope, vencendo trinta candidatos, todos homens, é, sem dúvida, também uma verdadeira terapeuta baladística.

> Sempre fiz amizade com os clientes. Muitos deles acabam se tornando amigos de verdade e nos falamos também fora do bar. Os mais chegados (homens e mulheres) têm meu telefone, e a gente está sempre se comunicando, jogando conversa fora e trocando e-mails. Já fui cupido de quatro casais, que apresentei e estão juntos até hoje. Apesar da loucura que é servir atrás de um balcão, a gente não pode deixar de observar o que acontece na balada. É quase sem querer. E, nesses cinco anos que trabalho na noite, cheguei à uma conclusão: as pessoas que estão procurando alguém ansiosamente acabam se dando mal. Criam uma grande expectativa, porque, no fundo, todo mundo quer encontrar um grande amor, e quando isso não acontece vão para casa frustradas. Aqueles que estão lá só curtindo, sem a "neura" de ganhar alguém de qualquer jeito exalam algo mais leve e descontraído que acaba atraindo outras pessoas, e tudo acontece naturalmente. Eu sinto isso só de olhar. De alguma forma, a gente acaba identificando quem está desesperado(a) para encontrar alguém e quem está ali se divertindo em primeiro lugar. Até quer namorar, mas, se não pintar ninguém, tudo bem. Eu acredito que o fator determinante para se relacionar é o estado da pessoa no momento. Quando alguém sai na fissura de encontrar alguém, acaba armando um bloqueio.

> Acho que, se as pessoas colocassem a amizade na frente da paquera, nas baladas, acabariam se dando melhor. Conheci o

grande amor da minha vida aqui no bar. No meu balcão! Mas primeiro rolou amizade. Pintou um clima, trocamos contatos e estamos namorando até hoje.

Essa coisa de relacionamento nas baladas é muito séria. Tinha um cliente que vinha quase todas as noites ao bar e ficava no balcão. Ele era fechado e solitário. Eu era uma das únicas pessoas com quem ele conversava. E sabia que ele procurava avidamente por alguém. Eu tentava lhe apresentar as pessoas, o que mais poderia fazer? Soube que ele se suicidou. Acredito que essa busca incessante o transtornou a tal ponto que ele acabou pirando.

ALGUMA DICA?

A primeira é se abrir para as pessoas. Mas de forma sincera. E sempre sem expectativa de algo mais sério. Fazer amizade e depois deixar as coisas acontecerem naturalmente.

E a segunda, para quem realmente quer namorar, é ser verdadeira. A grande vilã das baladas é, sem dúvida, a insegurança causada pelas mentiras. Tem gente que fica junto, na outra semana, quando o par não aparece, fica com outra pessoa, e dá a maior confusão. O pior é que tanto os homens como as mulheres vêm perguntar para mim se fulano ou fulana ficou com outra pessoa. Eu sempre sei de tudo, mas sempre digo que não sei de nada. Já pensou se eu fosse dedurar todo mundo? Ninguém vinha mais aqui!

DÁ PARA COMPARAR OS RELACIONAMENTOS À TIRAGEM DO CHOPE, CAMPEÃ? (risos)

Para obter um chope perfeito, a gente tem de seguir os nove passos: a purificação, o sacrifício, a alquimia, etc. Mas os principais são a delicadeza e o cuidado com os quais se manuseia a bebida. Acho que isso se aplica aos relacionamentos. Em primeiro lugar, mesmo e principalmente nas baladas, onde todos estão procurando por entretenimento e diversão para se desestressarem do dia a dia, trate as pessoas sempre com muito cuidado, carinho e delicadeza. São seres humanos. Todos esperam por isso. O resto vem naturalmente.

Quando Vivi e eu voltamos ao bar, percebo um movimento fora do normal. É que o baterista da cantora internacional de funk Chaka Khan – que está no Brasil para participar do *Show Domingo de Jazz em São Paulo* –, que, por acaso, está no Charlie Edward, vai dar uma canja convidado pela banda Dancing Days, que toca nessa noite.

A música escolhida é *Kiss*, do Prince, e nem é preciso dizer que o americano CHARLES STREETER arrasa na bateria. Ele desce do palco e volta para sua mesa. Apresento-me, ele sorri e educadamente pede que eu espere um pouquinho. Quando foi chamado de surpresa pela banda para dar uma canja na batera, ele estava jantando, e agora tem de terminar. O gato está faminto! Ele logo termina e, educadamente, me leva até uma mesa. Um *gentleman*!

Quando conto sobre o tema do livro, ele abre um enorme sorriso (é claro que ele tinha imaginado que daria uma entrevista para um jornal ou revista e, quando soube que era um livro, me olhou espantado). Entretanto, logo gostou da ideia. Afinal, *"a book is a book!"*

> Sou de Los Angeles, Estados Unidos, e viajo para vários lugares do mundo.
>
> Não tenho muito a opinar sobre esse assunto, porque estou sempre preocupado com meu trabalho. Em tocar bem. Só tenho 24 anos, e acredito que não possuo muita experiência nesse assunto. Mas posso afirmar que em qualquer balada do mundo, enquanto as pessoas assistem a um show e nos ouvem tocar, elas querem também interagir, relacionar-se com as outras, namorar...
>
> Nunca aconteceu comigo, mas tenho muitos amigos que conheceram seus pares em baladas. Acredito que para isso acontecer só existe uma regra: ser você mesmo! A máscara pode cair junto com a noite, quando virar o dia.

THANK YOU, CHARLES! NICE TO MEET YOU!

NORIVAL, O BATERISTA DO REI ROBERTO CARLOS

Será que desta vez eu consigo? Resolvo pedir uma mãozinha, quer dizer, uma asinha aos anjos. Afinal, é a terceira vez que vou ao show da ótima banda ROCKFELLER, que só tem feras, da qual NORIVAL

D'Angelo é o baterista oficial. Como a maioria das bandas independentes, a Rockfeller se apresenta há mais de uma década nos bares da vida e a gente nunca sabe ao certo onde eles vão tocar. Quando recebo o e-mail da banda me convidando para ir ao show deles em um bar de São Paulo, penso comigo... Será? Das outras vezes que tentei, Norival estava viajando com a RC9, banda do Roberto Carlos, com quem toca há 35 anos. E é obvio que ele só se apresenta com a Rockfeller quando não está com o rei.

Não confirmo minha presença, resolvo ir de última hora, porque o anjo Amiguinho da Noite garante que ele vai estar lá.

Eu acredito. Anjos não mentem. No caminho até o bar, vou pensando que entrevistar alguém que toca desde 1964, integrou as bandas pioneiras de rock pop, e já atuou com Tim Maia e Gal Costa é, no mínimo, educativo. Uma honra.

Ele está sentado em um banquinho no balcão do bar, aguardando para tocar.

Apresento-me para aquele homem de boné preto, aspecto jovial, simpático e sorridente, que jamais alguém diria que é um senhor de quase 60 anos.

Ele abre um sorriso enorme quando lhe conto o tema do livro.

> Não existe lugar para o amor acontecer. Pode ser na feira, em um supermercado ou em qualquer lugar. As pessoas sempre começam a se relacionar achando que é um encontro casual, vão se conhecendo, e o amor acaba pintando. Sou casado pela terceira vez, tenho três filhos e uma história é diferente da outra. Certa vez, conheci uma mulher na noite e ficamos juntos seis anos. Posso dizer que já encontrei um grande amor na balada. Mas é difícil explicar isso. Acredito que seja casual mesmo. Ninguém diz "vou amar aquela pessoa". Simplesmente acontece. Tem de dar chance. Em relação ao sentimento, nada mudou com o tempo. Uma história de amor é a mesma desde o início dos tempos. Só muda a forma. É claro que alguns valores mudaram. O que noto é que hoje em dia há mais preconceitos. A galera de 20 quer ficar livre. E eu também, com essa idade, não ia para uma balada pensando em namorar. Porém, quando acontecia, a gente deixava rolar. Já os preconceitos atrapalham.

Por exemplo, eu nunca tive essa história de pensar mal de uma mulher porque ela fez sexo comigo no primeiro encontro. Faz parte. Será que ainda andam procurando uma virgem por aí? Quando tenho uma mulher, penso que, se hoje ela está comigo, o resto não importa.

Eu acredito mesmo que para se relacionar bem, fazer amizades ou atrair amor, especialmente nas baladas, basta ser natural. Qualquer pessoa que seja ela mesma tem mais chance de se dar bem do que alguém que esteja representando algum papel.

A palavra-chave é naturalidade. Sempre foi assim. Desde 1964...

NAIÁ, A BIG BROTHER "FAZEDORA DE BALADAS"

A espontaneidade e transparência de NÁIA – que ficou conhecida em todo o país depois de participar do programa global **Big Brother** – chega a ser tocante. Converso com uma senhora de 61 anos, mas a impressão que tenho é de estar batendo papo com uma garotona de 15. Eu a encontro no CLUB HOMS, em São Paulo, no baile que ela promove para a Terceira Idade, no segundo domingo, depois que ela deixou a casa. O assédio ainda é grande, e entre seus convidados há muitos curiosos que vão ao baile só para vê-la.

Naiá é rápida no gatilho. Daquelas pessoas que percebem as coisas antes que a gente comece a falar. Eu ia pedir para sairmos do salão porque o barulho era intenso, mas ela se antecipou. Mandou que colocassem duas cadeiras no hall da entrada do baile, perto da bilheteria. Só que quase não conseguia ficar sentada. A todo o momento alguém vinha cumprimentá-la. Notei que ela sabia o nome de cada pessoa que se aproximava e dispensava a todos o mesmo carinho e atenção.

Pessoalmente, Naiá é ainda mais cativante e carismática que na TV. Mesmo com seu jeito despachado, simples e voz estridente, seu charme é inegável. Acredito que tudo isso venha de sua alegria, simpatia e sinceridade. Ela não faz tipo, nem caras e bocas, é o que é. A gente sente que o sorriso juvenil que ela conserva o tempo todo nos lábios e as sonoras gargalhadas entre uma frase e outra não têm nada de ensaiado ou social. Vêm de sua alma, do coração.

Mesmo que ela quisesse fingir, não conseguiria. Ela é transparente – como a definem seus clientes e amigos. Quando o assunto é relacionamento nas baladas, ela se entusiasma e mostra a cicatriz no pé, resultado da cirurgia que fez para reparar os tendões, que se desligaram de tanto dançar. E dá alguns conselhos para quem quer encontrar o amor.

Sempre fui baladeira! Mesmo depois da cirurgia, continuo dançando e não vou parar nunca! Essa história de *promoter* começou há muitos anos, quando eu frequentava uma casa noturna de São Paulo toda semana. Os donos vieram conversar comigo e disseram que eu era muito alegre e queriam que eu os ajudasse a promover a boate.

Eu estava dura, falida, e a primeira coisa que pensei foi: "Vou ganhar o que com isso?" E eles responderam: "Só a bilheteria". Eu não sabia como começar. Mas, como sou de escorpião e gosto de desafios, tracei um plano que deu certo. Nunca mais parei. Ao longo da carreira, apresentei muitos casais que estão juntos até hoje. Nos bailes da Terceira Idade acontece o mesmo que nas baladas de gente mais jovem. Alguns casais só "ficam", como se diz hoje em dia, e outros acabam namorando.

O grande problema é o comportamento da mulher atualmente. Não importa se ela tem 20, 30, ou 60 anos. Aliás, tenho visto senhoras e senhoritas, jovens e idosas agindo da mesma maneira. Elas vão com muita sede ao pote, e os homens se assustam. Não pode.

A mulher tem de manter seu mistério, fazer aquele joguinho de sedução. Paquerar, dar uma olhadinha, mas deixar que o homem tome a iniciativa. E, depois de se conhecerem, ela não pode aceitar um convite para sair logo de cara. Só se for como amiga. O segredo é esse. Ficar amiga do homem primeiro antes de se envolver, para saber com quem está lidando. Porque homem gosta de mulher burra. Então, ela tem de se fazer de desentendida. O quê? Você quer me namorar, eu não tinha entendido! Achei que fosse só amizade... E ir por aí. Ela vai ganhando tempo e, se valer a pena, vai saber. Precisa ser sutil. O homem precisa sentir que está por cima. Se a mulher mostrar que sabe mais que ele, adeus!

A maior parte das pessoas que frequentam meu baile quer encontrar alguém. Mas, para isso, é preciso que a mulher se valorize mais e o homem pare de demonstrar outros interesses. Muitos deles vêm para caçar senhoras ricas. A primeira pergunta que fazem para a parceira, quando vão dançar, é "O que você faz?" Na verdade, querem saber se ela tem dinheiro. Quando elas reclamam comigo, eu as aconselho a responder: "Depende da hora. Você quer saber o que faço de manhã, à tarde ou à noite?" Ou, então, ensino a elas algumas simpatias de amor! AH! AH! AH!

DOUBLE YOU, *PLEASE DON'T GO...*

Literalmente, invadi o camarim de uma casa noturna, em São Paulo, onde a banda DOUBLE YOU — que ficou famosa no mundo todo com a música *Please Don't Go* e outros sucessos — iria se apresentar. Simpáticos e acessíveis, os integrantes da banda, que atualmente mantém um estúdio em Piza, na Itália, e outro em São Paulo, e por isso mesmo fazem longas turnês se apresentando na *night* brasileira, sorriem e me convidam para entrar, quando me avistam na porta do camarim.

— Vocês são músicos de nacionalidades e culturas diferentes, mas juntos já se apresentaram em baladas do mundo todo. Quero saber a opinião de vocês.

WILLIAM NARAINE (O INGLÊS)

Eu acho que nada é impossível, mas não acredito que, nos dias de hoje, as pessoas possam se tornar grandes amigas ou terem relacionamentos sérios se conhecendo nas baladas...

GINO MARTINI (O BRASILEIRO)

Will, eu conheci minha esposa numa balada. Há dezessete anos. Eu não estava tocando naquela noite. Olhei para ela, gostei, me aproximei e fiz aquela perguntinha boba: "Você vem sempre aqui?" Estamos juntos até hoje!

Gustavo Filipovich (o baterista argentino)

Eu também. Foi muito engraçado. Numa balada, depois do show, uma mulher se aproximou de mim dizendo que a amiga dela era minha fã e queria me conhecer. Mas eu nem olhei para a amiga dela. Desde o momento que a vi, foi ela quem eu quis. Estamos casados. Acho que para as pessoas se relacionarem melhor nas baladas só precisam de duas coisas: humildade e respeito.

Tato Cunha (o tecladista)

Eu concordo. Muita gente fica fazendo tipo nas baladas. Isso já é falta de respeito. Quando você vai conversar com a pessoa, logo percebe que ela não é nada daquilo que tentava aparentar... As pessoas têm de ser mais verdadeiras...

JOGO DURO OU JOGO DA VERDADE?

As moças que contaram essa história não autorizaram revelar seus nomes verdadeiros nem a cidade onde vivem. Eu as conheci numa balada, começamos a conversar por acaso e, quando contei sobre o livro, elas se prontificaram em colaborar. Gilda me ligou no dia seguinte. Ela e Betty foram me buscar no hotel onde eu estava hospedada e nosso papo aconteceu na casa de Gilda e Rui, numa tarde muito agradável.

A noite estava fria. Mas Gilda e Betty, duas amigas inseparáveis e baladeiras, sentiam ondas de calor. Não era menopausa. Gilda tinha 26 anos e Betty ia completar 31. Era paixão mesmo. Daquela que deixa a gente cega, surda, muda e burra, porém aquece o coração. Elas se preparavam para mais um encontro com seus paqueras. Rui e Fernando, também amigos inseparáveis e baladeiros, costumavam frequentar aquela casa noturna e, com certeza, estariam lá porque era aniversário da boate, e a festa de comemoração prometia ser inesquecível.

Gilda paquerava Rui; e Betty morria de amores por Fernando. O "chove não molha" já durava três meses. Nem Rui, que era falante e galinha, nem Fernando, mais tímido e calado, tomavam a iniciativa de convidá-las para sair. Os casais nunca ficaram juntos, nem se beijaram, nem nada... Toda vez que se encontravam na balada era a mesma coisa. Os meninos ficavam rondando Gilda e Betty, faziam o maior charme, conversavam, brincavam, davam a entender que estavam a fim delas, entretanto, na hora de ir embora, saíam à francesa ou acompanhados de outras mulheres. Mas nunca voltavam com essas mulheres à balada seguinte.

Então as moçoilas mantinham a esperança. Quando isso acontecia, procurando justificar a atitude de seus amores, elas comentavam entre si que aquelas mulheres com as quais eles saíam eram fáceis e que, com elas, Rui e Fernando só queriam sexo. Eles deviam estar fazendo jogo duro... Com certeza, também estavam apaixonados... Eles tinham medo de se envolver. E arrumavam outras mil desculpas – essas que as mulheres costumam arranjar quando não são correspondidas como desejam. Afinal, todos sabem que MULHER NÃO GOSTA. ELA CISMA.

Entretanto, Gilda tinha certeza de que Rui gostava dela; Betty idem em relação a Fernando.

Elas poderiam estar enganadas. Os moços bem que poderiam estar se divertindo à custa delas. Mas isso não passava pela cabeça delas, duas mulheres bonitas, inteligentes e com certa experiência em relacionamentos amorosos...

Explica-se: elas estavam apaixonadas. Ou cismadas. Por isso, contentavam-se em trocar entre si informações detalhadas sobre as atitudes de ambos quando se encontravam. Passavam horas a fio ao telefone, falando pessoalmente ou trocando e-mails mais longos que escrituras para "analisar" o comportamento de Rui e Fernando, dois marmanjos de 34 e 33 anos, respectivamente. O que elas diziam?

Era mais ou menos assim...

— Betty, você viu como o Rui olhava para mim e a cara de bravo que ele fez quando aquele cara me puxou para dançar? – dizia Gilda.

— E o Fernando, então? Veio dizer que minha minissaia estava muito curta. Depois me fuzilou com os olhos quando eu disse que ia voltar com meu ex-namorado. Ele ficou mal, saiu dizendo que ia ao banheiro e não voltou mais...

Mas, naquela noite, eles não escapariam... Era dia de festa. O bar estaria lotado... e elas tinham um plano. Diriam a Rui e Fernando que a balada estava muito cheia e os convidariam para tomar a "saideira" na casa de Gilda, que morava sozinha. Eles não conseguiriam sair fora e se declarariam. Elas já se viram namorando, fazendo programas a dois casais, casando-se com os eleitos depois de um tempo e sendo felizes para sempre. Quem sabe comadres? Batizariam os filhos uma da outra.

A cigana as enganou. Como nunca tinha acontecido antes, Rui e Fernando chegaram à festa acompanhados por duas moças que elas nunca haviam visto e praticamente as ignoraram quando as duas, possessas, foram cumprimentá-los.

Sem saber direito o que fazer, foram ao banheiro quinhentas vezes, arrumaram outras mil desculpas, até que Gilda deu um "piti" e resolveu falar com Rui.

— Se ele está pensando que vai ficar assim, está muito enganado, vou falar com ele agora! Para mim chega! – disse meio chorosa.

— Você vai falar o quê? Está louca? Vamos fazer o mesmo! Pegar dois gatinhos e fingir que não estamos nem aí – sugeriu Betty.

— Eu vou falar a verdade, tudo o que estou sentindo!

Betty ainda tentou segurá-la, mas Gilda nem ouviu.

Ela viu quando a acompanhante de Rui foi ao banheiro e se aproximou dele, que estava no balcão.

— Eu quero falar com você, Rui. Qual é a sua? Esse tempo todo você deu em cima de mim, demonstrou interesse, achei que você estava a fim de mim e agora aparece aqui acompanhado? Eu estou superchateada. Quem é essa moça, sua namorada, noiva, onde a escondeu esse tempo todo?

Rui fez menção de responder, mas Gilda, possessa, não lhe dava chance. Falava feito uma matraca e, quando viu a moça chegando, saiu de perto.

– E aí, o que ele disse? – perguntou Betty.

– Nada. Ele não disse nada. Eu vou embora.

– Pois eu não. Vou ficar com aquele gato – disse, apontando o dedo para um moreno – e vou beijá-lo na cara do Fernando. Ele vai ver só!

No carro, de volta para casa, Gilda teve um ataque de choro, e só depois que se acalmou se deu conta de que Fernando não disse nada porque ela não deixou que o coitado abrisse a boca.

Quando Betty chegou em casa, já de madrugada, a primeira coisa que fez foi ligar para Gilda.

– Gilda, você não vai acreditar! Você virou as costas, o Rui pegou a moça e foi embora também. Ele estava com uma cara! E eu fiquei lá com aquele gatinho. A última vez que vi o Fernando, ele estava dançando com uma baranga... Mas eu fingi que não vi. E você, como está?

– Olha, Betty, eu não quero mais saber. Já chorei muito até agora, e estava quase dormindo. Acho que a gente esteve enganada esse tempo todo, e esses caras nunca foram a fim de nós... Só estavam zoando.

– Você não devia ter ido se rebaixar, falar com ele, pedir explicações, afinal você não tem nada com ele...

– Não acho que falar a verdade rebaixa alguém. Muito pelo contrário. Estou em paz. Que ele seja feliz! Eu nunca mais vou àquele bar... Eu, realmente, estava apaixonada por ele, e agora que eu sei qual é, vou tentar esquecer...

– Tenho de dormir, acordo cedo amanhã. A gente se fala. Um beijo!

– Outro.

Quase um mês depois da festa, o celular de Gilda tocou.

– Gilda, é o Rui. Você pode falar?

Gilda estava dirigindo e, quando ouviu a voz de Rui, que nunca havia ligado para ela, quase teve uma coisa.

Coração disparado, estacionou o carro, tentou controlar a voz, e disse:

– Pode falar. O que houve? Você nunca me ligou antes...

– Calma, não seja agressiva, sei que está brava comigo. Você nunca mais voltou ao bar, fiquei preocupado.

– Por quê? Você sentiu minha falta? E a sua namorada?

– Que namorada, Gilda? Você não me deu chance de explicar... Aquela é minha irmã que mora nos Estados Unidos e estava de passagem pelo Brasil. Eu ia te apresentar, mas você não me deixou falar...

Gilda emudeceu. Não sabia se ria, chorava, pedia desculpas...

– Gilda, eu estou te ligando porque quero te ver e conversar sobre as coisas que você me disse naquela noite. Quer jantar comigo?

– Quando?

– Pode ser esta noite?

– Pode.

Então me passe o seu endereço que eu passo para te pegar.

Mal acreditando no que tinha acabado de acontecer, Gilda ligou para Betty, que também nunca mais tinha ido ao bar. As duas estavam frequentando outras baladas a fim de esquecer seus desafetos.

Embora sentindo um pouco de inveja, Betty deu a maior força para Gilda encontrar Rui e ouvir o que ele tinha a dizer. Ao desligar o celular, Betty teve a certeza de que, ao contrário do que julgou na época, Gilda é que estava certa em abrir o jogo e ser sincera. Lembrou que, mesmo agora frequentando outros lugares, o assunto

Rui e Fernando continuava em pauta entre ela e a amiga, embora com menos intensidade, mas cada vez que se falava no passado, ela acusava Gilda de ter sido "idiota" e se gabava em ter "saído por cima" da situação.

— E agora? — pensou. — Se eles se acertarem, ainda vou ter de me desculpar... Gilda estava certa, a idiota era eu... Se eu tivesse a mesma atitude com o Fernando, talvez ele também ligasse para mim... Mas aposto que aquela não era irmã dele... Agora não adianta ficar aqui pensando, nem sei o que vai rolar com a Gilda e o Rui. Talvez ele só queira se desculpar e ficar amigo dela.

Mas Betty estava enganada outra vez.

No jantar, Rui foi direto ao assunto:

— Gilda, quero me desculpar com você. Naquela noite, você foi tão sincera que me desarmou. Eu ficava enrolando porque sempre achei você uma gata, tinha o maior tesão, mas não queria namorar. E sabia que, se me envolvesse com você, não ia só ser uma noite. Mas, depois que você me disse aquelas coisas e desapareceu do bar, eu não consegui tirar você da minha cabeça. Percebi que você estava gostando de mim de verdade, o que eu não tinha certeza até aquela noite, e aquilo mexeu comigo. Eu estava tomando coragem para te ligar, explicar o que você não deixou naquela ocasião... te dizer que eu não queria te magoar...

— Não se preocupe, Rui, não sei o que me deu. Eu nem tinha o direito de te dar aquela intimada, a gente nunca teve nada. Eu é que "viajei" e disse o que estava sentindo naquele momento. Eu é que te devo desculpas...

No carro, continuaram a conversa e, de repente, Rui perguntou:

— E agora, você ainda sente alguma coisa por mim ou já passou? Por favor, seja sincera como você foi naquela noite.

— Quer saber? Quando você chegou em casa para me pegar, antes de entrar no seu carro, minhas pernas tremiam tanto que eu não sabia se ia conseguir falar alguma coisa...

— Eu também. Estava tão nervoso... Isso quer dizer que você ainda está a fim de mim?

— Desde o dia em que te conheci...

— Você vai me dar uma chance de fazer agora o que eu nunca fiz antes?

— Depende...

Rui não esperou. Parou o carro e a beijou.

Depois de três meses de namoro, decidiram morar juntos. Voltaram a frequentar as baladas juntos e adotaram uma criança. O nome da menina? VITÓRIA.

Quanto a Betty e Fernando, continuaram se estranhando. Fernando continuou amigo de Rui, e Betty de Gilda. Mas os dois marrentos evitavam se encontrar na casa do casal. Frequentavam as mesmas baladas, viviam trocando farpas, trocando de pares constantemente, mas nenhum dos dois se acertou.

Bem que Gilda e Rui tentaram fazer com que os dois se entendessem. Mas eles se recusavam a parar de perder tempo.

A empregada entra na sala para servir um suco.

Troco um olhar cúmplice com Gilda, olho firme para Betty, e pergunto:

— E aí, Betty, como é que vai ficar essa história? Por que você não segue o exemplo de Gilda, chama o Fernando para uma conversa e abre o jogo?

Ela me olha enfurecida.

— Que jogo? Eu não gosto mais dele. A fila andou...

— Andou mesmo?

— O que adiantaria, ele é um galinha, idiota, burro, grosso, um filho da...!

Gilda e eu caímos na gargalhada. Betty diz que vai ao banheiro.

— Aposto que ela foi chorar! — Gilda me confidencia.

— Mas você não pode fazer nada? Já sondou com seu marido se o Fernando gosta dela?

— Claro! Mas você sabe como os homens são unidos. Ele não abre. Pede-me para deixar o tempo resolver isso. E, quando pergunto o que ele fala sobre a Betty, adivinha? Fernando diz que ela é uma idiota, galinha, grossa, uma filha da...!

Caímos na gargalhada de novo. Betty voltou do banheiro. Despeço-me das duas, tenho de correr para o aeroporto, agradeço os depoimentos e, antes de sair, não consigo me controlar:

— Betty, não tenho nada com isso, mas há um ditado que diz "O amor e o ódio estão muito próximos". Quando encontrar com Fernando numa balada, pegue seu celular e ligue para o poderoso anjo baladeiro CUPIDO NOTURNO. Com certeza, ele vai te ajudar a resolver essa história.

Ouço o chacoalhar do rabo e o balançar dos chifres. Pela resposta da moça, identifico a DIABA GALINHA que se aproxima dela.

— E quem disse que eu quero resolver isso? Só concordei em te dar esse depoimento porque foi uma coisa legal que aconteceu no passado... Na época, tinha a ver, agora não. Essa história acabou! Com Gilda deu certo, comigo não... Quero mais é continuar sozinha, paquerar todos os homens... Quer saber? Adoro galinhar!

— Então tá, querida! Se um dia eu escrever um romance cujo título será MEDO E ORGULHO, voltaremos a conversar. Cuidado com a DIABA GALINHA, parece que você está virando uma de suas clientes...

Betty dá uma risadinha amarela. Acho que ela não gostou muito da brincadeira...

Entro no táxi apressada, mas a tempo de ouvir Gilda dizendo:

— Benfeito, viu Betty! Sua teimosa! DIABA GALINHA... Essa é boa! Ah!Ah!Ah!

Quando eu estava terminando de escrever este livro, por acaso voltei à cidade de Gilda e Betty. Do hotel, liguei para Gilda.

A primeira coisa que ela me disse foi:

– Você não vai acreditar! A Betty e o Fernando estão namorando firme! Vão morar juntos! Parece que aquele toque que você deu nela antes de ir embora fez a fera acordar!

– Que maravilha! Como é que foi?

– O Fernando soube que a Betty estava saindo com um amigo dele, se encontraram numa balada, ele arrumou o maior barraco, brigaram na frente de todo mundo. No meio da confusão, ela deixou escapar que gostava dele e acabaram indo embora juntos! Não se largaram desde aquela noite...

– Será que ela ligou para o anjo CUPIDO NOTURNO, como eu a aconselhei?

É ele quem responde:

– E precisava, dona escritora? Eu só te trouxe de volta a essa cidade antes de terminar o livro para provar que minhas flechas são infalívei, e funcionam mesmo nos corações marrentos! Pode demorar mais um pouco, mas que eu junto os dois... Ah, eu junto mesmo! Eu sempre ganho!

– CONVENCIDOOOOO!!!

Capítulo 8

BALADAS

Alguns tipos de balada

Balada terceira idade (tudo de bom)

Acredito que, por respeito, esse seja o primeiro tipo de balada de que devo falar. Afinal, seus frequentadores começaram a curtir os bailes em meados do século passado, quando a maioria dos baladeiros de hoje não tinha nem nascido.

E quem pensa que nas baladas frequentadas pelos maiores de 60 anos vai encontrar velhinhos e velhinhas desanimados que só saem de casa para não morrer de tédio ou depressão, está muito enganado. Para começar – embora a grande maioria do público esteja nessa faixa etária – também tem gente de 30, 40, 50... São pessoas que estão lá como acompanhantes dos mais velhos, ou simplesmente porque gostam do ambiente e dos bailes. E eles querem é bailar.

Há muitos jovens que praticam dança de salão, em que aprendem todos os ritmos musicais. Há casas específicas para quem escolhe a gafieira, o samba, tango, forró, etc. Mas quem curte todos os ritmos vai dançar onde? Numa discoteca, num pub, numa boate? Nem pensar. Quem gosta de dançar não está nem aí com faixa etária, frequência do local e outras coisas. Tem boa música? "É lá que eu vou."

Nos bailes promovidos para meninas e meninos maiores de 60 anos – estive em três cidades diferentes –, pude sentir que o clima é o mesmo. Muita dança, alegria, descontração e PAQUERA!

É claro que o ritmo é mais lento que nas baladas. A banda dá um intervalinho entre uma seleção e outra – os músicos tocam um pouco de tudo; de antigos sucessos aos mais modernos; de bolero a *rock'n'roll* –, para que os homens possam levar suas parceiras de volta às mesas e escolherem outras para acompanhá-los na próxima seleção. Só não vale dar tábua! É um insulto! "As meninas" que recusam os convites quando são tiradas para dançar ficam malfaladas! "Os meninos" são unidos (em qualquer idade). Rapidamente, "o insultado" espalha que fulana deu uma tábua nele. Os outros não se aproximam. Resultado: a senhora que ousou recusar uma dança vai tomar aquele "chá de cadeira".

Pelo que pude apurar, o mais importante nesses bailes é saber dançar. Nessas baladas, a aparência física é irrelevante, mas dançar muito mal é imperdoável. Portanto, se você pretende ir a esses bailes, tome algumas aulas de dança de salão antes.

Entrevistei várias pessoas. Relacionamento sério? Namorar? Encontrar um amor? Pode ser. Desde que o parceiro ou parceira saiba dançar. Aliás, para os frequentadores desses bailes a paquera ou atração podem até começar no olhar, mas é na pista de dança que o homem vai decidir se ficará com a mesma parceira até o fim do baile e vai chamá-la para sair, ou vai ficar dando voltas e escolher "a próxima vítima". No mais, tudo acontece no maior respeito. Bem-intencionadas ou não, as pessoas querem se relacionar, se conhecer. Beijo na boca, de língua? Só alguns casais mais afoitos. A maioria "se comporta".

CONVERSO COM DAVID (MÉDICO ORIENTAL)

Tenho 51 anos e venho uma vez por semana a esse baile porque gosto do ambiente familiar. É diferente frequentar os bares e os bailes. Se alguém escolher frequentar certo tipo de bar, sabe que vai encontrar pessoas do mesmo nível sociocultural. Mas nos bailes, onde a entrada é barata, tem de tudo. A gente não sabe quem é quem. Aqui tem muita gente que vem só para se divertir. Acho que 60% vêm para dançar. Outros para "caçar". Mas também tem gente legal, verdadeira, que quer ter um relacionamento. Conheci uma moça aqui no baile e estamos namorando há um ano. O relacionamento vem de dentro para fora. A gente se dá chance e vai se descobrindo. E foi isso que aconteceu. Eu queria encontrar alguém especial e ela também. Está dando certo!

Uma morena bonita, alta e exuberante se aproxima. Quando me conta que tem 67 anos, não acredito. Sua alegria e alto--astral são contagiantes. E quando o assunto é o amor nas baladas, Carmem vira uma adolescente de 15 anos.

Menina, sou viúva, tenho dois filhos, mas sempre fui amante de bailes. Sou a maior baladeira! Danço rock adoidado. Conheci meu grande amor, meu falecido marido, num baile. Eu estava brava naquela noite porque só tinham nanicos me tirando para dançar. Por causa da minha altura, nunca gostei de dançar com baixinhos. Reclamei com minha mãe, que estava me acompanhando, e ela disse: "Calma!". De repente, entrou um rapaz alto, alinhado... Fomos dançar e eu me apaixonei na primeira pegada, como se diz hoje em dia! Depois daquela noite nunca mais nos separamos.

Sou muito paquerada. A maioria dos homens vem com a mesma conversa: "Você ficou viúva tão nova..." Mas só me entusiasmo quando o cara dança bem. Depois de dois anos frequentando este baile, conheci alguém especial. Namoramos um tempo, não deu certo, mas foi bom enquanto durou. Eu não saio com alguém sem conhecer e namorar, mas aqui rola de tudo. Tem até umas senhoras que, quando os homens não as chamam para sair, xingam eles de brocha ou gay!

– Mas eu pensei que isso só acontecesse nas baladas frequentadas pela moçada...

– Não, querida, mulher é mulher em qualquer idade! (*risos*.)

Ouço o bater de asas do Cupido Noturno, que cochichava em meu ouvido:

— Está vendo, dona escritora, a DIABA SETE LÍNGUAS não respeita nem as idosas. Ela até prefere circular entre as senhoras... Acho que ela se identifica... Porque jovem ela não é, você sabe...

Seguro o riso e volto à entrevista.

— Então, Carmem... Você estava dizendo que...

— Eu acho que as pessoas que querem encontrar um relacionamento nos bailes ou baladas da vida, tenham a idade que tiverem, devem respeitar a si mesmas, em primeiro lugar, e respeitar a vontade do outro.

A MAIORIA DAS MULHERES FICA SENTADA À MESA, ESPERANDO SEREM TIRADAS PARA DANÇAR. SÃO RARAS AS QUE FICAM DE PÉ DANÇANDO. LUCIA, 57 ANOS, É UMA DELAS.

— Eu não sou de ficar parada mesmo. Sabe, no outro baile que eu frequentava conheci um homem cinco anos mais jovem que eu. Eu estava dançando em frente à mesa em que eu estava e ele me tirou para dançar. Ficamos nove anos juntos e fomos muito felizes. Quando perdi meu primeiro marido, comecei a dançar. Para mim é a melhor terapia. Cura o corpo, a autoestima, cura tudo. Agora que terminei com esse namorado, voltei aos bailes e já estou de olho em outro!

NOTA DA AUTORA: *como eu já disse, em qualquer idade, não se deprima com o fim de um relacionamento. Nunca deixe de se divertir e fazer o que você realmente quer. Todo mundo sabe que ninguém é de ninguém. Como dizia minha amiga Bete Bimbatti, que já está no céu e adorava curtir o glamour e alegria da* night: *"Quem precisa de um marido óbvio?" Ela se referia ao primeiro companheiro, que não gostava de sair nem permitia que ela saísse sozinha. Então ela se separou e se casou de novo com Euclides Bimbatti, um homem muito bacana, outra cabeça, sensível e, como todo aquariano, anos-luz à frente dos demais signos do zodíaco. Dinho, como é conhecido pelos amigos, também não é baladeiro, mas deixava que Bete saísse com suas amigas. Quando perguntei a ele:*

— E aí, Dinho, você não se incomoda mesmo de deixar a Bete sair sozinha?

Ele respondeu:

— Por que eu me incomodaria? Eu a deixo cair na balada uma noite e ela fica de bom humor a semana toda.

Homem inteligente é outra coisa... (Que todos os meninos, especialmente os homens maduros, que em sua grande maioria costumam ser "machões", aprendam com Euclides...).

É claro que isso vale também para mulheres possessivas e ciumentas que não gostam de sair, mas fazem uma verdadeira guerra quando seus maridos querem cair na *night* sozinhos.

Quer saber? Sempre vejo nas baladas pessoas casadas, homens e mulheres que, de vez em quando, só querem se divertir com amigos, e quando estão desacompanhados(as) acabam não fazendo nada de mais.

Relaxem, meninos e meninas comprometidos. Quem quer pular cerca não escolhe exatamente uma balada cheia de gente. Há sempre um fotógrafo ou uma língua na mira.

CUPIDO NOTURNO E AMIGUINHO DA NOITE CONCORDAM:

— Isso mesmo, dona escritora! Quando vocês, terrestres, aprenderem a dar liberdade a seus pares serão muito mais felizes. Não entendemos esse estresse do ciúme e da possessividade entre os humanos. O fato de alguém sentir ciúme ou ser possessivo vai impedir o outro de traí-lo? Não vai mesmo. Então, para que alimentar esses sentimentos? Além de não resolver nada, faz muito mal para quem os tem e prejudica a relação!

BALADA *LIGHT*
(MENOS GENTE, MAS TODOS DE BEM COM A VIDA)

RIO DE JANEIRO

Tem "fazedores de baladas" que parecem ter um dom especial de proporcionar bons momentos aos seus clientes. Pequenas delicadezas no meio do agito fazem toda a diferença.

Meus amigos e eu chegamos a um bar em Ipanema (RJ) cerca de uma hora da madruga para mais uma noite de conversa-fiada. Os últimos clientes estavam indo embora. A noite estava linda e... "Amanhã vai dar praia." Talvez seja por isso que no Rio e em outras cidades praianas a noite termine mais cedo. Já íamos voltando para o carro, quando um amigo nos chamou. No andar superior do bar, a boate estava funcionando. Havia uma fila enorme na escada. Devia estar bom. Apesar do espaço não ser muito grande, tinha até um pequeno palco onde rolava música ao vivo. A banda já tinha parado de tocar, mas a galera continuava animada. E que galera! Só gente bonita e simpática. Todo mundo falando com todo mundo, dançando na pista ao som de músicas de todos os estilos musicais e épocas diferentes (até mesmo algumas bizarras, aquelas bem cafonas) e se divertindo de maneira bem descontraída. É claro que tinha pegação, mas o que chamo de balada *light* é aquela onde ninguém está preocupado em "pegar alguém" e tudo flui mais leve e gostoso.

Em quinze minutos lá dentro, conheci um monte de gente bacana.

No Rio é normal encontrar famosos nos bares e nas boates. Ninguém liga para isso. Mas duas garotas de Florianópolis, que entraram fotografando tudo o que viam pela frente, se deslumbraram ao reconhecer um ator de *Malhação*, o seriado global. A loira compridona era muito engraçada. Com aquele sotaque peculiar do Sul do Brasil, demonstrou tanta espontaneidade ao falar com as pessoas e descobrir o famoso (pedindo para tirar uma foto com ele e falando pelos cotovelos) que acabou conquistando a galera e fazendo muitas amizades.

De repente, na pista de dança começaram a cair pétalas de rosas. Lá em cima, no mezanino, dois homens jogavam flores enquanto a galera dançava. Perguntei ao garçom (um garotão sarado) se estava havendo alguma comemoração especial. E ele respondeu educadamente:

– Quase todas as noites a gente faz isso. É uma maneira de fazer com que vocês se sintam especiais...

O astral era tão bom que, mesmo os funcionários dando sinais de que já estavam fechando a casa, ninguém queria ir embora.

> NOTA DA AUTORA: *o ser humano anda tão carente, na era em que até as pessoas e os relacionamentos se tornaram descartáveis, que qualquer forma de atenção e carinho é valorizada. Ouvi uma garota muito bonita comentar na saída da boate:*
> *– Não ganho flores de ninguém há tanto tempo... Pelo menos hoje jogaram pétalas em minha cabeça. Vou dormir feliz!*

Aposto que não foi só ela. Mesmo não acontecendo nada de especial, só o fato de participar de uma noitada leve e descontraída e sentir-se homenageada e integrada já é o suficiente para qualquer pessoa se sentir bem.

Balada Artilharia Pesada
(meninos e meninas atiram para tudo quanto é lado)

Ele

Sozinho, com um amigo ou numa roda com vários amigos, mexe com toda mulher que passa, diz as mesmas bobagens, tipo "parabéns" ou "você é a mulher mais bonita do bar" ou, o que é pior: "meu amigo quer te conhecer" (se ele soubesse que a maioria das mulheres odeia essa frase e que, ao dizer isso, passa para o amigo um atestado de incompetência...).

Agarra qualquer uma pelo braço, toca no ombro ou, se for mais ousado, pega a escolhida de frente e pede um beijo na boca. Isso quando não a beija sem pedir licença. Se a agarrada segue em frente, achando graça ou injuriada, ele repete o gesto idêntico com a próxima vítima. Às vezes, dá sorte e uma gata para tentando ouvi-lo. Então, ele começa a conversar, olhando para trás, para os lados, para a frente, menos para ela. É que o tal Demônio Pega-Pega está tão viciado nesse jogo e tão acostumado a levar o fora que já está se preparando para dar o próximo tiro. Numa dessa, perde o foco, o primeiro alvo, o segundo, o terceiro, e acaba sozinho e sem munição. E o que é pior: com a pólvora na mão.

Incompetente ou inexperiente, o vacilão não percebe que, se primeiro fizesse o jogo da sedução, lançando sorrisos e olhares para a gata que escolhesse, mostrando que estava a fim dela, e não de todas as outras, para depois se aproximar educadamente puxando papo, atrairia os anjos Cupido Noturno e Amigo da Noite. Com ajuda deles, teria muito mais chance de conseguir algum tipo de relacionamento ou até mesmo ter uma noite de prazer...

Ele estaria, sobretudo (doidão ou careta, zoando ou não), colocando-se em primeiro lugar, como um ser humano que respeita os outros seres humanos. E, com certeza, essa atitude correta geraria uma boa energia, que voltaria para ele de forma positiva, se não naquela, com certeza nas próximas baladas, porque tudo o que a gente planta, a gente colhe.

> DICA DA AUTORA: *se você faz parte desse time, experimente, na próxima balada, despachar o* DEMÔNIO PEGA-PEGA *e vibrar na dos anjos. Você ficará muito mais satisfeito...*

ELA

Sozinha, com uma amiga ou numa roda com várias amigas, a moça parece não saber o que quer ou finge não saber. Olha para os homens sozinhos, acompanhados, para o DJ e até para os garçons e seguranças mais sarados. Ou fica dançando numa rodinha de amigas fingindo que não está nem aí para ninguém. Entretanto, se a amiga começa a conversar com um gato, ela continua flertando com todos e olhando de rabo de olho (ou descaradamente) para o gato que a amiga atraiu. Vai quatrocentas vezes ao banheiro, literalmente atirando para tudo quanto é lado. Encontra os DEMÔNIOS PEGA-PEGA pelo caminho, não se deixa agarrar por nenhum porque no bar está um cara com quem ela está flertando, perto da porta, pela qual faz questão de passar mesmo sem necessidade. Azara o segurança, com quem troca olhares e sorrisos; lá na outra ponta está o moreno, dono da casa, que ela pensa em namorar (só que ele já tem namorada); e na mesa de som o DJ, para quem ela pede uma música a cada 15 minutos. De repente, ela percebe que todos foram embora ou já se arranjaram. Menos ela. Numa última tentativa, a DIABA GALINHA corre para o lado da amiga que está há um tempão conversando com um gato e começa a dar em cima dele vulgarmente. A amiga se aborrece, vai embora e, assim que ela sai, o cara a ignora. E a DIABA GALINHA acaba sozinha. Vai para sua casa atirar com seu revólver de água no ursinho de pelúcia que a espera em sua cama. Ou, na saída da balada, encontra o DEMÔNIO PEGA-PEGA, que também não pegou ninguém e resolvem se consolar mutuamente. Por uma noite, é claro.

Desesperada para encontrar um homem, por carência, necessidade, vício ou mera competição (ela precisa ser melhor do que as amigas), a DIABA GALINHA perde totalmente a compostura, fere sentimentos e, na maioria das vezes, o que consegue com esse comportamento é uma noite de sexo (isso quando consegue) e a perda de amizades verdadeiras.

Se ela ficasse na dela, escolhesse alguém que a atraísse, mirasse no alvo – caso não fosse correspondida, aí, sim, miraria outro alvo – e sutilmente "atirasse" sorrisinhos e gracinhas, com certeza Cupido Noturno e Amigo da Noite lhe dariam uma "asinha" e ela teria mais chance de encontrar alguém não só para transar, mas para "SE RELACIONAR". O que, na realidade, é o que a maioria das mulheres quer.

> Dica da autora: *Se você faz parte dessa gangue, pare de atirar para tudo quanto é lado ou fingir que não está atirando para nenhum. Escolha SEU ALVO. Numa balada, perguntei aos meninos o que eles achavam de cinco garotas que dançavam entre elas numa rodinha. Eles foram unânimes: "Elas estão a fim de curtir entre si. Não estão a fim de ninguém".*

Homens são objetivos, não entendem esse tipo de joguinho. Se você olha, é porque está a fim e ele tem chance de se aproximar. Se você está a fim, mas disfarça, ele entende que você não está a fim e ponto-final.

Sobre a Diaba Galinha também deram a mesma resposta: até que ela é gostosinha, por uma noite dá para encarar... Ela está louca para dar para alguém...

Balada do vaivém,
onde ninguém pega ninguém
(meninos e meninas perdidos no espaço)

Para quem não conhece Búzios (RJ), a famosa Rua das Pedras, repleta de restaurantes, bares e lojas charmosos, sempre foi ponto de encontro e paquera. Mas não é tão fácil assim rolar uma pegada, porque por lá passa tanta gente bonita, linda messsssmo, indo e vindo, passeando de lá para cá, que a galera fica mais perdida que cego em tiroteio. Quando o gato pensa em paquerar aquela gatíssima que está passando, aparecem mais e mais gatas deslumbrantes, de todas as raças e todos tipos, que quando a primeira gatíssima volta, sua atenção já foi desviada – tudo em um curtíssimo espaço de tempo.

Quando eu morava no Rio, frequentava Búzios regularmente, nos fins de semana, feriados e até nas temporadas. Certa vez, recebi duas amigas de São Paulo e uma de Belo Horizonte. Na Rua das Pedras elas surtaram. A todo o momento, elas vinham me dizer que estavam paquerando esse, aquele, o outro, e depois já tinham mudado o foco para outros gatos que chegavam e estavam passando na rua pela primeira vez. Resultado: acabaram sozinhas.

Além disso, ali também circulam muitos globais que "ao vivo e em cores" acabam roubando a cena e dispersando a paquera.

E é por isso que aquela sagrada e profana passarela da beleza foi rebatizada pelos cariocas como "a rua do vaivém, onde ninguém come ninguém".

Algo parecido acontece nas grandes festas badaladas (inaugurações, festas promocionais, etc.). Os convites são disputadíssimos, tem gente que até se prostitui, "no bom sentido", para conseguir ser convidada (como dar um selinho naquele gato que ela sempre esnobou, mas que agora tem um convite para a festa; ficar amiguinha ou fazer uma social com os organizadores; puxar o saco dos *promoters*; forjar uma credencial de imprensa, etc.).

Em toda balada desse porte a adrenalina começa dias antes, a divulgada festa cai no boca a boca e vira o assunto do momento. Em toda cidade é a mesma coisa. Basta a moçada saber que vai rolar o evento, começa a agitar para descolar um convite.

Mas, quando acontece a grande noite tão esperada, tem tanta gente bonita fazendo caras e bocas, desfilando para lá e para cá, comida e bebida à vontade e de graça, famosos sendo fotografados a todo o momento, aspirantes a famosos que grudam neles na esperança de conseguir seus cinco minutos de fama, todos querendo ver, ser vistos, e se dar bem, que no fim, salvo algumas exceções, ninguém pega ninguém.

E, no dia seguinte, quando o(a) amigo(a) pergunta:

– E aí, como foi a festa?

– Ah, foi maravilhosa, você perdeu... Tanta gente famosa, bonita...

– Ficou com alguém?

– Ah, meu celular está tocando, depois eu te ligo para contar o resto...

DICA DA AUTORA: *como sou repórter, cobri incontáveis festas desse tipo. E também fui apenas como convidada. Se você nunca foi "À FESTA" e tem curiosidade de conhecer e participar, mentalize que um dia alguém te convidará. Veja o convite vindo parar em suas mãos. Ou peça aos anjos baladeiros.*

Quando você chegar à festa, ficará tão deslumbrado que pensará "A autora daquele livro é louca, olha que festa fantástica, que maravilha..."

Entretanto, quando você estiver indo para casa, pensará: "Curti muito essa festa, me diverti, tudo estava tão lindo, mas... sabe que a autora daquele livro até que tinha razão... não foi tudo aquilo que eu esperava!

É claro que você pode se dar bem, toda regra tem exceção. Eu mesma me dei bem em várias delas e, numa festa inesquecível que abalou São Paulo, conheci um homem com quem namorei por muito tempo. Contudo, na maioria das vezes, é pura ilusão.

Mais fácil se dar bem em festas menores, sem muita badalação, onde as pessoas, antes de pensarem em fazer caras e bocas e "sair bem na foto", estão procurando caras e bocas para se relacionarem.

BALADA SHOW AO VIVO
(AS BANDETES)

É engraçado o efeito que os músicos, especialmente os vocalistas, causam nas mulheres quando estão em cima do palco. Se elas cruzarem com eles no meio da balada, podem até passar despercebidos. Exceto os que realmente são muito bonitos – o que é difícil. Mas basta estarem um ou dois degraus acima apresentando seu show – mesmo que a banda não seja boa – e darem uma olhadinha estratégica para elas... (truque que todo músico usa para garantir fãs ou possíveis "diversões pós-show") Pronto! A periquita se anima, o ego se envaidece, e ela acha que ganhou a noite! Comenta com as amigas: "Viu?! Ele está me paquerando, cantando para mim. Vou falar com ele depois do show, tenho certeza de que ele vai me chamar para sair...".

Em todo bar de música ao vivo é sempre a mesma coisa. As bandetes se espremem para ficar o mais perto possível do palco, competem entre si, viram fãs e amigas da banda, mas sempre na esperança de um dia ficar com os músicos. Bonitos ou feios, quando estão no palco todos eles exalam uma aura especial que atrai e seduz as mulheres sedentas por "atenções especiais". Depois que o show acaba, a maioria deles, principalmente os mais famosos, vai embora, mas sempre fica algum músico galinha – dando autógrafos ou fazendo uma social, pedindo o celular das peruas, anotando ou fingindo que anota o número – rodeado de bandetes e, conforme sua disposição, escolhe uma delas para passar a noite.

Qual ser humano não se sente envaidecido ao ser notado no meio de um monte de gente por alguém que, naquele momento, é o centro das atenções?

Se um ator famoso e cobiçado estiver andando calmamente pela rua, vai atrair mulheres que, no máximo, lhe pedirão um autógrafo. Mas, se ele estiver no palco de um teatro e o texto exigir que ele faça uma brincadeira com a plateia e a escolhida for justamente você, poderá até se sentir constrangida, se for tímida, mas no íntimo estará tão feliz por ter sido notada que jamais esquecerá aquela noite.

Ah, a vaidade humana...

Nas casas noturnas onde as bandas se apresentam, já vi tantos casais brigando porque a mulher não tirava os olhos do vocalista ou do baterista... que perdi a conta! O namorado nota que a parceira está mais interessada no músico do que no show, e é briga na certa. Isso quando não é motivo para o rompimento da relação, já que o homem, especialmente o brasileiro – machista como é –, se sente tremendamente ofendido e impotente numa situação dessas, por ser trocado por alguém com quem, pelo menos no momento, não pode competir, já que o outro é o centro das atenções. E ela sempre dará a desculpa de estar vendo e curtindo o show.

É claro que há exceções. Sei de alguns músicos que conheceram suas atuais namoradas ou esposas nos bares que estavam tocando, mas isso é difícil acontecer.

PORÉM, PARA AS BANDETES QUE MANTÊM A EXPECTATIVA, AQUI VAI UM CONSELHO DE SUZANA, NAMORADA DE UM DOS INTEGRANTES DE UMA BANDA DE POP ROCK:

> Eu não ligo a mínima para o assédio dessas meninas em cima do meu namorado. Dou risada. Deixo que elas fiquem com a ilusão, porque só para mim ele é real. Para namorar um músico tem de ser tranquila e segura. Às vezes, quando elas dão em cima dele, o vejo apontando para mim, mostrando que tem namorada. Mas finjo que nem é comigo. Fico sempre meio escondida, na minha, evitando confrontos. Esse é o trabalho dele, eu o respeito, e por isso tem dado certo.

Dica da autora:

Para as meninas: *cuidado, esse fetiche pode ser muito perigoso. Não vale a pena perder o namorado ou deixar de paquerar outros gatos na balada com quem realmente pode rolar alguma coisa porque você se encantou com um dos músicos da banda. Como já expliquei, eles dão corda e podem até corresponder à paquera porque precisam manter a clientela. Eles vivem disso. Sabem que, dando uma corda, com certeza estarão conquistando mais uma fã, e você voltará para assistir aos próximos shows trazendo outras pessoas. E a maioria deles, quando acaba de tocar, vai para casa encontrar sua mulher, namorada ou "namorado".*

Para os meninos: *se você notar que sua mulher, namorada ou mesmo a gata com que você está ficando está ligada demais no show ou trocando olhares com aquele vocalista cheio de caras e bocas, disfarçadamente e sem dar bandeira (mulher é teimosa), tire a perua de lá. Invente qualquer desculpa. Vá para um canto do bar onde não dê para assistir ao show, diga que vocês têm de ir embora porque você lembrou que vai acordar cedo, fique com dor de cabeça ou de ouvido porque o som está muito alto, tenha um piti, fique menstruado, faça qualquer coisa – não importa o que – mas saia fora com ela.*

Como já disse, seu rival pode até ser feio e sem charme, mas está em cima de um palco com uma guitarra na mão. É o suficiente.

Balada feijoada no sabadão
(começa na hora do almoço e vira a noite)

Em muitas cidades, sábado é dia de feijoada. Quem nunca ouviu falar das badaladas feijoadas promovidas, no Rio de Janeiro e em São Paulo, pelo empresário Ricardo Amaral, e divulgadas amplamente pela mídia impressa e televisiva?

Na inauguração de um novo bar, com direito a feijoada e banda de pop rock (pasmem! Normalmente rola um pagode), um público bonito e eclético prestigia o evento. E, como não poderia deixar de ser, as modelos que chegam juntas numa van – sentam à mesa juntas, e vão embora juntas – marcam presença para "abrilhantar" a festa. Hoje, elas estão presentes em quase todos os eventos sociais e casas noturnas da moda. Aliás, sempre estiveram, mas, nos anos 1990, era outro tipo de modelos. Aquelas que posavam nuas para as revistas masculinas. Gostosíssimas, carnudas, vestidas com modelitos ousados, que deixavam os homens loucos, cobravam cachês altos para marcar presença nas baladas, especialmente as que tinham feito uma capa de nu recentemente. As modelos contratadas pelas agências mais conceituadas do mundo *fashion* raramente apareciam, especialmente as mais famosas e que trabalhavam muito. E nunca vinham em bando. Aliás, quando eu era modelo, se meus agenciadores soubessem que eu estava na balada na noite anterior a uma gravação, foto ou desfile, perdia o trabalho. Comento o fato com uma publicitária, que se senta ao meu lado, e ela esclarece aquilo que sempre achei estranho.

> Sou publicitária e produtora de moda. Trabalho com modelos. O que acontece é que os bares pagam algumas agências de modelos. Sei até o preço. Em torno de 1,5 mil reais por balada. Essas escalam especialmente as modelos que estão começando com a promessa de que vai ser bom para elas aparecerem, etc. Mas as meninas não ganham nada. Elas têm de se sujeitar porque a maioria tem moradia e tudo mais pago por essas agências. Se elas disserem não, ficam queimadas. Colocam garrafas de bebidas na mesa delas, e as que não estão acostumadas, muitas vezes, acabam "ficando" com os caras, dando uma fugidinha e...

– MAS ELAS ACABAM ASSEGURANDO O SUCESSO DA BALADA, PORQUE VOCÊ SABE QUE O HOMEM PRECISA SE AUTOAFIRMAR E, ATUALMENTE, ESTAR ACOMPANHADO DE UMA MODELO, AOS OLHOS DOS AMIGOS, DÁ IBOPE, MESMO QUE ELE NÃO ESTEJA INTERESSADO NA GAROTA...

> Você sabe o que os meus amigos dizem? Que elas não sabem beijar, não sabem transar e, muito menos, conversar, e que quando abrem a boca para falar é um desastre. Então, eles as colocam ao lado deles como se fossem troféus, ficam por uma noite, porque sair com as modelos dá *status*. Entretanto, a maioria deles afirma que elas são magras e fúteis demais para garantirem o tesão e uma continuação na história.

— Não se pode generalizar. Há muitas modelos que, apesar da pouca idade, são inteligentes, bacanas, sabem conversar, tudo de bom...

— Mas não é a maioria, converse com elas...

— É o que eu ia fazer...

Quando me aproximo da mesa onde umas dez modelos estão sentadas, bebericando e conversando entre si (não vejo nenhuma comendo feijoada), uma morena olha para mim e sorri. Ela tem 20 anos, é de Pelotas (RS) e mora em São Paulo há cinco anos, longe da família e dos amigos, disposta a realizar seu sonho.

— Você gosta das baladas? Acha que pode encontrar um amor numa delas?

— Eu vou às baladas para encontrar amigos e fazer parcerias. Não acredito que possa encontrar alguém especial nem esse é meu objetivo. Mesmo porque os homens não querem nada sério. Querem sair com a gente para dar uma desfiladinha, no dia seguinte somem. Eu não fico com ninguém, mas vejo que as meninas que ficam se dão mal. Também, pudera! As mulheres estão fazendo o papel dos homens. Vejo-as chegando neles, estão muito vagabundas. Porém, essa história de que as modelos saem com todo mundo é mentira. Algumas até fazem isso, e sujam o nome de todas. São Paulo é uma cidade grande, mas nossa turma da modelagem é pequena. Rola boato sem a gente fazer nada. Imagina se fizer! Cada uma tem de preservar sua reputação.

— E como você supre sua carência?

— Com o meu objetivo profissional. E, principalmente, com o apoio da minha família. Não é para namorar que estou aqui.

No mais, a balada feijoada rola como as outras baladas. Começa a anoitecer e, quando a banda de pop rock toca *hits* irresistíveis, as modelos se misturam aos outros convidados para dançar, a paquera rola solta, as pessoas conversam, bebem, conversam, dançam, namoram, bebem e se divertem... Vivem.

Talvez elas queiram esquecer que no dia seguinte só poderão comer um ovo cozido no almoço e uma folhinha de alface no jantar... (brincadeirinha!).

Entretanto, numa casa de samba em São Paulo, o astral é outro. A pequena arquibancada que ladeia o salão – onde a galera descansa, assiste ao movimento na pista ou namora – lembra o ambiente descontraído dos ginásios esportivos e das escolas de samba.

O público é eclético. Jovens, senhores e senhoras, negros, brancos, amarelos, tem de tudo. E muita gente bonita também.

CONVERSO COM JORGE RIBEIRO, CIDINHA E ROBERTO SUPLICY, OS DONOS DESSA BALADA.

A feijoada aqui começa à 1 hora da tarde e vai até 11 da noite. O público vai mudando, tem até família com a criançada, mas o astral é sempre o mesmo. Aquele que o samba proporciona: alegria e descontração.

Dia 23 de abril. Comemorando o dia de São Jorge, seu protetor e, diga-se de passagem, o meu também, Jorge Ribeiro está a mil.

– O samba fala de histórias de amor. É romântico, atrevido, humilde, amoroso. É tudo!

– Por falar nisso, vocês conhecem algum casal que se conheceu aqui e rolou namoro sério?

É Cidinha quem responde:

– Meu ex-marido! Conta ela, rindo e me apontando a figura.

Ela e João Paulo tinham uma casa de samba no Rio de Janeiro. O casal veio para São Paulo, se separou, e ela se associou a Jorge e Roberto. Abriram uma casa na cidade que é o maior sucesso. E seu ex conheceu a atual mulher na balada dela! Não é engraçado?

João Paulo se aproxima e manda:

– Sabe o que acontece? Aqui no Rio ou em qualquer lugar? Onde tem gente há possibilidades. O samba é o dois por quatro que facilita a aproximação.

Roselaine, a atual mulher de João, vai além.

– Não é só isso. O samba atrai o amor porque é coisa brasileira, de pele, de energia!

E o empresário Roberto Suplicy, dono de outros bares famosos, há mais de vinte anos, conclui:

– Todo mundo procura alguém. Mas a palavra-chave para dar certo é uma só: química. Sabe quantos casamentos já vi na *night*?

– Quantos?

– MIL.

BALADA DOS ENDINHEIRADOS
(TODOS QUEREM FREQUENTAR OU PELO MENOS CONHECER...)

UM DOS QUERIDINHOS DOS ENDINHEIRADOS DE SÃO PAULO CHAMA-SE MAURÍCIO NEVES. O maior articulador das baladas da elite paulistana – entre outras casas frequentadas por mauricinhos, patricinhas, celebridades, etc. – foi *promoter* por dez anos do Sirena, em Maresias, e atualmente é um dos donos de uma das casas mais badaladas de Sampa. Achei que ele poderia descrever melhor do que eu o que acontece nas baladas dos ricos. Na maioria, filiais de boates de sucesso na Europa e nos Estados Unidos viabilizadas no Brasil por empresários que investem na vida noturna brasileira.

A noite tem de ter pegação. Esse é o sucesso de qualquer balada. Mas não é o melhor lugar para se arrumar. Na verdade, todo mundo quer frequentar os lugares onde estão os ricos, que são formadores de opinião. É uma pirâmide. Alguns começam a frequentar uma balada, os outros vêm atrás. Até se mudarem para outra casa da moda.

Mas 90% dessa galera financeiramente privilegiada frequentam as baladas por *status*, para se divertir, ver as pessoas e ser vistas. Ninguém pensa muito em encontrar um amor. Eu descreveria a *night* atualmente assim: champanhe gelada, vodca, bundas e seios. Mas isso acontece porque a mulher está muito fácil. Os homens não têm trabalho nenhum, elas caem matando em cima deles.

É claro que o amor pode acontecer. Eu mesmo conheci uma patricinha, filha do presidente da (não posso dizer o nome da empresa), no Sirena, e nossa briga acabou em namoro sério. Ela queria um convite para entrar numa festa, eu achei que ela era esnobe, prepotente e recusei. Pouco tempo depois, nos encontramos em outra situação e acabamos nos envolvendo. Namoramos durante um ano.

O assunto relacionamentos na balada é fascinante. Em todos os lugares em que estive entrevistando alguém, as pessoas que estavam por perto, quase sem perceber, acabavam entrando na conversa, querendo participar também.

Peri, sócio do Maurício, interrompe.

— Maurício, você viu ontem o que aconteceu aqui? Aquelas meninas se jogando em cima dos homens? Eu acho que, no fundo, elas estão carentes. Todo mundo está carente de tudo. De amigos, de boa música, amor... A mulher que chega aos 25 anos quer namorar sério, casar. A verdade é que dinheiro a gente tem. Pouco, muito, mas sempre tem. Agora, relacionamento é mais difícil. Conta para ela sobre a casa que pretendemos abrir.

— É mesmo! Nós já conversamos sobre isso. Queremos fazer uma balada para os endinheirados com música para dançar juntinho, lugar para conversar, que possa ser frequentada pelo público mais jovem e também pelo mais velho, enfim, um lugar para se relacionar, encontrar alguém para namorar porque é claro que os endinheirados também querem amar e ser amados...

BALADA TEATRO
(A GAMBIARRA[1])

Quando ouvi falar que um grupo de atores estava arrebentando com uma festa que promoviam aos domingos, no centro da cidade de São

---

[1] Atualmente, a "GAMBIARRA" se transformou numa balada itinerante, promovida em várias cidades do país.

Paulo, e que os famosos, enfim, tinham encontrado um lugar para curtir a noite sem ser incomodados por fãs e fotógrafos, não pude deixar de conferir. Mas, por ser algo tão diferente que estava rolando na *night*, resolvi não me identificar nem avisar que iria. Se até os artistas pagavam dez reais para entrar na balada (lá ninguém é vip), pegavam fila e não recebiam nenhum tratamento especial, achei que deveria seguir o exemplo.

Fui avisada por uma amiga atriz que deveria chegar antes das 23 horas para não pegar fila (fico arrepiada só de pensar em encarar uma). E lá fui eu para um antigo hotel desativado que fica em um local meio suspeito da cidade e, diga-se de passagem, sem charme algum. A noite estava quente e, de repente, começou a bater um vento gelado. Senti frio, mas, como a fila estava pequena, dominei o impulso de me identificar como imprensa para poder entrar. Pedi ao manobrista que fosse buscar meu casaco no carro e fui atendida prontamente. As pessoas na fila de espera eram simpáticas e, em cinco minutos, eu já estava conversando com todo mundo. Gente desencanada, alto-astral, logo se via que era a galera do teatro.

O porteiro sorridente, os recepcionistas idem, os garçons e garçonetes alegres e prestativos. Será que era mais uma peça de teatro? Uma comédia?

As pessoas que trabalham na *night* geralmente são simpáticas, mas sempre tem alguém de cara fechada ou de mau humor. Será que eu iria encontrar alguém emburrado nos outros ambientes? Afinal, a casa era uma caixinha de surpresas.

Quando a gente chega, acha que é só aquilo: o grande e antigo salão com colunas e espelhos; um pequeno palco onde os DJs tocam Música Popular Brasileira e outros gêneros musicais diferentes daqueles que normalmente tocam nas baladas; um bar; o mezanino. Mas, depois de determinada hora, vão se abrindo outros espaços e a gente descobre mais seis ambientes! É uma loucura! Percorri todos. Não encontrei ninguém de mal com a vida.

O bom astral e alegria são contagiantes, e as pessoas tão na delas, que a gente pensa estar em outro país. Volto para o primeiro ambiente e, do mezanino, identifico os inventores daquela festa. São atores DJs tocando no palco; atores produtores organizando e cuidando para que tudo saia bem; o assessor de imprensa correndo de um lado para outro a fim de atender todos, enfim, tudo acontecendo como em um espetáculo teatral. Só que nessa peça os atores saem do palco para se juntar ao público. Dançam, bebem e conversam com seus convidados. E dispensam os aplausos.

Penso comigo mesma: "O que será que eles pretendiam quando tiveram a ideia de promover essa domingueira?"

TUCA NOTARNICOLA, assessor de imprensa da maioria dos atores de teatro e também um dos donos da balada, me promete uma entrevista com ele e seus sócios.

Como não poderia deixar de ser, marca comigo no ESPAÇO PARLAPATÕES, EM PLENA PRAÇA ROOSEVELT, frequentado pela classe teatral. É lá que muitos atores se reúnem para beber e jogar conversa fora depois de mais uma apresentação.

O barulho no recinto é infernal. Peço para irmos a um lugar mais sossegado, e eles sugerem o banco da praça que fica em frente aos barzinhos. A galera do teatro é muito engraçada. Qualquer lugar é lugar, todo momento é importante, tudo é festa...

Não tem tempo ruim. Ossos do ofício. Acostumados a se transformar todos os dias, de acordo com os personagens que interpretam, sabem que podem temporariamente viver outras histórias que não são as suas, em qualquer lugar, tempo, do jeito que for.

Para eles, estar numa festa regada a champanhe e caviar, sentar em um boteco de quinta categoria, na calçada de uma rua, deitar em um caixão ou numa cama de reis e rainhas é tudo a mesma coisa. Tudo é válido.

Acabamos por ir a um barzinho com mesas ao ar livre. É a atriz ANNA CECÍLIA que inicia a conversa:

> O Alex e eu sempre fomos muito amigos. E festeiros também. Sempre frequentamos as festas do pessoal do teatro, assim como outras baladas também. Juntos ou separados, acabávamos levando muita gente aos lugares. Foi um dia, em um rodízio de massas, que tivemos a ideia de fazer uma festa diferente, onde rolassem gêneros musicais distintos daqueles aos quais a galera está acostumada nas baladas, como MPB, samba rock, etc. E onde a classe artística e teatral pudesse se reunir, dançar e curtir como todo mundo. Então, chamamos o assessor

de imprensa Tuca Notarnicola; o ator Eduardo Reyes; a atriz e DJ Talita Castro e o DJ Mario Rizzo. Fechamos com o dono do hotel e, o que era para ser uma baladinha dominical, já que a maioria dos atores não trabalha às segundas-feiras, virou uma grande festa aberta a todos. A cada domingo, o número de pessoas ia aumentando, a balada ficou famosa e, durante esses meses, acho que realmente viramos terapeutas baladísticos. Vimos vários casais se formarem na nossa festa. Eu mesma apresentei muita gente que colou. Alguns estão casados. Outros já se separaram, mas posso garantir que, apesar de muita gente falar que só vai à balada para desestressar, que não procura nada porque sabe que as coisas não vão passar daquela noite, no fundo, todo mundo busca o amor.

E os famosos que frequentam as domingueiras, caso conheçam alguém interessante, estão abertos a um relacionamento mais sério? Por que a classe artística está sempre trocando de parceiros...

Eu acredito que o artista tenha uma maior compreensão. Especialmente os atores, que trabalham isso diariamente. Fica mais fácil aceitar e tolerar. A gente sabe que o ser humano tem falhas. Se o personagem é um assassino, por exemplo, a gente pensa: "Onde vou buscar esse assassino dentro de mim?" Interpretamos o tal assassino no teatro, mas sabemos que, por um motivo ou por outro, qualquer um pode matar na realidade. Então, imagine um ator que acabou de encenar um assassino na ficção ou qualquer outro personagem ir para a balada logo a seguir? Ele está mais aberto a tudo. O ator está sempre aberto a relacionamentos, principalmente porque na nossa balada ninguém cuida de ninguém. Talvez seja por isso que ele troca de parceiro, caso não dê certo seu relacionamento com alguém. Ele é mais aberto a relações. Julga menos. Sabe que, se não rolou com alguém, vai encontrar outro ser humano que faça mais sua cabeça no momento. Não que ele não sofra por acabar uma relação. Sofre, e muito. Mas digere o sofrimento mais rápida e facilmente. Pela própria profissão. Como já disse, o ator trabalha diariamente a compreensão e a tolerância.

Tuca resume tudo numa só palavra: felicidade.

Eu acho que as pessoas só querem ser felizes. É o que todo mundo procura. E é por isso que nossa balada é tão bacana. Já ouvi um ator muito famoso me dizer enquanto dançava: "Aqui eu sou feliz! Sinto-me bem, livre, eu mesmo!" Creio que as pessoas que buscam o entretenimento só não encontram alguém se chegam à balada duras, fechadas, armadas. Não adianta se produzir, passar seu perfume e ir para *night* que nem amigos ela vai fazer. Tem de estar aberta.

E o ator Alex Gruli chama a atenção para o equilíbrio.

Tenho observado na nossa e em outras baladas que só rolam relacionamentos sérios com pessoas acima de 28 anos. Abaixo dessa faixa etária, a galera está se experimentando. Acredito que a mulher que quiser um relacionamento sério tem de ficar menos exposta. Nos dias de hoje, uma mulher é capaz de subir ao palco e tirar a calcinha. Toma a iniciativa e se comporta como o homem. Tudo bem, mas precisa haver um limite. Houve uma inversão de valores, e o homem está cada vez mais tímido, assustado. Para que aconteça uma relação mais séria, tem de haver nivelamento. Ou seja, se o homem ficou tímido diante da ousadia feminina, é preciso que ela recue e fique mais tímida também. Menos exposta. Mas, voltando ao assunto da nossa balada, mesmo com essas diferenças, já tivemos até casamento lá dentro. É claro que os casais que se conhecem lá dentro somem, porque começam a namorar sério e preferem fazer outros programas. Contudo, ficamos felizes. Temos outra filosofia de vida. E, se sabemos que perdemos clientes por motivo de uma força maior chamada amor, vibramos e ficamos muito felizes. Aliás, este sempre foi nosso objetivo: reunir pessoas e lhes proporcionar felicidade.

Balada dos quatro patas

Quando penso em amor verdadeiro e incondicional, a primeira coisa que me vem à mente é o relacionamento entre um animal e seu dono. Por exemplo, não conheço cachorros que deixaram de amar seus donos porque foram traídos, abandonados ou por qualquer outra razão. Nem que terminaram o namoro ou pediram o divórcio alegando incompatibilidade de gênios.

E, apesar do inverso acontecer cotidianamente – alguns donos abandonam seus animais por vários motivos –, o relacionamento saudável entre pessoas e bichos que realmente se amam é algo que sempre vale a pena ser comentado e divulgado.

Ao longo da minha carreira de repórter, tive a oportunidade de cobrir algumas dessas festas onde as estrelas são os bichos. Tive até um programa na TV com quadros de ecologia e animais, além de escrever para revistas que tratavam do assunto.

Nas "Baladas dos Quatro Patas", assim como nas dos humanos, rola de tudo! E pode dar certo ou não.

A primeira vez que fui a uma balada de cães, eu ri muuuito... Aconteceu numa fazenda, e a recepção foi montada ao redor de uma enorme piscina. Era o aniversário do monstruoso "Conde", e seus donos famosos prepararam uma festança para aquele que chamavam de "meu bebê" (um cachorro que devia pesar uns 60 quilos).

Parecia coisa de filme. Mas era real. No bufê, servido numa mesa de madeira baixinha, que tinha uns cinco metros de comprimento, havia todo tipo de ração, petiscos caninos e guloseimas. Entre os cães convidados (machos e fêmeas de diferentes raças e até vira-latas mimados), pude observar todos os tipos de personalidade: extrovertidos, briguentos, "galinhas", exibidos, tímidos, antissociais, envergonhados, etc. Entretanto, todos pareciam felizes e excitados. Constatei que entre os convidados rolava paquera, brincadeiras, briguinhas, disputas – mas tudo isso num clima muito alegre e natural. E tudo ia muito bem até que algum engraçadinho resolveu abrir as portas que trancafiavam os outros animais da fazenda e, de repente, começou a aparecer porcos, cavalos, vacas e até um pequeno sapo pulando de um lado para outro, para o horror dos convidados humanos – inclusive eu. Os empregados corriam de um lado para o outro na tentativa de recolher os animais; os caninos, ofendidos com os "invasores", começaram a dar piti, e a confusão acabou com a festa.

Não importa. O que se viu ali foi puro amor e companheirismo entre os donos e seus cães. E quem pensa que a cachorrada não entende nada está muito enganado.

Por isso, convidei o conceituado veterinário de São Paulo DOUTOR MARCOS MIGLIANO (CLÍNICA VETERINÁRIA FARIA LIMA) para dar sua opinião. Ninguém melhor do que ele, um profissional competente, sensível, carinhoso e dedicado – que coloca o bem-estar dos animais acima de qualquer interesse financeiro e, ao longo de sua carreira, tem salvado a vida de muitos – para falar sobre isso.

Apesar de haver animais antissociais, os que são criados com muito mimo acabam acreditando que são humanos. É o caso da SISSI, essa yorkshire (ele aponta para uma dengosa cadelinha de coleira rosa com brilhantes que, por acaso, está na clínica tomando banho). Ela gosta de batom, coisas femininas, tem festa de aniversário todo ano, foi criada como gente. Nessas baladinhas promovidas especialmente para cães, com certeza eles entendem e sabem que a festa é deles e feita para agradar-lhes. Sentem isso como uma forma de amor. Mas, particularmente, acho que bicho é bicho, homem é homem. A gente ama os animais como filhos, mas não devemos transferir nossos valores para eles. Posso garantir que eles curtiriam muito mais uma balada feita para eles se, ao invés de servirem guloseimas, bolo e outras coisas que não fazem bem para a saúde dos bichos, promovessem mais brincadeiras – como correr atrás de bolinhas, gincanas caninas e outras atividades mais de acordo com a natureza deles.

O amor entre eles existe comprovadamente. Quando são criados juntos, eles sentem ciúmes, se protegem, brigam e fazem as pazes. Quando um deixa de comer, o outro também deixa. Se um morre, o outro pode até ficar doente... Mas é obvio que não são fiéis. Um casal de peludos esteve aqui outro dia, e o macho não estava nem aí para sua parceira. Mas, depois que ela foi tosada, ele achou que ela era outra fêmea e ficou todo assanhado.

É, doutor, percebi isso em todas as baladas dos quatro patas em que estive. Machos e fêmeas, mesmo os casais, se assanhavam a todo o momento uns com os outros, e seus donos precisavam segurar as coleiras, senão aquilo ia virar uma suruba canina geral! Mas, cá entre nós, nas baladas dos humanos não é muito diferente! (*risos*) – ou melhor, muitas gargalhadas... Au! Au! Au!

Balada carnaval

Carnaval. Quando recebi o convite para brincar a segunda-feira de Carnaval no "Tradicional Carnaval do Charles Edward", um dos pubs mais famosos de São Paulo, fiquei curiosa. O quê? Uma balada Carnaval? Em um pub? Um bar *fashion* onde só tocam bandas ao vivo, a maioria de pop rock? Essa eu preciso conhecer. Vou voltar de viagem na segunda só para ir a esse baile... Se for legal...

E foi. Geralmente frequentado por uma galera mais velha e muitos gringos, nessa noite tinha muitos jovens também. Ou por falta de opção para quem não viajou ou pela fama de ser um lugar divertido e descontraído que o pub carrega há mais de dez anos, estava lotado.

Chego bem cedo, mas os "baladeiros carnavalescos" já estão ali ouvindo a cantora Paulinha, que canta semanalmente no bar. Entretanto, ela comanda outra banda, que não é a de costume, para tocar nessa ocasião. E os músicos tocam de tudo! Alternam sucessos do pop rock, disco, axé, marchinhas de carnaval, etc.

No início, apesar da decoração carnavalesca, com muita serpentina, funcionários do bar meio fantasiados, usando máscaras e colares, a galera demorou um pouco para entrar no clima, mas só até a banda começar a tocar a tradicional marchinha *Mamãe eu quero*. Aí pegou fogo. E virou carnaval mesmo.

Converso com as pessoas – a maioria vestida normalmente – outros arriscando uma "meio fantasia", usando adornos carnavalescos, e descubro por que estão ali.

Queriam brincar o Carnaval em um lugar mais *light*, intimista e seguro. Onde houvesse respeito. Quer dizer: só agarra e se deixa agarrar quem quiser. E todo mundo sabe que quem cai nos carnavais das multidões não tem essa garantia.

Aliás, é como beber. Nesse pub, os funcionários, como o Régis, recebem ordem para não deixar os clientes beberem além da conta.

– Somos instruídos pelo Kiko, dono do bar, a não servir clientes que estão bebendo muito. Por exemplo, aqueles que têm garrafa no bar, quando pedem uma dose, servimos meia. Acho que todo mundo tem uma corda. Só se enforca quem quer. Porém, a maioria dos clientes é amiga. Não vamos deixar que eles bebam além da conta só porque sabemos que eles têm dinheiro e querem gastar. Ao invés de saírem daqui alcoolizados, com risco de provocarem acidentes, eles voltam e nos agradecem. Essa é a política do Charles.

Entretanto, não posso deixar de observar o clima mais liberal (com a desculpa de que é Carnaval, é claro) que rola entre as pessoas. Aos poucos, os casais começam a se formar e o amor na balada Carnaval começa a atacar. Nessa noite, CUPIDO NOTURNO e AMIGUINHO DA NOITE aparecem por lá me confidenciando que, por ser Carnaval, as pessoas estão mais abertas e simpáticas, por isso o trabalho deles se torna mais fácil.

E quem define a noite é a cantora Paulinha:

Sabe, acho que no fundo todos nesta noite se transformam em Pierrôs e Colombinas...

Estou virada, chegando do Carnaval do Rio de Janeiro, quase sem dormir, por isso me preparo para ir embora. Enquanto me encaminho para a porta de saída, vendo vários casais "se beijando", comento com os anjos:

– Valeu o toque, senhores anjos! Nesta balada todo mundo se respeita, há certo romantismo, saudosismo e...

De repente, sou agarrada pelo DIABO PEGA-PEGA!

– Explico a ele que sou repórter, estou trabalhando, cansada, e quero ir para casa descansar. Mas ele não me larga, força a barra. Fico brava, chamo o segurança, e o indivíduo desiste.

– Puxa! CUPIDO NOTURNO e AMIGUINHO DA NOITE! Vocês estão de sacanagem comigo, por acaso? – reclamo brava. Eu estava elogiando tudo, não vi ninguém agarrando ninguém que não quisesse ser agarrado... Por que justamente para mim aparece esse mala?

Ouço o alegre bater de asas dos dois anjos:

– NÃO FIQUE BRAVA, DONA ESCRITORA, HOJE É CARNAVAL!

– Engraçadinhos...

Balada do Futuro
Planeta Terra

Versão 1

Os automóveis voadores aterrissam em frente a uma casa noturna. Os motoristas colocam seus cartões magnéticos na catraca para entrar na garagem subterrânea e estacionar seus carros. As pessoas se dirigem ao piso superior e param na frente dos caixas eletrônicos para receber seus cartões de consumo. Os clientes que estão na lista vip são recepcionados por um robô. Cada um deles fala seu número e, se estiver mesmo na lista, o robô *hostess* acende uma luz verde, sinal de que o indivíduo pode entrar. Caso ele identifique uma fraude, acende a luz vermelha, toca um alarme e aparecem enormes robôs seguranças para barrar o furão. Caso ele insista, os robôs apontam suas armas à laser "Chega pra lá".

No bar, uma máquina quadrada, muito louca, sem cabeça, mas cheia de braços, registra os pedidos dos clientes e estende vários drinques (coloridos e gosmentos), nove ao mesmo tempo. Detalhe: geladinhos e prontos para beber.

Nas mesas, as pessoas são atendidas pelos robôs-garçons, que anotam os pedidos de comida e bebida, digitam alguns números e voltam em alguns segundos trazendo tudo pronto.

Na pista de dança, ao som da música eletrônica, homens e mulheres se misturam, dançam uma dança esquisita e mantêm uma razoável distância uns dos outros, sem formar pares. Todos estão desacompanhados. Todos dançam com todos.

Observo que um homem e uma mulher se olham. Ele a convida para ir ao bar tomar um drinque. Eu os sigo discretamente para ouvir a conversa. Ela fala primeiro.

– Oi, qual é o seu número?
– 3.585. E o seu?
– O meu é 3.589. Acho que vamos nos dar bem. Os números são próximos. Estou precisando de um espermatozoide para fazer um filho. Pode me ajudar?
– Vamos para sua casa ou para a minha? Devo te avisar que, caso meus espermatozoides realizem seu desejo, vou cobrar por eles.

— Não tem problema, eu pago. Sou independente e ganho muito bem.
— Então vamos.

Testemunho outra conversa entre um grupo de pessoas. Três mulheres e dois homens que acabaram de se conhecer. Um dos homens inicia a conversa.

— Quais os números de vocês?
— Eu sou a 328.
— Eu sou a 789.
— Eu sou a 1.777.
— Eu sou o 5.470, e prefiro a 1.777. Vamos copular, 1.777?
— Mas eu prefiro seu amigo. Qual é seu número? – pergunta a 1.777 para o moreno alto, bonito e sensual.
— Meu número é 2.424. Ele não é meu amigo, e sim meu irmão. Desculpe, mas eu prefiro o 6.875, que está ali no bar – responde ele, apontando para um negro enorme e lindo.

Versão 2

Os automóveis voadores aterrissam em frente a uma casa noturna. É noite, mas parece dia. A luz de néon branca, brilhante como o sol, no exterior e interior do bar-dance, irradia paz e alegria, atraindo clientes de todos os bairros da grande cidade. Os motoristas são recebidos por homens e mulheres do valet park da prefeitura. São pessoas altas, bonitas, bem-vestidas, corpos definidos e malhados, educadas, cultas e gentis. A maioria dos funcionários do valet é de estudantes que faz um bico à noite, já que o governo oferece emprego para todo mundo. O PRFPTB (Partido Riqueza e Felicidade para Todos os Brasileiros), vigente em todo o país, não admite pobreza nem falta de educação.

As pessoas se dirigem ao piso superior e são recebidas por uma brigada de primeira, do mesmo naipe dos funcionários do valet. Entre os *maîtres*, garçons, gerentes, etc., há dois deficientes físicos. Suas cadeiras de rodas são equipadíssimas, de última geração, com todos os aparatos necessários para que nada lhes falte enquanto cumprem suas funções. As duas garçonetes grávidas podem usar um carrinho especial para servir os clientes quando se cansam de circular pelo bar. No carrinho, que elas dirigem com muita prática e eficiência, está acoplada uma bandeja onde são transportados os pedidos de drinques e comida. O PRFPTB proíbe que se explore qualquer trabalhador. Os funcionários trabalham felizes e sorridentes porque são muito bem remunerados.

Todos os frequentadores e trabalhadores do bar são seres humanos harmoniosos. Eles nasceram no século XXI como crianças índigo e cristal e tiveram uma educação holística (o todo se formando em cada uma de suas partes). Os colégios do Brasil, públicos e particulares, foram obrigados a incluir no currículo escolar, além da matemática, biologia, física, etc., matérias como relacionamentos, sentimentos e os quatro pilares básicos dessa educação: aprender a fazer; aprender a conhecer; aprender a ser; e aprender a viver juntos. Isso aconteceu desde que os dirigentes do país entenderam que todos os eventos e fenômenos se interligavam e se inter-relacionavam de uma forma global. Que tudo era interdependente. E que, portanto, para ajudar o planeta a evoluir, precisavam formar seres melhores.

Conseguiram pessoas com qualidades suficientes para a construção de um mundo melhor. Todos são seres íntegros, espiritualizados, voltados primeiramente para a busca da manifestação divina que existe em cada ser humano. Solidários, conscientes, pacíficos, intuitivos, sensíveis, buscam a justiça social, a felicidade, a paz e o bem-estar. Sobretudo, são muito amorosos. Abominam o egoísmo, a inveja, o orgulho, etc. Lutam pela adesão, igualdade, enaltecem o "participar" e o "compartilhar".

No bar e nas mesas são servidas somente as bebidas liberadas pelo governo brasileiro. Todas as importadas foram proibidas desde que o PRFTB se tornou o único partido político do Brasil, que revelou, perante o mundo, a capacidade de administrar a Amazônia, afastou qualquer possibilidade de internacionalização e descobriu que todos os ingredientes para se produzir bebidas alcoólicas naturais – que deixassem as pessoas ligadas, animadas e alegres sem prejudicar o organismo – podiam ser encontrados na "Nossa Floresta".

Todos os baladeiros e baladeiras são educados, gentis e usam as expressões: por favor, com licença e obrigado. Paqueram, dançam, alegremente e harmoniosamente, brincam, mas todos se respeitam. Ninguém azara pessoas acompanhadas.

Na balcão redondo do bar, estrategicamente preparado para encontros, um homem e uma mulher se olham. Primeiro eles "sentem" a vibração energética um do outro. Com seus chacras cardíacos trocam raios de luzes rosa-claro e violeta (amor e aproximação). Ele se aproxima, pergunta seu nome e a convida para dançar. Em seguida, leva-a para o bar, oferece-lhe um drinque e quer saber tudo sobre a moça. Trocam confidências, identificam-se e apaixonam-se. Saem juntos do local, vão para a casa dela fazer amor a fim de se conhecerem fisicamente. No dia seguinte, começam a namorar. É o amor falando mais alto do que qualquer outra bobagem. São adultos esclarecidos, se gostaram, se deram bem e decidiram ficar juntos. Ponto final.

Um casal homossexual tem o mesmo comportamento. Identificam-se, começam a conversar, decidem se conhecer melhor, saem juntos da balada, sobem em seus automóveis voadores e vão para casa se amar.

O amor, o respeito e os bons sentimentos entre os humanos, meio esquecidos no século passado, foram finalmente resgatados. É só alegria!

E... Acho melhor consultar os anjos...

– Senhores anjos, eu costumo ter vidência em sonhos. Especialmente sobre o futuro. Muitas coisas que acabei de descrever na balada do futuro, versão 2, eu vi mesmo em sonho. Fui ao futuro? Se era outro planeta, não me lembro de ter entrado em nenhum disco voador... O que vocês acham disso?

– Que o planeta Terra está esse caos porque, como você, muita gente duvida da própria intuição e questiona a linguagem da própria alma, que tudo sabe e que tudo pode melhorar e evoluir. Está vendo! Você tem vidências em sonho, sabe que elas sempre estão certas, mas está tão desiludida, assim como seus irmãos terrenos, que logo achou que esteve em outro planeta! Por que você não acredita que a Terra e os seres que nela habitam possam melhorar? Esqueceu-se do quanto este planeta já evoluiu? Acho que você, autora, também deve entrar para o DDDS (só para lembrar, descrentes, desiludidos, decepcionados e simpatizantes).

– Ah, anjinhos, não sejam malcriados. Vendo as barbaridades que estão acontecendo no mundo todo, não dá para acreditar...

– O mundo está assim exatamente por causa dessa falta de fé, dos pensamentos ruins e de ações e escolhas negativas. E, especialmente, mentes sombrias que poluem todo o planeta. Tudo começa no pensamento. As pessoas não sabem como mudá-los, combatê-los e, com isso, contribuem involuntariamente para todas as calamidades, desgraças e tragédias. Ninguém sai fazendo guerra. Primeiro alguém pensa sobre a guerra, vai amadurecendo a ideia, fortalecendo e, quando percebe, já está lutando. Até mesmo os fenômenos naturais avassaladores, como terremotos, maremotos, etc., são causados por vocês mesmos, porque o desequilíbrio individual atinge o coletivo e, consequentemente, a natureza. Sem falar nos abusos do homem contra ela, é claro.

Vou dar um exemplo: você está dirigindo seu carro numa estrada. Está segura e tranquila porque sabe que dirige muito bem e não tem medo de nada. De repente, pensamentos ruins passam por sua mente – sente medo de bater o carro, sofrer um acidente, ser assaltado, etc. Pode ter certeza de que algum outro motorista que está passando perto de você naquela estrada, naquele momento, está sentindo isso. Você capta pensamentos e sentimentos do outro, que sempre fica medroso e inseguro quando dirige, e você acha que os sentimentos são seus.

PRESTE ATENÇÃO! *Você sabia que quando um ser humano evolui, muda mesmo, de dentro para fora, como alguém que sempre foi muito orgulhoso e decide pedir perdão a uma pessoa que magoou, acaba levando milhares de pessoas (que estão na mesma vibração que ele) para cima? Ajudando-as a refletir e a melhorar? E quando alguém regride, comete uma má ação, faz a pior escolha, é a mesma coisa. Leva milhares de pessoas que estão na mesma sintonia para baixo, junto com ele.*

– Tudo bem, já estudei sobre isso, mas dá para voltar às baladas, que é o assunto aqui? Para a gente entender melhor, seria bom se vocês dessem um exemplo do que acontece nos agitos noturnos.

– Tudo é um todo. Tudo é energia. Você acabou de falar sobre educação holística. Como tudo no universo está interligado, quando alguém tem um pensamento ou atitude negativa e escolhe não mudar isso, está afetando também outras pessoas, lugares, coisas que estão na mesma vibração.

Por exemplo: numa balada, onde circulam muitos diabinhos e diabinhas – eles frequentam todas na esperança de encontrar humanos que entrem na deles – Oswaldo percebe que um desconhecido – vamos chamá-lo de Alfredo – está paquerando Maria, a namorada dele. Oswaldo começa a ficar irritado. Olha feio para o desrespeitador, que insiste e continua a provocá-lo. Maria sai para ir ao banheiro e Alfredo vai atrás dela. Oswaldo, que sempre foi explosivo e dado a armar confusões, tem ímpetos de lhe dar uns socos, porém se controla e vai atrás dos dois. Vê quando Alfredo, incorporado pelo senhor Diabo Pega-Pega, segura no braço de Maria, impedindo a moça de entrar no banheiro. Como ele tem treinado para melhorar seu temperamento, nos últimos tempos, e consegue percebe que aquilo é um teste, calmamente se aproxima dos dois. Dirige-se a Alfredo educadamente e pede a ele para soltar o braço da sua namorada. Cinicamente, Alfredo responde que não sabia que Maria estava acompanhada, e até achava que a moça estava interessada nele. Oswaldo pensa em partir para a ignorância e dar uma lição no moço. Entretanto, faz outra escolha. Chama um daqueles grandalhões que tomam conta das baladas aí da Terra e pede a ele que despache o Diabo Pega-Pega. Foi atendido prontamente, e o grandalhão o parabenizou, dizendo que todos os clientes deveriam agir assim. Que ele e seus colegas estavam ali justamente para evitar confusões, mas em vez de serem respeitados e comunicados do problema, e assim poderem tomar uma atitude, quando percebiam já estavam apartando uma briga e colocando alguém para fora, porque a maioria dos clientes já partia para cima dos outros, ignorando a presença e função deles. Esse exemplo é suficiente ou precisa de mais algum?

– Não, senhores anjos, obrigada, por enquanto é só. Quer dizer que o único jeito de melhorar o panorama geral das baladas seria cada um fazer sua parte, escolhendo sempre ter atitudes pacíficas e equilibradas? E quando os nervos sobem à cabeça, como se diz aqui na Terra? A gente se controla, mas o outro faz de tudo para brigar? Quando a gente não reage se sente um verdadeiro idiota...

– Chame pessoas especializadas para resolver o assunto, como Oswaldo fez. Quanto a se sentir um idiota, isso é coisa do ego humano. Quer alguém mais idiota do que o ego? Ao estar no meio de uma confusão, você já se sente idiota e, se está nela, é porque de alguma forma você a atraiu, com o pensamento ou as ações que teve em algum tempo ou dimensão. Mas, se ultrapassar a idiotice e tiver uma atitude digna, pode ter certeza de que isso não acontecerá mais.

– Obrigada, senhores, por enquanto é só.

Trombada com os capetas baladeiros

Noite de Lua cheia. Sexta-feira, 13. Acabei de escrever mais um capítulo. Preciso descansar. Desestressar. Decido ir para balada. Não quero conversar com os anjos, nem ouvi-los, nem entrevistar ninguém, nem trabalhar.

"Já vou avisando, senhores anjos, que, se vocês vierem esta noite, vou ignorá-los. Não é domingo, mas preciso de um dia de folga!"

Silêncio. Ainda bem, eles entenderam. Parto para a produção.

Não sou do tipo de mulher que troca de roupa dez vezes antes de sair de casa. Geralmente, abro o armário, coloco um modelito, acessórios, saltos altos. Fui!

Começo a me vestir.

— Esta roupa está feia, dona escritora! Mude!

— Eu já disse que nesta noite não quero ouvir ninguém! Muito menos vocês!

Olho no espelho. Estou linda! Em um piscar de olhos, me ligo. Estava demorando! Bem que os anjos me avisaram que os capetas baladeiros viriam falar comigo. Até agora eu os identificava por aí. Mas vir à minha casa falar comigo! Que ousadia!

— Já sei até quem é a senhora. Deve ser a Diaba Sete Línguas. O que a senhora quer? Ser entrevistada? Pode ir embora já. Não sou sua cliente. Só falo com os anjos baladeiros, que são meus assessores. Capetas baladeiros? Estou fora. É ruim, hein!

Mesmo assim, volto a me olhar no espelho para ver se está tudo bem e cismo em mudar um acessório. Fico brava comigo mesma. Não vou dar atenção a essa chifruda linguaruda. Ela deve estar com inveja!

Mal chego ao bar, vejo duas conhecidas siliconadas (amigas de balada) conversando. Elas falam baixinho, e uma delas, quando vê que estou me aproximando, sorri e cochicha alguma coisa no ouvido da outra.

— Está vendo, dona escritora, elas estão falando mal da senhora. Dizem que você é linda, mas tem seios pequenos... Você bem que poderia colocar um pouco de silicone...

— Saia daqui, Madame Satã Siliconada! Pensa que eu não sei que é a senhora que está falando, tentando arrumar confusão? Fique lá com suas amigas.

Entretanto, quando chego mais perto das siliconadas para cumprimentá-las, as meninas cochicham de novo. Quase sem perceber, pergunto rispidamente:
– O que está pegando? Vocês estão falando de mim?
As duas ficam surpresas e eu sinto que são sinceras.
– Imagine, Sula, estamos falando daquele cara ali – elas apontam um homem que estava perto de mim. Eu já tinha notado o gatão porque ele entrou no bar junto comigo.
– Você não sabe! A semana passada ele me chamou para dançar e...
Nem ouvi o que elas estavam falando... Sem graça, sorri e saí andando.
"Não acredito! Quase caí na armadilha dessa MADAME SATÃ. A gente precisa tomar um cuidado..."
Aproximo-me do balcão para pegar um drinque. Bebo, converso com algumas pessoas e, quando saio do banheiro, dou de cara com o DEMÔNIO COME TODAS. Realmente é um homem bonito, bom papo, mas já saiu com a maioria das mulheres que frequentam aquele bar. Todos sabem. Ele sempre me respeitou, porque várias vezes deixei claro que não sairia com ele. O *dom juan* nunca insistiu demais, porém naquela noite sinistra:
– Oi, Sula, eu não sei por que você não vai com a minha cara. Nunca te fiz nada. Mas você nunca quer conversar comigo...
– É impressão sua. Com licença, preciso falar com um amigo.
Vou saindo à francesa, mas ele agarra meu braço. Começa a falar sem parar, quer me agarrar de qualquer jeito e, quando consigo me desvencilhar dele, penso:
"NOSSA! PEGUEI O TREM FANTASMA ERRADO! SERÁ QUE ISSO É VINGANÇA DOS ANJOS PORQUE EU DISSE QUE NÃO QUERIA FALAR COM ELES?"
Costumo beber pouco, mesmo porque, se eu beber mais do que três doses, dá defeito. Entretanto, quando dou por mim, estou no balcão tentando pedir outro drinque. E o SATANÁS LEI MOLHADA se aproxima com sua garrafa. É um frequentador do pub, gente fina, mas bebe muuuito. Ele tem garrafas de uísque 12 anos guardadas na casa, e vive oferecendo a bebida aos seus amigos.
– Oi, Sula, tome do meu uísque. Faço questão!
E, antes que eu possa recusar (ele é educado e nunca insiste, espera a gente aceitar), nessa noite fatídica, dominado pelo SATANÁS BEBERRÃO, que quer ver todo mundo de porre, ele pede um copo com gelo ao garçom e enche meu copo até a boca. Deve ter umas três doses.

É claro que não vou beber. Eu me ligo que já tinha tomado minhas duas doses, mas, se não tivesse controle e caísse na tentação dos capetas baladeiros, tomaria aquele copo cheio de um dos melhores uísques do mundo, que meu amigo gentilmente me oferecia de graça. E sairia de lá como o Diabo gosta.

Penso em ir embora, deu para mim. Começo a discutir com os anjos:
— Puxa, eu só queria uma folga! E vocês deixam que eu encontre todos esses capetas baladeiros juntos — reclamo.

Nenhum bater de asas. Acho que eles estão de mal comigo.

Peço o carro ao manobrista. Enquanto aguardo, um senhor de terno conversa com um homem de jeans e fala bem alto olhando para mim:
— Bem que eu levaria uma loira dessas para passar o fim de semana comigo em Angra... Comprei um barco novo, quero estrear em boa companhia. Vou de helicóptero amanhã cedo. Você quer ir? — a figura pergunta ao amigo, sem deixar de me encarar.

O manobrista começa a rir, disfarça, e me confidencia:
— Esse golpe é manjado. Toda vez que ele vê uma mulher bonita aqui fora, fala a mesma coisa para o amigo dele. A última que caiu na dele me contou que ele mora em um apartamento de um dormitório e nem carro tem.

Penso comigo: "Para completar esta noite só faltava mesmo o senhor Garganta do Diabo".

Ia entrar no carro, quando a Diaba Sete Línguas se aproxima:
— A noite ainda não acabou, querida, você pensa que só os anjos te ajudam? Olha a vampirinha que nós atraímos para você entrevistar.

Olho para trás e dou de cara com a atriz, cineasta e escritora Liz Marins, ou melhor, Liz Vamp — filha do lendário Zé do Caixão.

Pessoalmente ela é ainda mais bonita. E simpática. Pensa um pouquinho antes de dar sua opinião e me surpreende:

> Cada pessoa tem uma energia e numa dessas baladas ela pode ser hipnotizada por outra energia mágica que habita a atmosfera terrestre e extraterrestre. Mas até mesmo no mundo dos vampiros as coisas mais importantes acontecem quando se está aberta às novas experiências e emoções.

E eu, que comecei a noite brigando com os capetas baladeiros, sou obrigada a agradecer-lhes. Não é uma ironia? Ou aprendizado?

Capítulo 9

HOMEM *Versus* MULHER

*Insegurança, intolerância, expectativa.
As grandes vilãs das baladas*

Os autores de livros como *Homens são de Marte, mulheres são de Vênus* (John Gray) e *Por que os homens fazem sexo e mulheres fazem amor* (Alan Pease, Barbara Pease) têm toda razão ao afirmar que, se homens e mulheres não respeitarem as diferenças entre os sexos, não será possível um entendimento.

Nas baladas não é diferente. Estão repletas de casais, de todas as idades, que se separaram e vão em busca de novos relacionamentos.

Numa das noites de autógrafos do livro *São Paulo é mais feliz à noite*: Dicas para se dar bem nas baladas (foram várias em diferentes casas noturnas), um recém-separado veio conversar comigo e me contou que comprou o livro logo que saiu no mercado. Ele adorou, mas fez uma ressalva:

> – Amei seu livro, mas acho que no próximo você poderia dedicar um capítulo especial para os recém-separados como eu, falar mais sobre isso... Você fala pouco sobre esse assunto específico. Bem que você poderia dar algumas dicas, porque, quando a gente termina um relacionamento e volta para as baladas, se sente um peixe fora d'água. E não sou só eu que me sinto assim. Tenho vários amigos na mesma situação.

Pedro foi o primeiro de muitas pessoas recém-separadas que me disseram a mesma coisa. Pessoalmente e por e-mail. E a grande maioria eram homens.

Encontrei um amigo que não via há tempos, que sempre foi baladeiro, galante, sociável, sozinho num bar. Ele parecia meio perdido e, quando me viu, ficou todo feliz.

– Você está esquisito! O que aconteceu? Você sumiu...

– Desculpe, estou meio sem jeito. Você vê? Sumi das baladas porque estava namorando. A moça não gostava da noite e, para não brigar, deixei de sair. Eu frequentava tanto esse bar, e agora que terminamos e voltei aqui não consigo me sentir à vontade! Que chato!

Entretanto, uma mulher me chamou a atenção num bar de música ao vivo. Ela estava perto do palco e, durante a apresentação da banda, cantou e dançou, sorrindo o tempo todo. Fechava os olhos constantemente como se estivesse "viajando" com o som. Ela não estava drogada. A gente sente quando as pessoas estão realmente felizes porque elas emanam uma alegria que vem da aura e contagiam quem está ao redor.

Quando a banda parou para um intervalo, ela continuou ali, dançando e girando ao som da música ambiente, e eu podia jurar que ela não estava nem aí com absolutamente nada. Será que estava enganada? Estaria drogada? Olhei para a amiga dela, um pouco mais quieta, e sorri. Antes que ela pensasse outra coisa, me aproximei e expliquei que eu estava observando a amiga dela porque ela parecia estar ali "livre, leve e solta incondicionalmente". Descobri que Cleo e Bel (a livre, leve e solta), ambas descasadas e com filhos, frequentam as baladas juntas, vão a bares diferentes quase todas as noites, não se drogam (só drinques), e focam no mesmo objetivo: se divertir.

– Sabe, a gente não sai à procura de nada específico. Já passamos dessa época. E, depois que paramos de nos preocupar com paquerar, arrumar namorado e percebemos que o principal é ficar bem, passar bons momentos, a gente tem curtido muito mais as baladas. Quando a gente sai sem expectativa e não acontece nada, voltamos para casa felizes e bem-humoradas, justamente porque não estávamos esperando que acontecesse nada em especial.

É engraçado, mas a mulher que acabou de se separar e não quer ficar em casa triste, chorando, costuma ser mais descolada. Ela se junta às amigas e cai na *night*. Parece que "o sexo frágil", pelo menos socialmente, tem mais facilidade em se adaptar novamente ao mundo dos solteiros do que o homem. No que diz respeito a sexo, ele não tem problema algum em levar uma mulher para cama. Especialmente porque as baladas estão cheias de garotas de programa. Mas, quando ele quer realmente se relacionar, conhecer pessoas novas e até arrumar uma ficante ou namorada, geralmente chega às mulheres de forma desajeitada ou desastrada. Entretanto, independentemente do sexo, qualquer pessoa que tem autoestima e se recusa a ficar sofrendo por um relacionamento que chegou ao fim com certeza procura uma maneira de sair da depressão, tão natural depois do "acabou".

Quer lugar melhor que uma boa balada?

Acontece que nas baladas o esporte vigente é "a caça". E, desacostumadas ou destreinadas nessa modalidade esportiva, as pessoas recém-descasadas sentem-se mesmo deslocadas.

O problema é que elas carregam consigo, mesmo sem se darem conta disso, sentimentos contraditórios. Se, por um lado, desejam distrair-se, divertir-se e até encontrar um novo *affair*, por outro não deixam de estar ressentidas com a recente separação. Mesmo aqueles que já não queriam o relacionamento e estão aliviados, livres e até contentes após o rompimento, quase sempre trazem consigo a vibração de alguma coisa na qual investiram e que não deu certo. E o que vão encontrar nas baladas?

DE TUDO. Gente de todos os tipos vibrando em sintonias completamente diferentes.

Conversei com muitos sócios do DDDS. São pessoas que estão carentes e, intimamente, mesmo que não admitam, esperam encontrar outras pessoas que as acolham, as coloquem no colo, compreendam sua atual situação e, enfim, lhes abram as portas para a alegria. E, principalmente, as ajudem a recuperar o traquejo social e a autoestima. Por estarem fora das baladas por tanto tempo ou por serem estreantes – muitos se separaram depois de muitos anos casados e nunca frequentaram a *night* – desconhecem a grande insegurança e intolerância que rola nos parquinhos noturnos, as vilãs responsáveis por trazer aos seus frequentadores assíduos mágoas, aborrecimentos e decepções.

O resultado? Acabam se desiludindo, e muita gente chega à errada conclusão de que, por pior que fosse seu relacionamento, ainda era melhor do que se aventurar na *night*.

De quem é a culpa? Com certeza, não são dos relacionamentos que começam numa balada. Mas, sim, de relacionamentos e experiências que as pessoas já trazem consigo quando caem na *night*.

De cara, qual a dica que eu daria? (Vou repeti-las no último capítulo.)

- ♦ PRIMEIRA: mesmo que você esteja com alguém, apaixonado(a), vivendo um grande amor e creia ter encontrado sua alma gêmea, de vez em quando vá a uma balada sozinho(a) ou com amigos para manter-se atualizado, caso um dia descubra que se enganou.

- ♦ SEGUNDA: se acabou de se separar de alguém, caia na *night*, sim, mas sem nenhuma expectativa. A não ser de SE DIVERTIR. Mais do que a insegurança e intolerância, é essa senhora que faz a gente sofrer. Não fique esperando nada de ninguém. Nunca. Deixe rolar...

Contudo, acredito que meus assessores anjos têm muito mais a falar do que eu. Afinal, não sou psicóloga. Eles são anjos e, com certeza, têm melhores conselhos a nos dar. Decido convocá-los.

"Ô da flecha, o senhor pode me explicar como essas diferenças entre os sexos afastam tanto os casais, quando deveriam uni-los? Será que é por isso que temos cada vez mais gays? Pessoas do mesmo sexo se entenderiam melhor? Vou dar alguns exemplos, depois o senhor fala, tá?"

Marcos se aproxima de Fernanda num bar e começam a conversar. Ele se mostra inteligente e espirituoso, diz que adora "papo-cabeça", que encontrar uma mulher tão bonita e inteligente numa balada (olha só o preconceito) e que dá para conversar é coisa rara! Engatam num papo intelectual e interessante. Mas, em dois minutos, ele está tentando agarrá-la e falando em sexo sem parar. Quando Fernanda reclama, dizendo que mal o conhece, ele argumenta que as mulheres são mais inteligentes racionalmente, porém emocionalmente são burras. Segundo o moço, ela estaria colocando regras, pensando no depois, quando deveria curtir o momento. Pergunta se ela nunca fez sexo no carro, no elevador, e começa a liberar verbalmente suas fantasias...Vendo a cara de desinteresse e cinismo da moça, Marcos perde a pose, fica inseguro e começa a brigar com ela. Fernanda sente o clima, aproveita-se da situação e dá o troco. Só de raiva ou de sacanagem, dá um beijinho no rosto do moço e, quando ele se anima, Fernanda desaparece...

OPINIÃO DO SENHOR ANJO CUPIDO NOTURNO: se os dois não ficassem inseguros, ou se um deles fosse mais compreensivo, poderiam se tornar bons amigos ou até namorados. Ele poderia dizer a ela que já tinha gostado da mulher inteligente que descobrira e que, caso se conhecessem melhor, na intimidade, e desse certo, poderiam começar um relacionamento. E ela não deveria se ofender, mas sim negociar. Com jeitinho, poderia pedir seu telefone, convencê-lo a se encontrarem fora dali, levar tudo na brincadeira, sugerindo, por exemplo, que fizessem amor ali mesmo no balcão do bar.

Mas o orgulho e o ego dos dois não permitiram. Sabe, senhora autora, o importante não é ter razão, é ser feliz. Um pouco de tolerância e leveza de ambos os lados ajuda a manter as pessoas juntas.

Meu parceiro AMIGUINHO DA NOITE e eu estamos cansados de ver baladeiros e baladeiras competirem por bobagens e, ao invés de terem bons momentos juntos, no final da noite vão para casa sozinhos e frustrados.

E quanto aos *gays* se relacionarem melhor, existe um só motivo: eles não complicam. Fazem o que sentem vontade e pagam para ver o que acontece depois.

— Mas, então, o senhor está dizendo que a mulher deve sair com o primeiro que aparece? Mesmo que seja uma pessoa grosseira?

— Não. Estou dizendo que antes de julgar alguém por uma frase infeliz, deve-se "pegar leve", como vocês dizem na Terra, e dar uma chance de conhecer a pessoa melhor. Às vezes, as pessoas se expressam mal, ficam nervosas, inseguras... ora, eu já disse tudo isso!

Ouço o bater de asas irritado. Esse anjo Cupido Noturno fala da gente, mas não tem muita paciência, foi embora...

Continuando...

Numa tradicional e badalada pizzaria de São Paulo, a paquera rola solta no bar de espera, frequentado por uma galera mais velha. O som discreto dos shows em DVDs exibidos nos telões e o ambiente semi-iluminado propiciam encontros e conversas mais íntimas. Ao contrário do que acontece no salão de jantar, com aquela infinidade de mesas, o brochante e irritante burburinho dos talheres e das conversas de restaurante e aquela luz de farol de milha, onde só dá mesmo para comer.

Sento-me para conversar com três amigos e frequentadores assíduos do bar – não do restaurante – e me surpreendo. São três homens interessantes, bonitões, na faixa dos 40 e poucos anos, bem-sucedidos profissionalmente e descomprometidos.

Quando dou por mim, eles estão falando sobre a minha pessoa como se eu não estivesse lá. A questão é o que uma mulher bonita, inteligente e gostosa como eu (palavra deles) procura no bar. E, ao invés de perguntarem diretamente para mim, o que seria mais simples, eles continuam conversando entre si. Cada um dando sua opinião. Interrompo os senhores para lembrar-lhes que eu estou ali e prefiro responder pessoalmente, porque não concordei em brincar de berlinda, muito menos em ficar nela. Mas meninos são teimosos. Um deles tem a caradura de dizer que uma mulher como eu sou objeto de estudo. Só faltou me chamar de E.T. Continuam me julgando, assuntando, discutindo e, quando dou um piti, eles colocam o assunto em termos de relacionamento entre o homem e a mulher de modo geral. PASMEM, eles assumem: "Queremos encontrar um grande amor, a tal da alma gêmea".

E são unânimes ao confessar que têm ido todos os domingos ao mesmo bar, durante anos, e a outras baladas também porque se sentem carentes, assim como as outras pessoas que eles veem lá, e têm a esperança de encontrarem uma namorada.

E para as mulheres que têm mais de 40 anos e pensam que os homens da sua faixa etária não as querem porque acham que elas estão feias e caídas, preferindo as mais jovens, e entram em crise por causa disso, a boa notícia: muitos deles as veem como bravas leoas no cio que vão exigir dos velhos e acomodados leões aquilo que eles já não podem dar. E não se sentem nada confortáveis ao "terem" de optar por moçoilas. Também entram em crise, embora, como todo ser da espécie macho, prefiram esconder o fato e escolham sair por aí exibindo uma franguinha para mostrar que ainda podem tudo, em vez de correrem o risco de se sentirem humilhados pelas velhas leoas, mesmo que seja entre quatro paredes – o que para o homem é inadmissível.

E UM DELES, O MAIS SINCERO, SE ABRE:

A mulher mais velha de hoje, especialmente a independente e ainda bonita, é uma leoa. Ela é exigente, quer muito mais sexo, cobra muito mais, fala o que quer e o que pensa na cara da gente; e nós, nesta idade, sabe como é, já começamos a apelar para o Viagra. A gente não tem a mesma disposição da juventude e, como amadurece, começa a querer outras coisas além do sexo. Uma mulher carinhosa, compreensiva, que seja amante sim, mas não tão voraz, e ao mesmo tempo seja meio mãe também. Para a mais nova você dá outras coisas, como proteção, carinho, ajuda financeira, "uma bem dada" e vai segurando... Elas se sentem seguras, amparadas, encantadas com a maneira como as tratamos, diferente dos garotões de hoje, e vão ficando até...

– Você negar fogo e ela, por respeito e consideração, não dizer o que sente, mas intimamente achar que está com o pai dela ou com o avô, querer mais da vida, e você virar chifrudo de qualquer maneira – interrompo meu amigo, com um quê de satisfação.

– É... tem razão, vou levar chifre de qualquer jeito (desanimado...).

Logo me arrependo da crueldade e explico:

– Sabem, ao longo da minha carreira de repórter, tenho ouvido muita gente, homens e mulheres de todas as idades, baladeiros e não baladeiros, não só para colher material para meus livros, mas para fazer outras matérias também. E fico me perguntando por que os relacionamentos não podem ser mais simples e fáceis. Por que as pessoas não se desarmam, esquecem os preconceitos, idade, posturas, brigas, competições, medos, etc. para se ligarem apenas nos sentimentos reais, da alma, do coração, que não querem saber de idade, dogmas, preconceitos, julgamentos da mente, de nada. Apenas sentir. Mesmo porque, embora você tenha uma boa dose de razão ao descrever o relacionamento dos homens com as mais jovens ou maduras, não é uma regra. E todas essas teorias desaparecem quando você encontra o verdadeiro amor, seja com uma mulher mais jovem ou mais velha. Tesão não tem idade. Está na pele, na química. Não tem explicação. Como o amor.

Entretanto, não posso deixar de contar aqui uma história hilária que comprova o quanto os meninos têm razão.

O protagonista é um italiano também quarentão... Alto, forte, bonitão, solteirão e muito divertido, o figura é considerado um dos reis da noite paulistana. Amigo das senhoras da sociedade e das senhoras da vida, sempre foi considerado um bom partido, apesar da fama de garanhão. Trata todos com carinho, embora os mais sensíveis se ressintam da maneira brusca como ele agarra e beija todo mundo – não importa o sexo – amigos e amigas, o garçon, o *maître*, a moça da chapelaria ou quem ele cruzar pela frente.

É claro que ouvir aquele "grandão" contando a história do jeito dele, falando, gesticulando e interpretando é muito mais engraçado, faz a gente morrer de rir. Em todo caso, reescrevo aqui suas palavras:

> Outro dia eu conheci na balada uma mulher de 40 e poucos anos, muito bonita. Linda. Bem-vestida, a maior classe, chique mesmo. Apaixonei-me. Decidimos ir para o motel, mas era fim de semana e todos os motéis estavam lotados. Eu já não aguentava mais procurar, até que encontramos um que tinha uma fila menor. É claro que enquanto esperávamos ficamos no rola-rola e beija daqui, beija dali, e eu não aguentava mais. Beijar me cansa! Depois de ter acordado muito cedo para trabalhar e tentar entrar em uns dez motéis sem sucesso, quando chegamos à suíte eu estava morto. Tudo estava indo bem até que a mulher disse na minha cara que ela só chegava ao orgasmo com sexo oral. Que daquele jeito não ia dar, que ela não estava gostando, etc. E lá fui eu satisfazer a madame. Só que ela demorou a ter um orgasmo e eu não sei o que aconteceu... Devo ter dormido por alguns minutos. O que sei é que quando acordei levei um baita susto ao ver aquela coisa preta na minha cara...

É claro que, se fosse uma mulher jovem, menos experiente, eu jogaria o "meu melhor 171" e a convenceria a sair comigo de novo, tentar outra vez... explicaria que estava cansado, apelaria para sua sensibilidade feminina e faria com que ela se sentisse na obrigação de me dar uma chance.

Mas, com aquela mulher, tenho certeza de que se eu falasse alguma coisa, ela responderia: "Se você estava tão cansado, não deveria ter saído comigo!"

Quando nos despedimos, decidi não falar nada, sabendo que nunca mais iria vê-la. Ainda tentei me desculpar. Ela deu as costas e me deixou falando sozinho.

Nota da autora: *quando perceber que um homem está muito cansado ou bebeu demais, recuse o convite para fazer amor. Pegue seu telefone e deixe para outro dia.*

Um jovem casal está sentado à mesa de um bar, bebendo e namorando. Já tinham se beijado várias vezes. Até que uma mulher muito bonita chega sozinha e se aproxima do moço com certa intimidade. Ele apresenta as duas mulheres e convida sua amiga recém-chegada para sentar-se com eles. A namorada emburra e, sentindo o cheiro de barraco, me aproximo para ouvir a conversa. Dá para entender que são velhos amigos, e a todo o momento o moço tenta incluir a namorada emburrada na conversa. A outra pede licença e vai ao banheiro. O temporal cai na cabeça do coitado. Ele tenta, em vão, explicar que aquela moça é sua amiga desde o tempo de colégio, amiga até mesmo da irmã dele, que nunca teve nenhum romance com ela e, muito carinhoso, começa a beijá-la, explicando-lhe que não há razão alguma para que ela tenha ciúmes. Mas a moça não ouve nada. Quando ele a abraça, ela o empurra, diz que quer ir embora, que não acredita em nada do que ele lhe contou, fala um monte de bobagens, inclusive palavrões, e nesse momento a outra volta do banheiro. Sentindo o clima, ela pede licença para se retirar, mas o amigo pede a ela que fique. A outra pega a bolsa, sai pisando duro e vai embora do bar. O moço confidencia para sua amiga:

– Desculpe! Tanto tempo que a gente não se via e você presencia uma cena dessas. Eu gosto dela, a gente tá namorando há quase um ano e eu estava pensando até em casar, mas todas as vezes que a gente sai para as baladas e uma mulher se aproxima de mim, até mesmo as amigas delas, a casa cai. Ela arma um barraco e vai embora. Desta vez, eu não vou atrás dela. Sabe o que mais? Eu estava apaixonado, mas ela é tão insegura que estou perdendo o tesão completamente...

OPINIÃO DO SENHOR CUPIDO NOTURNO: sobre essa história que seu amigo italiano contou, quero deixar claro que não se pode generalizar. Se a mulher fosse mais sensível e compreensiva, independentemente da sua idade, ela não se importaria em dar uma segunda chance a ele. É obvio que o CAPETÃO DORMINHOCO tomou conta dele, conseguiu estragar o encontro que começou tão promissor, e ainda fez o homem tomar um susto! Se ele não tivesse isso na mente, não atrairia esse tipo de situação. Mas ele, assim como seus amigos que têm medo de tomar chifres – seja das mais jovens ou maduras – e têm uma opinião preconcebida das mulheres, vai acabar atraindo o que pensa. Já expliquei que a maioria das coisas acontece pela lei da atração. Se o homem vibrar na sintonia dos chifrudos, vai acabar tomando um chifre de qualquer maneira. Isso é ridículo. A culpa não é da mulher, seja ela jovem ou madura. Se a mulher também pensar que os homens são todos iguais e ela só atrai cafajestes, é exatamente isso que ela vai ter. É engraçado como os humanos usam desculpas para não se envolverem, colocando a culpa nos outros. No fundo, tudo isso é medo, insegurança, expectativas demais... boas ou ruins... Como já expliquei, especialmente as pessoas que vieram de outros relacionamentos, mesmo sem perceberem, acabam levando para a nova vida e para as baladas os traumas antigos...Vou dar um exemplo.

Marta tinha se separado de Jair, com quem namorou dois anos. Ele gostava de Marta, mas era um "galinha", como vocês dizem na Terra. Paquerava outras mulheres na cara dela e, quando iam para as baladas, acabavam sempre brigando, porque Jair não a respeitava. Até que Marta não aguentou mais e terminou. Dois meses depois, Marta começou a frequentar as baladas e conheceu Geraldo, que era completamente diferente do antigo namorado. Tranquilo, respeitador, só tinha olhos para ela. Começaram a namorar e foram comemorar o primeiro mês juntos na mesma casa noturna onde se conheceram. Ela saiu para ir ao banheiro e, quando voltou, Geraldo estava conversando com uma moça. Ele lhe apresentou como uma amiga da irmã dele, o que era verdade, mas Marta fez o maior escândalo e acabaram se desentendendo. Ela não estava brigando com Geraldo, e sim com o antigo namorado. O moço não entendeu nada. Ela percebeu que exagerou, porque Geraldo, ao contrário de Jair, nunca tinha lhe dado motivo para desconfiança. Eles acabaram voltando, só que todas as vezes que saíam o coitado não podia olhar para o lado que ela brigava. Apesar de estar apaixonado por Marta, ele não aguentou e terminou o namoro. Maria está até hoje conhecendo homens bacanas nas baladas, mas, infelizmente, vê em todos eles o namorado traidor e acaba perdendo todas as chances. Entrou para o DDDS dizendo que todos os homens são iguais e, nas baladas, ninguém quer nada sério. Ela começou a frequentar uma academia, arrumou um namorado que não gostava de sair à noite, mas, na primeira vez que foram a uma balada, no aniversário de um amigo dele, protagonizou a mesma cena de desconfiança e ciúmes. O moço se assustou e caiu fora.

Ora! Escolha outros pensamentos! Que tal...

Agora tudo vai ser diferente! Tenho a capacidade de me recriar a todo momento e, se antes eu atraía pessoas inseguras, traidoras, que me colocavam chifrinhos, AGORA vou atrair uma pessoa leal, sincera, porque acredito que tem muita gente legal e eu mereço o melhor! Acredito no amor, nas pessoas e nos relacionamentos harmoniosos, e escolho pensar que nem todo mundo é igual. Quero e aceito o melhor para mim... É por aí... Se não entender, leia algum livro de autoajuda!

— O senhor é curto e grosso, hein, senhor CUPIDO NOTURNO?

— Não, dona escritora. Sou prático. Sou o Deus do Amor, mesmo que seja o Baladeiro, e minha missão é ajudar as pessoas. Mas só consigo ajudar quem entra na minha vibração! Quem acredita no bem e tem bons pensamentos. Com tanta gente habitando o planeta Terra, é no mínimo insano rotular pessoas dizendo que todas são iguais só porque tiveram um relacionamento ruim. Quem quer mudar de vida e atrair coisas e pessoas boas tem de mudar primeiro. Meu conselho é o seguinte: mude que tudo muda à sua volta!

Quer saber? As grandes vilãs das baladas não terão o menor sucesso se você não der força a elas. Nunca incentive aquilo que não quer. Se alguém estiver se sentindo inseguro, mude o pensamento, preste atenção na música ou vá dançar. Se perceber que está sendo intolerante ao julgar alguém que acaba de conhecer, não vá embora. Mude o rumo da conversa para ver o que descobre. Pense que está trabalhando e tem de ouvir aquele chato porque é um bom cliente. Você pode ter uma surpresa. Já vi muitos relacionamentos começarem mal nas baladas e terminarem em casamento. E, se sentir que está tendo muita expectativa em relação à balada, relaxe. Pense sempre que, aconteça o que acontecer, você estará sempre bem! Tente pensar primeiro em você, em se divertir e passar bons momentos, independentemente do comportamento de outras pessoas.

– Puxa, senhor CUPIDO NOTURNO, dando essas dicas, o senhor está antecipando o fim do meu livro! "Dicas para encontrar um amor nas baladas." Eu só ia escrever sobre isso no último capítulo!

– Não faz mal. No último capítulo você escreve tudo isso de novo, porque os humanos, especialmente os brasileiros, têm memória curta. Quando chegarem lá, provavelmente já terão esquecido meus conselhos.

– Ok. O senhor é quem manda!

Ellus, sempre presente nas baladas...

Lembro-me com detalhes da noite em que encontrei alguém muito especial numa balada em São Paulo. Um homem com quem namorei por alguns anos e fui muito feliz enquanto durou nossa relação. Depois da difícil final de um campeonato de vôlei, eu tinha de comemorar a vitória. Saí da quadra com minha medalha de campeã, mas já pensando na roupa com que iria para a balada. Coisas de mulher...

Vesti um modelito da Ellus, a grife predileta das "descoladas e antenadas com a moda" naquela época, e caí na *night*. Dei sorte. A primeira coisa que o gato que eu estava paquerando me disse foi:

– Você é a mulher mais bonita e bem-vestida que vi aqui. Essa roupa é importada?

Recordo-me que adorei ouvir um homem dizer que eu estava "bem-vestida". Geralmente, os "meninos" elogiam nossa beleza, não exatamente a roupa que estamos usando. Além de atleta e baladeira, naquele tempo eu era modelo profissional, portanto, muito ligada à moda.

Nesse momento, penso em Nelson Alvarenga, o criador e presidente da Ellus, que conseguiu a proeza de manter a grife no mercado há mais de três décadas. E desde os anos 1970 vem encantando e influenciando gerações de jovens ao criar e vender uma moda em constante renovação. Um empresário que não permite, de forma alguma, mesmice ou estagnação. Ele se preocupa e trabalha pela moda brasileira, como um todo, e está constantemente dando força e abrindo espaço para revelar novos talentos no mundo *fashion*. Foi ele quem criou a irmã mais nova da Ellus, a 2ND FLOOR, dirigida ao público de 20 anos, só para estar junto com essa moçada emergente e "não envelhecer".

Hoje a moda Ellus faz sucesso nas baladas de outros países também, já que a empresa tem lojas próprias em Tóquio (Japão), Dubai (Emirados Árabes), Friburgo (Suíça), etc.

Como deixar de ouvir a opinião e homenagear esse *expert*, que se tornou o homem mais poderoso da moda brasileira graças a seu talento, inteligência e sensibilidade?

O objetivo da Ellus sempre foi estar com as pessoas em seus momentos de prazer. Nosso público é exigente, culto, internacional, conhece as baladas do mundo todo e já sabe tomar um bom vinho. Alto nível. E o que é moda? É entretenimento, felicidade, beleza. Acredito que essa história de beleza interior não se aplica muito à vida urbana, em que as pessoas gostam de ver e ser vistas. Ninguém vive sozinho, para si mesmo. Somos, por princípio, seres sociais e sentimos necessidade de nos vender, nos projetar, nos oferecer. O "estar bonito", "atualizado", "bem-vestido" aumenta a autoconfiança. E é a partir daí que a gente começa a colocar para fora o melhor. Para passar a beleza interior para os outros, é preciso se sentir bem, ajustado. Um dos caminhos para chegar a isso é usar esse veículo: a moda. Quanto mais a pessoa estiver se sentindo atrativa, mais brilho terá, sorrirá mais, terá outra postura, e isso influirá em seus relacionamentos.

Essa é a importância da moda e da beleza no mundo todo. Ninguém gosta de se sentir desajustado, feio, porque isso faz com que a pessoa se retraia, ao invés de se soltar. Porém, é preciso bom-senso. Não adianta só vestir algo que está na moda. Essa moda tem de estar adequada ao perfil de cada um.

NELSON ALVARENGA E SUA FAMÍLIA "ELLUS" MERECEM ESSA HOMENAGEM.

Capítulo 10

MODA, BELEZA E RELACIONAMENTOS...

Nas passarelas noturnas

Do alto do meu 1,70 metro de altura, em cima de saltos 7 cm, a primeira coisa que vi quando cheguei à balada foi um homenzinho de 1,50 olhando insistentemente para mim. Francamente! Com todo o respeito aos baixinhos, não ia dar certo. Justamente naquela noite que eu estava a fim de namorar! Ignorei o pequenino e segui em frente. Logo, encontrei um amigo que me apresentou um gato muito interessante. Ele não tinha 1,85 metro, mas pelo menos era da minha altura. Começamos a conversar e ele pediu licença para ir ao banheiro. Circulei pelo bar e aonde eu ia o baixinho me seguia. Eu estava ficando irritada porque, toda vez que eu conversava com alguém, ele aparecia. Chegou ao cúmulo de passar entre mim e um homem que estava me paquerando e dar um baita empurrão no cara, fingindo que tinha tropeçado.

Reclamei com os anjos. CUPIDO NOTURNO veio em meu socorro e cochichou em meu ouvido:

– CALMA, É SÓ UMA VERSÃO MIRIM DO CAPETA BRIGÃO.

Controlei os nervos e me aproximei do palco onde a banda tocava. Misturando-me às outras pessoas que se espremiam para assistir ao show, esqueci o pequeno "encosto" por alguns instantes, até que ele apareceu ao meu lado, empurrou-me com força, eu me desequilibrei e quase caí em cima dos músicos. A ira aumentando, decidi ir ao banheiro, em vez de arrumar confusão. Quando saí, o Capeta Mirim Brigão estava na porta. Ao dar o primeiro passo, ele segurou meu braço.

– O que você quer? – perguntei, quase gritando.

– Quero te conhecer e saber tudo sobre você. Apaixonei-me na hora em que te vi. Vou namorar você! Vamos dançar?

– O QUÊ? Você está louco? Eu como pizza na sua cabeça! Garçom, me traz uma margarita, por favor! – ironizei.

Entretanto, quando vi a carinha magoada dele e as pessoas que tinham ouvido o diálogo morrendo de rir, me acalmei e tentei explicar:

– Olha seu tamanho! E você quer dançar comigo? Ainda por cima é mal-educado, folgado, fica empurrando as pessoas. Sai da minha frente antes que eu perca a paciência! Se ainda você quisesse só me conhecer, ficar amigo, mas me paquerar! E dessa maneira grosseira! Se liga...

Gente! É uma questão de bom-senso! A chave daquilo que chamo de se dar bem nas baladas, tanto no que diz respeito à beleza, à moda ou ao comportamento. Ficar perseguindo alguém que não olha para você, porque, mesmo que quisesse, não pode te ver (ninguém anda olhando para baixo); vestir-se com um modelito que não combina com seu tipo físico só porque está na moda ou querer chamar a atenção de qualquer maneira com atitudes bizarras é sinônimo de fracasso.

Que fique bem claro: apesar de engraçado (eu sou engraçada), não acho bonito o que fiz. Porém, não me refiro à baixa estatura do moço. Mas, sim, à maneira como ele se comportou, insistindo em algo que sabia que não daria certo. Tenho amigas altas que adoram os baixinhos. Mas elas sinalizam quando estão a fim. Tudo acontece naturalmente. No entanto, a atitude agressiva do Joãozinho foi me irritando, irritando... Tenho pavio curto, e acabei por ofendê-lo. Ação e reação.

A primeira coisa que a maioria das pessoas pergunta quando ouve falar de uma balada é... Tem gente bonita lá? Ou quando foi a uma festa muito boa e conta aos amigos sobre o evento, geralmente começa a frase dizendo... "Só tinha gente bonita!"

Se alguém diz a um homem ou a uma mulher que vai lhe apresentar um amigo(a) que vai estar na balada naquela noite, também a primeira pergunta é: ele(a) é bonito(a)?

Eu estaria mentindo se dissesse que ninguém liga para isso. Faz parte do show. Entretanto, beleza é algo muito relativo. BOM ou MAU GOSTO também. O que é bonito para uns pode ser feio para outros. O que é ridículo para certas pessoas pode ser interessante ou *fashion* para outras. O QUE É GENTE BONITA? Em todos os depoimentos que colhi para escrever o primeiro e este livro também, perdi a conta de quantas vezes ouvi essas palavras. Será que não seria hora de substituir essa "GENTE BONITA" por "GENTE DO BEM"? Mesmo porque os conceitos de moda e beleza mudaram.

Antigamente, era inconcebível que alguém comparecesse a um evento social importante usando jeans. Atualmente, tudo é permitido. Ou quase tudo. A moda fala muito em atitude. E, se as grandes referências *fashion* mundiais afirmam que tudo é permitido, e ditam cada vez mais liberdade, praticidade e individualidade na maneira de se produzir, prender-se a conceitos ultrapassados e rígidos não seria exatamente falta de atitude, estilo e personalidade – o inverso de tudo aquilo que se entende por moderno?

A moda e estética sempre estiveram ligadas ao comportamento das pessoas. Funcionam como um chamariz para os relacionamentos, já que a aparência física do ser humano pode atrair ou repelir seus iguais. Quase sempre é a primeira coisa notada no mundo material. Nem as pessoas mais espiritualizadas entram numa balada olhando primeiro para a aura ou alma dos outros. E tudo isso pode ser bom ou ruim. Uma das maiores preocupações dos frequentadores da *night*, especialmente das mulheres, é com a própria aparência.

Conversei com muitos baladeiros e baladeiras. São jovens inexperientes, esperando ansiosamente por aprovação, que não sabem direito ainda o que vestir, como se produzir, como LEVAR uma roupa, e que muitas vezes não têm dinheiro para comprar modelitos de grifes famosas, para frequentar academias – porque trabalham e estudam – e ainda têm de suportar as críticas ditas e não ditas dos desinformados(as).

Massacrados pelos padrões estéticos da moda e da mídia – que enaltece homens sarados, de corpo musculoso e definido, mauricinhos endinheirados, patricinhas siliconadas, ou magrelas com cara de modelo e bem-vestidas – muitos jovens perdem a autoestima e se sentem inadequados. Quer coisa pior?

Fiquei chocada ao descobrir, conversando com muitos deles (meninos e meninas), que, muitas vezes, uma das razões pelas quais se drogam, bebem além da conta e não se valorizam nas baladas é acharem que não fazem parte dessa "gente bonita, *fashion*, rica e top" que a mídia e a sociedade tanto enaltece.

Faço o possível para parecer mais bonita, mas não tenho o corpo e o rosto dessas mulheres que são modelos. Não consigo emagrecer mais do que isso. Já parei de comer e até fiquei doente. Então, eu bebo mesmo, me drogo, porque aí me divirto, não vejo nem sinto nada, esqueço tudo e não me sinto tão feia...

Detalhe: K.L.S não é feia nem gorda. É até muito bonitinha.

Dizem que ninguém repara nas roupas dos homens, mas é mentira. Outro dia, uma gata veio me dizer que eu deveria usar calças mais justas, que eu andava com roupas muito largas. Mas estou fora do peso. Tenho de disfarçar. Trabalho o dia inteiro para pagar a faculdade, estudo à noite e não tenho tempo para frequentar academia nem praticar esporte. Aí eu tomo todas nas baladas e não quero saber se estou feio ou gordo. Mas você não vai dizer meu nome, né? Eu te disse a verdade porque achei você legal...

O garotão que me fez essa confidência tem 21 anos.

A dermatologista paulista DOUTORA GABRIELA CASABONA, famosa por dar consultoria na mídia impressa e televisiva, conhecida por seu talento e sensibilidade, costuma dizer:

No dicionário, beleza é aquilo que tem aspecto ou forma agradável. Para mim, beleza é trazer ao equilíbrio aquilo que foi gerado para ser; mas não necessariamente simétrico.

Eis aqui seu precioso depoimento:

Todo mundo sabe que a praia do paulistano é a balada. E eu acredito que se podem fazer boas amizades ou encontrar alguém especial na noite. Mas isso vai depender totalmente da condição emocional em que a pessoa se encontra. Para atrair uma relação saudável, é preciso estar bem, tipo "eu me gosto, quero me cuidar". Acho impossível alguém gostar verdadeiramente do outro se não gosta de si mesmo. Eu tenho muitas pacientes que frequentam a vida noturna, me procuram para melhorar o visual, dizendo que querem procedimentos rápidos e eficazes porque à noite vão para uma balada, mas vivem reclamando que nela só encontram relacionamentos superficiais, que os homens estão muito galinhas, etc. É obvio que só a estética não vai resolver isso. Como eu já disse, não precisa estar tudo certinho ou perfeito para alguém ser considerado bonito(a). A pessoa pode ser linda e não se gostar. O primeiro passo é querer se cuidar, ter essa experiência para saber cuidar do outro. E o segundo é ter a consciência de que não existe ninguém perfeito. Mas que todo mundo deve procurar fazer o melhor por si mesmo.

Para escrever "Nas passarelas noturnas" um dos capítulos do meu livro *São Paulo é mais feliz à noite*, entrevistei vários *experts* em moda e beleza (estilistas, cabeleireiros, etc.) e todos eles afirmaram que a verdadeira beleza vem de dentro.

Aprendi isso há muitos anos.

Quantas vezes, menina bonita, você percebeu, numa balada, que os homens olhavam mais para sua amiga mais simples, sem tantos atrativos físicos, do que para você, linda, loira e bem produzida?

Com certeza, enquanto ela sorria e dançava alegremente, você estava mal-humorada, emburrada e cheia de maus pensamentos.

Conheci MARCELO BEAUTY, considerado, enquanto viveu, o melhor maquiador técnico do país – ele chegou a comemorar mais de mil capas de revistas –, na época em que eu era modelo e fiz um trabalho fotográfico com ele. Tia Beauty (como era chamado carinhosamente pelos amigos) era engraçadíssimo, a maior figura. Se eu fosse contar as histórias dele e de nossa longa amizade, não terminaria este capítulo.

Referindo-se às modelos que produzia para capas de revistas e outros trabalhos, ele tinha um texto pronto.

Essas pobrezinhas comem um ovo no almoço e uma folhinha de alface no jantar porque têm medo de engordar, e aparecem para fotografar mal-humoradas, infelizes, fraquinhas, e se esquecem de que na foto vão expressar aquilo que estão sentindo. A BELEZA SE EXPRESSA POR MEIO DO ESTADO DE ESPÍRITO EM QUE UMA PESSOA SE ENCONTRA. Por isso, quando elas chegam ao estúdio ou ao salão, a primeira coisa que digo para os meus funcionários é: "Vamos, preparem os lanches, comida nelas!".

Quem pode parecer bonita com fome ou infeliz?

Quando estive em Milão (Itália), fiz uma matéria com o cabeleireiro FRANCO BATTAGLIA, na época, considerado na Europa um dos grandes "mestres da tesoura". O Studio Battaglia (Milão–Paris–Nova York) agenciava e fotografava modelos e artistas famosas mundialmente.

Antes de embarcar para Milão, quando nos despedimos no aeroporto, Marcelo Beauty me disse:

– *Darling*, você vai conhecer um grande cara. Ninguém entende mais de mulher, moda, beleza e da alma feminina do que aquele italiano!

– Nem você?

– Nem eu.

Reproduzo aqui um trecho da entrevista.

Eu não acredito em moda porque a criatividade não tem tempo. O que é novo hoje pode mudar na próxima semana. Por exemplo, a maquiagem da moda não existe. O que valoriza a mulher é que ela use pouquíssima maquiagem e mantenha sua naturalidade. Mas a grande verdade é que nenhuma mulher pode ficar ou se sentir realmente bela se não estiver bem psicologicamente. E nenhum profissional do mundo é capaz de operar milagres, porque a natureza feminina é muito delicada. A mulher precisa gostar muito de si mesma, estar sempre alegre, se cuidar, fazer ginástica. O resto é bobagem. SE ELA NÃO ESTIVER BEM EMOCIONALMENTE, NADA FUNCIONA, PORQUE A BELEZA VEM DE DENTRO PARA FORA. E É ASSIM PARA O HOMEM TAMBÉM.

NOTA DA AUTORA: *Entretanto, cuidado! Tudo isso não dispensa os cuidados pessoais ou com a produção. Você pode até estar irradiando beleza interior e bom astral, mas não é porque está se sentindo feliz emocionalmente que vai comer um quilo de alho e cebola antes cair na* night. *Nem sair vestida propositadamente como uma árvore de Natal* ou um espantalho. Acabará ficando mal se todo mundo estiver tapando o nariz ou caçoando de você. Use o bom-senso!

Atenção para o que dizem alguns *experts*:

Dr. Edson Medeiros, *cirurgião plástico*

Tudo depende da cabeça da pessoa. Um ser humano tem de estar bem consigo mesmo. Ele pode não fazer parte do padrão que as pessoas consideram "belo" e, mesmo assim, não se achar feio. O importante não é o que uma pessoa aparenta, mas como ela se sente em relação a isso. Outro dia atendi uma paciente que veio acompanhada de uma amiga que tinha um nariz enorme. Ela me perguntou se eu achava o nariz dela feio. Eu respondi que, se ela se sentia bem com ele, estava tudo certo. E ela me disse que quase bateu em um cirurgião que queria operá-la, alegando que o nariz dela era horrível. Ela é bem casada, olha-se no espelho e se aceita como é. Por isso é feliz e se relaciona bem com todos. Ela era muito sensual, mesmo com aquele nariz. Tem homens e mulheres que conseguem ser sensuais, mesmo sem serem belos, e sensualidade nada tem a ver com a beleza. Vem de dentro. E é por isso que essas pessoas transmitem coisas boas. A gente vê mulheres belíssimas, mas apagadas. Sem sensualidade alguma.

O cirurgião plástico é treinado para observar detalhes que, uma vez trabalhados, melhoram o conjunto, mas o critério de beleza é composto de uma série de fatores. Varia em raça, época e costumes. Tenho visto senhoras casadas, mães de família, mais velhas e que são bonitas sem plástica. Aposto que elas se aceitam e se sentem belas. Recebo homens e mulheres de todas as idades. A maioria quer melhorar o corpo porque São Paulo não tem praia, é uma cidade onde se come muito bem e muita gente comete excesso, fica com o corpo saturado de gordura e não tem tempo ou dinheiro para frequentar academia. Eles preferem uma plástica, porque pagam uma vez só.

Eu, particularmente, acho que uma mulher sensual, por exemplo, põe as outras no chinelo. Ela se aceita e confia em si mesma, por isso terá sucesso em todos seus relacionamentos.

Quantos artistas na TV fazem enorme sucesso e não são bonitos? Quando alguém comenta que fulano ou fulana é feio(a), logo outra pessoa justifica, dizendo: "Mas ele(a) tem talento, carisma, charme ou... Ele(a) é tão sensual..."

A cirurgia só deve ser indicada quando uma jovem, por exemplo, botar na cabeça que não consegue namorar porque se acha feia. Ou um jovem achar que não consegue fazer sucesso com as mulheres por causa do tamanho do seu nariz. A plástica deve ser feita e terá resultados físicos e psicológicos quando o paciente, seja quem for e tenha a idade que tiver, não consegue se sentir seguro o suficiente para se relacionar no meio em que vive.

Dr. Herbert Gauss, cirurgião plástico

Gosto e frequento a vida noturna de São Paulo. Por isso sempre observei o comportamento das pessoas. A noite é fantasia, é mágica. As pessoas estão maquiadas, produzidas, bebem alguns drinques, ficam felizes... Mas daí a ter relacionamentos sérios, acho difícil nos dias de hoje. Digo até para minha filha que, para se conseguir um namoro sério, deve-se frequentar outros ambientes, além das baladas. Clubes, restaurantes, etc. Vamos supor que você ficou interessada em alguém na balada, mas não chegou a conhecer e conversar. Você pode encontrar essa pessoa casualmente em um restaurante, por exemplo, onde há maior possibilidade de conversa e entrosamento.

Como cirurgião plástico, minha experiência me permite afirmar que numa balada moderna, ou no mundo rápido em que vivemos, a primeira impressão é a que abre a porta.

Um exemplo: se um empresário está a mil por hora na correria do seu dia a dia e no meio do trânsito vê uma mulher bonita lhe sorrindo, ele dá uma relaxada e para, querendo dar um cartão, trocar telefone. Isso não aconteceria se fosse alguém sem atrativos, que não lhe chamasse a atenção. A verdade é que, para você conhecer o interior da pessoa, ela precisa ter um exterior que lhe agrade. Esteticistas, dermatologistas, cirurgiões plásticos, cabeleireiros representam a possibilidade que as pessoas têm de se encaixar nos padrões estéticos que a sociedade exige. Todo mundo quer ser amado pelo que é de verdade, em seu interior. Mas o caminho para isso é o físico, a estética. Ninguém fica numa balada olhando para o interior das pessoas.

Mas é necessário ter bom-senso. As pessoas não podem ficar achando que só vão encontrar alguém se estiverem lindas, e sair por aí se submetendo a plásticas sem necessidade ou a um monte de tratamentos de beleza. Isso é loucura. O importante é procurar um profissional de confiança que as oriente, diga-lhes o que realmente precisa ser mudado para ficar com uma boa aparência e ter segurança para atrair o que quiser.

Lazinho

Depois de trinta anos cuidando da beleza dos famosos (homens e mulheres), empresários, políticos, personalidades e vips de todos os meios, o cabeleireiro LAZINHO, que também tem o mesmo tempo de baladeiro, pode, melhor do que ninguém, opinar sobre o assunto.

Aos 56 anos, um dos mestres da tesoura – entre suas clientes está a eterna garota de Ipanema, Helô Pinheiro –, continua gostando das baladas e frequentando-as, mas de outro jeito...

A balada nada mais é do que a busca incessante do ser humano pelo que ele não tem. É mais fácil se justificar dizendo que a gente sai toda noite por pura diversão. Ninguém sai de graça nem perde uma noite de sono de bobeira. A grande verdade é que o homem busca alguém que o complete em todos os sentidos. Sou um exemplo. Quando encontro uma mulher especial e começo a namorar, as baladas se tornam mais raras. Do contrário, caio na *night*. Como todo mundo. Ouço muita gente, todos os dias, há muitos anos, famosos e anônimos, e posso garantir que são todos iguais. O cabeleireiro é meio padre, assistente social, psicólogo, um pouco de tudo. Quando uma mulher está de baixo-astral, a primeira coisa que faz é procurar um salão de beleza, antes da loja e da academia. O homem, por sua vez, procura uma academia. Depois, ele vai cuidar da pele, do cabelo, etc. Mas sempre digo que a beleza exterior é para se olhar; a interior é aquela que faz uma pessoa ficar com a outra. Muita gente está se esquecendo de cuidar do exterior, e é por isso que há tanta infelicidade. Não adianta procurar esse bem--estar no salão ou em qualquer outro lugar. A pessoa precisa se sentir bonita por dentro, estar bem consigo mesma. Olhar-se no espelho e se amar em primeiro lugar, independentemente da aparência exterior. É claro que a beleza faz parte do cotidiano e influi em tudo. Mas se uma mulher não estiver bem, não adianta mudar o corte nem a cor do cabelo, pois mesmo que todos a achem mais bonita, ela não vai gostar. É por isso que eu digo: para mudar o exterior, ela paga alguém; mas o interior não tem preço, só ela mesma pode fazer isso. Essa preocupação exarcebada com a aparência, que existe hoje em dia, não faz sentido. Alguém pode conseguir um corpo escultural, mas isso não fará com que se sinta feliz nem fará bem a quem estiver a seu lado. Com os famosos, que todos julgam felizes, é pior ainda. Cuido do visual de vários deles há anos. Todos têm problemas. Estão sempre preocupados. Quando estão no auge, fingem que fogem da mídia e se fazem de difíceis, mas, quando saem dela, entram em depressão. Os que estão fora da mídia ficam infelizes, e os que estão no auge já estão preocupados com o amanhã, com o que farão quando estiverem fora. O ego não aguenta. Todos deveriam se preparar. Em toda profissão existe uma renovação natural. Eu já tive meu auge. Agora surgem novas estrelas. É preciso cuidar da alma, estar em paz, se aceitar com as imperfeições, mesmo porque beleza não garante um bom relacionamento. É como tesão. Uma mulher pode ser linda, mas nem todos os homens sentirão desejo por ela. E, falando nisso, a mulher tem de voltar a se valorizar. Essas meninas saem para as baladas apostando entre si quem vai beijar mais. Banalizaram o beijo. Virou um aperto de mão.

As mulheres não estavam preparadas para toda essa liberdade e ficaram perdidas. Elas se queixam das garotas de programa, mas pelo menos essas a gente sabe que se dão por dinheiro. E elas? É por isso que acontecem esses desencontros nas baladas. A mulher tem de voltar a respeitar seu corpo e a si mesma. É ela quem tem de mudar primeiro o seu comportamento. Ela é muito mais forte que o homem para fazer qualquer mudança, porque o homem pensa primeiro com a cabeça de baixo. Se ela mudar, ele é obrigado a mudar também.

— E agora, anjos? Depois de ouvir isso sinto até vergonha de ser mulher! Um garotão de 23 anos me disse a mesma coisa numa balada.

Depois de observar uma turma de homens jovens e bonitos zoando as meninas, aproximei-me e perguntei a um moreno que parecia ser o líder:

— Por que você e seus amigos estão zoando essas meninas? Eu vi tudo. Elas são bonitas, estão bem-vestidas, produzidas, parecem legais. Não dá para paquerá-las, trocar contatos? Quem sabe rola um namoro, alguma coisa boa...

— Tá brincando, gatona? São bonitas, bem-vestidas e vadias! Cheias de veneno! O que adianta? É a primeira vez que você vem aqui? Você não sabe de nada! Elas é que zoam com a gente. Estão sempre aqui no bar. Há uns quinze dias, elas chegaram, sentaram à nossa mesa sem serem convidadas, tomaram iniciativa de tudo, parecia que elas eram os homens. Disseram que queriam beijar, partiram para cima e cada uma agarrou um de nós. O que a gente ia fazer? Se a gente não fizesse nada, iam sair por aí espalhando que somos gays. Foi o que aconteceu com o Léo. Ele não quis beijar a ruiva e ela saiu por aí dizendo que ele era gay! Está vendo aquela loirinha? Foi embora com o Tico e transou com ele. Marcaram de se encontrar aqui no bar. Quando ele foi falar com ela, a vadia fingiu que nunca tinha visto o cara na vida. A mulherada está assim... Não dá nem tesão! A gente não precisa fazer nada. Elas querem fazer tudo...

— Mas elas dizem que agem desse jeito porque querem que vocês sintam na pele como é ruim ser tratado como objeto sexual e que vocês mudem o comportamento...

— São elas que devem mudar o comportamento. Nós somos homens, e homens são assim mesmo. A gente pensa primeiro em sexo. Elas é que precisam pôr a gente no nosso devido lugar. Mas não é agindo igual a nós que vão conseguir. Homem é homem; mulher é mulher!

Quando penso em consultar CUPIDO NOTURNO e AMIGO DA NOITE, novamente eles respondem em uníssono:

– NÃO É TODO MUNDO QUE PENSA ASSIM. COMO JÁ FOI VISTO. NUNCA FALAMOS MAL DE NINGUÉM. MUITO MENOS DO COMPORTAMENTO DO HOMEM OU DA MULHER. E, SIM, DO COMPORTAMENTO DO SER MANO, INDEPENDENTEMENTE DO SEXO OU ORIENTAÇÃO SEXUAL. TODOS ESTÃO SENDO AQUILO QUE SÃO E QUEREM SER NO MOMENTO. NÃO SE PREOCUPE. TUDO MUDA. O AMOR AINDA EXISTE. PERGUNTE ÀQUELE TERRESTRE QUE VENDE FLORES SE NÃO É VERDADE.

PEDRO DAS FLORES

Sinto-me emocionada ao encontrar o vendedor de flores mais querido da *night* paulistana na porta de um bar. De baixa estatura, usando seu costumeiro terninho preto e gravata-borboleta, cabelos brancos, olhar meigo e doce, "PEDRO DAS FLORES"– como é chamado carinhosamente por seus clientes – se aproxima de mim sorrindo.

Ele é quase um folclore na cidade. Vende flores nos bares de São Paulo há 33 anos. Quando a gente menos espera, lá vem ele com sua cestinha.

– Há quanto tempo não te vejo, menina! – diz ele, me dando uma rosa vermelha. Ele sabe que é a minha predileta.

Na noite em que o conheci, estava sozinha, e ele me deu uma rosa vermelha dizendo que, com certeza, aquela devia ser minha flor preferida porque eu combinava com ela. Concordei e, a partir daí, toda vez que ele me encontrava e via algum homem perto de mim, mesmo sem saber de quem se tratava, cochichava algo no ouvido do "cavalheiro" e eu acabava ganhando uma rosa "vermelha". Quando isso não acontecia, ele me dava uma flor de presente.

– Seu Pedro, que alegria! Eu estava pensando onde poderia encontrá-lo. A gente nunca sabe em que bar o senhor está! Sabia que eu estou escrevendo um livro para falar do amor nas baladas e me lembrei do senhor? Outro dia pensei: preciso encontrar o Pedro das Flores, ele simboliza meu livro. Não posso deixar de ouvir sua opinião. Como é que estão suas vendas atualmente? Quando o conheci, há alguns anos, o senhor vendia muuuuitas flores... Os homens continuam comprando flores para dar às mulheres?

– Minha querida, eu estou com 75 anos. É lógico que as coisas mudaram. Antigamente, os homens me chamavam para oferecer flores às damas. Hoje eu tenho de insistir um pouquinho. Mas eles acabam comprando. A minha maior alegria é encontrar os clientes que me apresentam a seus filhos já adultos contando a eles que tudo começou por causa das minhas flores. Minhas rosas fizeram muitos casamentos, minha filha, sempre foi assim.

Mesmo nos dias de hoje, com o romantismo meio fora de moda, quando um homem oferece flores a uma mulher, ela se encanta e começa mais uma história. Recentemente, um casal bem jovem me chamou numa balada para contar que ia se casar. Adivinha como se conheceram? Ele comprou uma rosa minha e ofereceu à moça na noite em que se conheceram num bar. E essa cena se repete há 33 anos...

Sabe por que até hoje vivo de bar em bar, oferecendo flores? Porque o amor ainda existe...

– Ouço o bater de asas do Anjo CUPIDO NOTURNO.

– ESTÁ VENDO, DONA ESCRITORA, POSSO ME APRESENTAR DE VÁRIAS FORMAS...

– CONVENCIDOOOO!!!!

Capítulo 11

GLS

Como eles se relacionam nas baladas?

BALADAS GLS

A primeira vez que entrei numa balada GLS foi por engano. Ridículo. Hilário. Não posso contar a cidade, o lugar onde eu estava nem falar o nome da amiga que me acompanhava. Hoje ela é muito famosa e prefere não ser citada. Mas deu a maior força para que eu contasse esta história.

O fato é que com 20 anos tudo é novidade. Eu morava em São Paulo e combinei com minha amiga, que vinha de Belo Horizonte, de nos encontrarmos no aeroporto da cidade onde passaríamos alguns dias.

Estávamos tão excitadas com a viagem que, quando chegamos ao hotel, decidimos nos arrumar e sair. Garotas nessa idade viajando sozinhas querem mais é paquerar! Logo me lembrei do nome de uma boate badalada que alguém tinha me dito havia algum tempo. Pegamos um táxi e eu disse ao motorista o nome do lugar aonde iríamos. Tricotando como duas comadres que, quando se encontram depois de dois anos sem se verem, não param de falar um segundo sequer, nem percebemos quando o carro parou. Pagamos a corrida e descemos do carro, rindo e conversando. Foi só aí que reparamos na fila à nossa frente. Só vimos homens. Lindos! Que bom! Duas mulheres bonitas e sozinhas, com certeza, eles iriam deixar a gente passar na frente.

Tomamos nosso lugar no fim da fila, mas ninguém se manifestou. E o pior: nem olharam para nós. Acostumadas a fazer sucesso com os meninos, estranhamos o fato e eu brinquei:

– Querida, ou morremos e não sabemos, ou...

– Esses caras são gays – completou minha amiga (sem desconfiar que tinha acertado em cheio).

Começamos a conversar de novo e esquecemos o assunto. Quando estávamos chegando à porta, ela me cutucou:

– Olhe para trás!

Eu olhei e achei que estava sonhando. Nunca tinha visto aquilo. A fila tinha aumentado três vezes de tamanho, só tinha homens. Eles estavam vestidos normalmente, nenhuma aberração. O porteiro perguntou?

– Vão entrar ou ficar aí paradas?

Nem tivemos tempo de responder, minha amiga me deu um puxão e, quando percebi, estava lá dentro. Homem beijando homem, poucas mulheres agarrando outras mulheres...

– Gente! Que roubada! Entramos numa boate de bichas e lésbicas! Naquela época, não existia o termo GLS.

E agora?

– E agora vamos curtir! Eu nunca tinha entrado numa boate gay. E você?

– Eu também não. Vamos pegar um drinque...

Ficamos um pouco tímidas no começo. Mas, quem já foi a boates GLS, sabe que o som é imbatível e que os gays dançam muito bem. É impossível ficar parada, pelo menos para mim, que sou bailarina. Pegamos os drinques e ficamos paradas perto do bar. Comecei a reparar no ambiente e nos detalhes. Aí, sim, vi alguns homens com roupas apertadíssimas, brilhantes, desmunhecando. Em um canto da boate, um lounge de veludo vermelho aconchegava casais de homens e dois casais de mulheres *in love*.

– Quer saber? Vou dançar! – disse minha amiga, perdendo-se na pista de dança.

Eu estava justamente procurando por um gay que dançasse bem para me acompanhar, quando ouvi alguém dizer:

– Eu não acredito! O que você está fazendo aqui?

Era um famoso bailarino que já tinha feito aulas de jazz comigo na época em que eu dançava com o coreógrafo americano Lennie Dale.

Quando contei que entrei na boate por engano e tudo o que tinha acontecido (não posso contar alguns micos e detalhes sórdidos), a biba teve um ataque de riso.

– Vem, meu amor, vamos curtir! – disse ele, me puxando para dançar.

Quando dei por mim, algum tempo depois, já conhecia um monte de gente. Minha amiga e eu dançamos a noite toda, fizemos muitos amigos, nos divertimos a valer. Foi uma das noites mais alegres da nossa vida.

Foi por intermédio de um amigo em comum que reencontrei Oscar, um dos arquitetos mais famosos de São Paulo. Humberto o encontrou numa festa, comentou algo a meu respeito, ele disse que era meu amigo e que não me via há anos e, juntos, resolveram me ligar.

– Sula, estou aqui com um amigo seu. Ele vai falar com você.

– Sula Gava, querida, é o Oscar, tudo bem? Que saudades...

Quase não acreditei. Oscar sempre foi um amigo muito querido, e a gente tinha perdido o contato. Ele me passou seu celular, ficamos de nos encontrar e pôr a conversa em dia.

Uma semana depois, Oscar me convidou para jantar em sua casa.

– Mamãe fez um bacalhau, quero que você venha jantar comigo e traga um exemplar do seu livro (*São Paulo é mais feliz à noite*), que eu ainda não li...

– Você ainda mora naquela casa cinematográfica no Morumbi?

– Não. Agora moro nos jardins. Anote o endereço.

Chego à casa de Oscar lembrando da festa a fantasia maravilhoooosa que ele deu em sua casa no Morumbi (bairro chique de São Paulo) quando completou 40 anos. Como será que ele está? Já se passaram 14 anos... Terá envelhecido muito?

É João, o simpático mordomo, que vem me atender.

– O senhor Oscar mandou avisar que se atrasou um pouco, mas já está a caminho. Fique à vontade...

Eu o acompanho pelo imenso hall de entrada, percorrendo os ambientes magnificamente decorados. Tudo *clean*. Chique. Leve. Sofisticado, porém sem cafonice.

A casa é ainda mais bonita do que a outra, como era de se esperar.

Em minha opinião, Oscar, pisciano sensível e criativo, é um dos únicos decoradores que consegue misturar o clássico e o moderno sem pecar pelo exagero ou exibicionismo tão comuns nesse tipo de residência – o que resulta em ambientes sobrecarregados e sem harmonia visual.

Espero abraçar um senhor de 54 anos, e quem entra na sala é um gatão sarado, jovial, aparentando pouco mais de 40, acompanhado de outro gato também sarado, todo definido (desses que parecem não sair da academia), alto, bonito e elegante, que ele me apresenta como seu namorado.

– Oscar, não acredito! Parece que o tempo não passou. Você está ótimo! Melhor do que antes, magro, malhado...

– É, Sula, meu namorado é sarado, tenho de ficar sarado também...

Orgulhoso, me mostra a academia que montou em frente à piscina, com todos os aparelhos necessários e exigidos por qualquer bom *personal trainer* para manter em cima o *shape* de seus alunos.

Após o jantar, a mãe de Oscar se retira. Notando os olhares de amor e cumplicidade entre Oscar e Murilo, sinto que o namoro é para valer e, entre uma taça e outra de vinho, eles concordam em falar sobre o romance. Penso que será ótimo ouvir duas pessoas de gerações diferentes, afinal, Murilo também é arquiteto e só tem 26 anos.

Oscar começa a conversa dizendo que atualmente está muito difícil encontrar alguém nas baladas para namorar, porque os tempos mudaram...

E Murilo, quietinho durante o jantar, entra na conversa e dispara a falar. Pasmem! Não é só um garotão malhado, exibicionista, como a maioria dos homens da idade dele. Maduro demais para sua idade, inteligente e sensível, acaba surpreendendo Oscar e eu.

> As pessoas sentem carência na segunda-feira. Ninguém fica carente no sábado à noite, quando sai com os amigos para zoar. No fundo, todo mundo quer alguém, mas as pessoas estão pouco tolerantes. Acredito que o problema também pode ser um fator social. Em boates *gays*, a maioria das pessoas não é de São Paulo. Vêm do interior do estado e enfrentam várias adversidades até conseguirem se assumir e conquistar a tão sonhada liberdade.
>
> O heterossexual sabe desde criança que um dia vai encontrar uma esposa, casar, ter filhos e construir família. Por mais rebelde que seja, constrói isso na mente. É a ordem natural das coisas.

O homossexual, quando descobre quem é, quer liberdade. O sonho dele é outro. Poder ser *gay*, assumir sua sexualidade, vir para a cidade grande, morar sozinho, ficar rico, viajar, curtir a vida. E isso influi em seu comportamento numa balada. Ele não quer perder a liberdade que tanto sofreu para conquistar.

Numa balada gay, 95% das pessoas estão drogadas. Tomam uma bala e, por si só, a droga já garante a autossuficiência. Ele não está preocupado em conhecer alguém.

O gay é vaidoso, cuida do corpo, gosta de se exibir. Na balada fica com calor, tira a camisa e fica ali dançando e se pavoneando.

A gente entra numa balada gay e tem a impressão de ter entrado em um açougue com vários tipos de carne pendurados. São 4.500 bichas na dança do acasalamento. São movidas por atração física. Só isso. Quando começa o bate-papo, o castelo cai. Sexo é só uma hora. E nas outras 23 horas, a gente faz o quê? Acho que quem quer encontrar alguém, como eu, que sempre gostei de relacionamentos longos, de namorar, tem mais chance em barzinhos e restaurantes frequentados pela galera GLS. Foi em um desses que encontrei o Oscar.

Mas, para não dizer que sou pessimista nem pertenço ao DDDS, como você chama o clube dos desacreditados, creio que se alguém quer atrair um namoro numa balada tem de ser "diferente". Não estar drogado e ficar tranquilo. Uma vez, nessas baladas GLS de 5 mil pessoas, conheci alguém muito interessante. Eu estava lá na minha, quieto, de camisa, quando ele se aproximou e disse:

— Eu tinha te visto desde que chegou. Enquanto os outros estão mostrando o corpo, você está aí vestido, na sua. Pensei que o motivo talvez seja porque o que você tem de melhor não é seu corpo.

Oscar se entusiasma ao contar como os dois se conheceram.

Eu estava em um bar restaurante com amigos quando o vi sentado à mesa com os amigos dele. Depois da troca de olhares e paquera, pensei que, se eu não tomasse uma atitude, talvez nunca mais tivesse a oportunidade de encontrá-lo. E acho que sem ousadia não se chega a lugar nenhum nesta vida. Discretamente, mandei-lhe um torpedo pelo garçom, escrevendo em meu cartão pessoal: "Acho que você não está me reconhecendo, se lembrar me ligue". Fui embora, e passava da meia-noite quando ele ligou. Contou-me que no início ficou confuso, pensando se me conhecia ou não, e eu disse, rindo, que essa era a minha intenção. Uma estratégia sutil, não é? Marcamos um almoço para o dia seguinte e, desde então, almoçamos e jantamos juntos todos os dias, há meses.

Hoje as coisas são diferentes. Os lugares mudaram. Antigamente não havia 5 mil pessoas nas boates, a noite tinha *glamour* e havia mais romantismo e suavidade nas pessoas, homo ou héteros. Toda casa noturna possuía um bar, e a gente tinha como se aproximar, conhecer, conversar e depois ir para as discotecas.

Particularmente, não sei viver em um gueto. Sempre fui de namorar. Tive um relacionamento de catorze anos, e quase não íamos a lugares gays. Como o Murilo já disse, hoje o gay está ligado em curtir, fazer um arrastão no fim da noite e ter uma aventura.

Acredito que para se ter uma relação séria é preciso começar certo. Valorizando primeiro o ser humano, sendo verdadeiro, depois vem o resto. Esse negócio de beija depois pergunta o nome, e às vezes nem pergunta, não é comigo.

E A DIFERENÇA DE IDADE ENTRE VOCÊS NÃO PEGA NADA?
É Murilo, com sua sábia juventude, quem responde:

Não pega nada. Sempre namorei pessoas mais velhas. O que pega nos relacionamentos é a falta de tolerância. Hoje em dia, no primeiro problema que pinta, as pessoas saem fora. Por isso há cada vez menos casais felizes.

Está ficando tarde e percebo que os pombinhos querem ficar sozinhos... Imagine se eu iria segurar vela do casal... Não fica nem bem. Despeço-me, com a promessa de Oscar:

– O dia em que formos a uma balada gay, você vai com a gente, tá querida?
– Tá fechado, meu bem! Só não vai dar para eu tirar a camisa...

Convido um *personal trainer* que conhece os dois lados da moeda para falar das baladas gays masculinas. Antes de descobrir que era homossexual, ele era o maior pegador, frequentava as melhores baladas heterossexuais da época, saía com as mulheres mais bonitas que encontrava na noite, chegou a namorar sério algumas delas, e até encontrou um grande amor num bar-dance. Ficou noivo e quase se casou. Ele compara as baladas homo e HT (hétero).

Até 28 anos, eu não sabia que era gay. Eu gostava de mulher, tive muitas namoradas e cheguei a ficar noivo. Sentia-me feliz daquele jeito, mas sempre faltava alguma coisa. Sempre fui festeiro. Já fui um baladeiro heterossexual; hoje sou um baladeiro homossexual. A principal diferença entre as duas baladas é o tipo de som e o comportamento das pessoas. O som que rola na gay dá de 20 a 0 na outra. E a galera não está lá para ostentar o que tem. Ninguém quer saber quem é o outro, o que ele faz ou qual é seu nível social. Gays e simpatizantes querem curtir a noite. Não há prejulgamento, a entrega é maior e tudo é mais verdadeiro. Se rolar carisma, atração, simpatia por alguém, simplesmente acontece. Rapidinho. A gente chega junto.

Na hétero sempre rola um jogo de interesses. O homem quer mostrar que tem dinheiro para passar o recibo de poderoso e comer a mulher que ele escolher na noite. E a mulher se presta a isso. Quer um cara que lhe propicie boas coisas, pague sua conta e fica com um olho no cara e outro na grana dele.

A bissexualidade dos simpatizantes é a última moda na noite gay. O ritual é mais ou menos assim: dois casais hétero ficam na deles até chegar um gay. O casal começa a dançar, se beijar, o gay entra no meio. Primeiro beija a mulher, depois o homem e, de repente, estão os três agarrados se beijando. O outro casal entra na roda, outros gays se aproximam e o circo pega fogo.

Tudo pode não passar daquela curtição de momento. Ou os envolvidos podem esticar a noite indo para a casa de alguém ou para um motel. E ninguém repara em nada. Todos são livres para realizar suas fantasias.

O mais engraçado é o heterossexual, ou o que se diz hétero e frequenta balada *gay*. Conheço vários deles. No seu pedaço é conhecidos como pegador. Esse tipo vai à balada *gay* com a desculpa de ouvir um bom som ou de pegar mulher. Todos sabem que as baladas *gays* são frequentadas por mulheres heterossexuais lindas que gostam de sair com seus amigos *gays*.

Mas eu pergunto: o que esse pegador vai fazer lá sabendo que corre o risco de levar uma pegada na bunda ou no pau dele e ter de ficar quieto? Acho que todo pegador em excesso, na verdade, está fugindo de alguma coisa. Ele não aceita que gosta de homem, tem medo do julgamento público, mas morre de vontade de experimentar.

O comportamento dele na balada gay é sempre o mesmo. Ele tira a camisa, dança a noite toda, não fica com os caras explicitamente, mas está dançando e se exibindo para eles. Quase sempre acaba se atirando no rolo dos simpatizantes, porque aí ninguém sabe mais quem é quem, mata a vontade, mas sai com a imagem limpa.

Sinceramente, acredito que todo mundo quer encontrar alguém. O gay sabe que a possibilidade de ele ficar sozinho é a maior do mundo. A gente não vê casais gays juntos por muito tempo porque é um meio promíscuo. A balada gay é mais putaria do que relação. Fazer amizades verdadeiras é mais fácil. Tenho grandes amigos que conheci nas baladas, mas amor... Na hétero é bem mais fácil, embora também haja putaria. Só que de outro jeito. O único ponto em comum entre as duas é que a falta de compromisso faz a balada ficar melhor. Tanto é que homens e mulheres, que são frequentadores assíduos das baladas, quando começam a namorar somem... É difícil namorar nas baladas com tanta gente sozinha dando mole. Os casais devem procurar bares mais reservados. Vão evitar brigas e desunião. Eu acredito no amor. O que é a vida sem ele?

E, para contar sobre as baladas gays femininas, convido uma publicitária. Embora demonstre segurança, franqueza e personalidade ao expor suas ideias, seu jeito feminino de andar, se vestir e falar em nada lembra uma mulher masculinizada ou estereotipada. Muito pelo contrário. Ela é uma *lady*. Um dos tipos de gay definido em seu meio.

> Tenho 31 anos. Sou gay assumida desde os 14, pertenço a uma família, classe média de Belém e descobri cedo minha preferência sexual. Aliás, ser gay, lésbica ou "sapatão", como dizem, não é uma descoberta. Acontece. Eu desejava um corpo igual ao meu. Sentia tesão até pelas minhas amigas da escola. Aos 16 anos, assumi para minha família: "Eu me apaixonei por uma mulher e vou morar com ela". Foi bombástico. Entretanto, sempre planejei minha vida e fiz tudo o que quis. Aos 23, senti vontade de ter filhos. Eu era empresária e fiz um contrato com meu sócio. Viveríamos juntos, teríamos filhos, mas cada um levaria sua vida. Para fazer meu filho mais velho, transei com ele oito vezes; e para fazer a menina, transei seis. Eu contei. Mas as crianças valeram o sacrifício que fiz. E, apesar de liberada, tenho um lado tão careta, que só não fiz mais um filho porque hoje estamos separados e acho que irmãos devem ter os mesmos pais. Eu viajo muito a trabalho e frequento as baladas gays do mundo todo. Posso garantir que em todas rola o mesmo filme. As mulheres gays vão às baladas em busca de um amor, de compromisso. No primeiro encontro, elas vêm com um beijo, no segundo com as malas. A essência feminina é querer acasalar, cuidar da outra, é um sentimento maternal. Temos poucas casas noturnas para esse público. É como se vivêssemos em guetos. Encontramos as mesmas mulheres nos mesmos bares, e elas se interligam. Todas elas, em algum momento, já ficaram uma com a outra. Parece que temos atração por quem já ficou com a "nossa amiga" ou "nosso caso". A história entre mulheres é diferente. Há certo respeito. Raramente vamos fazer amor no primeiro encontro. Tem beijo, amasso, toque no seio, mas da cintura para baixo é algo mais fechado, íntimo. Exceto as mocinhas que acabaram de virar gays e se assumir. Ficam tão ansiosas que querem sair na primeira noite.

Geralmente, a gente troca telefone e se encontra fora da balada, quase sempre no dia seguinte. Tem aquela coisa compulsiva da mulher. Quando ela "fica" e gosta, depois da balada liga a noite toda, mas espera até o próximo encontro. E, se der certo, começa a namorar. Aí dá um tempo da noite junto com a parceira, porque a maioria delas é ousada e provoca as acompanhadas. Ir à balada acompanhada é briga na certa. Mas não tem briga como no meio dos homens, porque elas resolvem as coisas entre si. Contudo, tomam conta da namorada, especialmente quando elas vão ao banheiro. Ficam na porta feito cão de guarda. Toda gay sabe que é no banheiro que tudo acontece. Chamamos de BANHEIRAL. Por vários motivos, há muitas mulheres que não gostam de se expor. A paquera rola da seguinte maneira. Uma delas passa, dá uma olhada, vai ao banheiro, a outra a segue. Tem de tudo nas nossas baladas. Algumas gays são tão "machos" que a gente costuma brincar dizendo que elas andam com vibrador no bolso da calça. Elas gostam de ser chamadas mulheres masculinas. Dizer que se vestem como homens é uma ofensa para elas. Outras são superfemininas, andam chiquérrimas e bem produzidas. São as *ladys*. E tem ainda as mulheres que frequentam as baladas gays, mas não são gays. Elas querem paz. Dançar, beber e curtir. Não querem pegação nem ser agarradas naquela noite, então acabam caindo na nossa balada. A gente respeita.

— Você já encontrou um grande amor na balada?

— Sim. Foi meu primeiro grande amor, aquele que a gente nunca esquece. Eu a conheci numa casa GLS em Belém. Ficamos três anos juntas e fomos muito felizes.

— Você pretende se abrir para seus filhos? Se casar com uma mulher?

— Lógico. Quando eles tiverem idade suficiente para entender a minha opção. E, quanto a me casar, por enquanto não penso nisso. Viajo muito e estou curtindo a vida. Tem uma casa em MIAMI (EUA) chamada LAUNDRY. Quando vou lá, fico louca.

Aparecem umas italianas lindas, maravilhosas, é difícil ser fiel... Mas é claro que quero encontrar um grande amor.

– E como está a noite das lésbicas? Quais as dicas que você daria para a mulher gay ser mais feliz nas baladas?

Como já disse, a noite GLS feminina é carente de casas noturnas. A mulher não bebe tanto quanto o homem, e não é fácil para os empresários mantê-las. E nós não temos um gaydar (radar gay) como os homens. Eles se identificam, as mulheres não. Por isso, procuramos as baladas. Sabemos que lá vamos encontrar o que queremos. A maioria que está lá é gay mesmo. Não tem erro. O que está precisando para que as gays sejam mais felizes é diminuir o preconceito. Elas só querem mulheres na mesma faixa etária porque sabem que elas também querem compromisso, o que todas nós, no fundo, estamos procurando. Isso porque as mais novinhas ainda não estão definidas totalmente. Estão se testando. E as mais velhas estão tão tarimbadas que não se entregam. É preciso, também, que haja mais respeito, que elas parem de flertar com quem está acompanhada. Que não demorem tanto dentro do banheiro. E, principalmente, que se assumam. Não há nada pior do que a gente começar um caso com uma mulher que depois de um tempo diz que não pode assumir porque a família não sabe. A mulher gay é verdadeira, companheira, quer amar e ser amada, estar junto para o que der e vier. Ela não faz joguinho como as heterossexuais fazem com os homens. Entre nós tudo é verdadeiro desde o primeiro contato. Não mentimos nem usamos máscaras.

– Quer dizer que a mulher gay está tão atirada nas baladas homossexuais quanto nas heterossexuais?

– Exatamente. É o grande problema. A falta de respeito com si mesmas e com os outros. A única diferença é que na homo elas atacam pessoas do mesmo sexo, e na HT pessoas de sexo diferente.

CAPÍTULO 12

GAROTAS(OS) DE PROGRAMA

Um capítulo à parte

Elas

"A clientela caiu porque a mulherada dá de graça"

Elas são, sim, um capítulo à parte. Primeiro porque exercem a mais antiga das profissões femininas. Segundo, porque, sem elas, a vida noturna perderia sua tradição e originalidade. Pelo menos para os homens. E as mulheres não teriam com quem se comparar. Não poderiam se autointitular GAROTAS DIREITAS, ou MOÇAS DE FAMÍLIA, MOÇAS PARA CASAR, e assim por diante.

Começo a pensar... Preciso entrevistar as garotas de programa. Elas estão nas baladas, nos eventos sociais e até naquelas grandes festas fechadas onde só tem vips e celebridades... Elas fazem parte da *night*. COMO ELAS SE RELACIONAM? O QUE PENSAM? COMO SE SENTEM?... Recorro novamente aos anjos.

– Sei que vocês não vão me entregar uma garota de programa em domicílio para ser entrevistada, como fizeram com os moços das outras cidades, mas podiam me dar uma ideia...

O simpatiquinho AMIGO DA NOITE corre em meu auxílio.

– Você não se lembra daquele seu grande amigo empresário que encontrou há algum tempo? Ele te contou que, depois de vender a empresa, comprou um puteiro...

– Anjinho, que nome feio! Você é anjo! Não pode falar palavrão!

– E como você quer que eu chame aquilo? De santuário? E as moças, de santas?

Está bem. Ele comprou um prostíbulo e as moças que trabalham nesse ramo são prostitutas, meretrizes! Francamente, dona escritora, você está escrevendo um livro atual sobre as baladas ou isso são as memórias sobre os salões de dança de antigamente? Porque nunca ouvi ninguém, nas baladas, dizer prostíbulo ou prostitutas. A galera usa nomes como puta, puteiro, vagaba, vadia, etc. O termo mais *light* que costumamos ouvir referente a esse assunto é garota de programa! CUPIDO NOTURNO e EU somos anjos baladeiros, esqueceu? Para cumprir nossa missão, tivemos de nos adaptar. Mas, se você não gostar, pode pedir auxílio à dupla de anjos SR. LONG PLAY E SR. VINIL. Eles pararam lá no meio do século 20! Pensa que não ouvimos você caçoar de um homem daquela época porque ele se referiu a uma banda de rock como conjunto! Ora, quem quiser falar sobre aqueles tempos pode pedir ajuda a eles. Cada tempo tem seu anjo, entendeu?

– Nossa! Anjinho! Não precisa ficar bravo...

Sou interrompida pelo intempestivo CUPIDO NOTURNO.

– E não se esqueça de que, além de se relacionar, pensar e sentir, as garotas de programa também amam!

– Tudo bem, mas acontece que, apesar de ter convivido muitos anos com esse meu amigo que comprou um PUTEIRO e a família dele, que também era dona de um hotel famoso no litoral, há algum tempo perdemos o contato.

– Não se preocupe. Você vai encontrá-lo.

Dois dias depois, precisei de um dentista e liguei para um velho amigo. A primeira coisa que ele me disse foi:

– Você sabia que nosso amigo M. vendeu o hotel e abriu um puteiro? Ele se casou com uma das prostitutas de lá e tiveram uma filha. A mulher dele é linda. Já estive na casa... Vou te dar o telefone atual dele.

No mesmo dia, faço contato com meu querido amigo M. a quem sempre considerei da família. Para se ter ideia, ele e seus irmãos – três homens e uma mulher – sempre me apresentaram a todos como "esta é nossa irmã adotiva".

– Sula, estou morrendo de saudades de você. Venha à noite jantar comigo. Estou te esperando!

Quando entro no recinto, faltando pouco para a meia-noite, a grande surpresa. Tudo muito diferente do que eu imaginava. Olho ao meu redor e penso estar num antigo hotel de luxo. Quatro estrelas, pelo menos. Daqueles que a gente vê nos filmes. A recepcionista pede que eu aguarde no *living*. Sento-me no sofá vermelho Luiz XV e observo a decoração: tapetes persas (verdadeiros), móveis e lustres caríssimos, daqueles que a gente só vê em antiquários e leilões.

O enorme aquário de água-marinha com peixes exóticos, adaptado em um móvel do século XVIII, não nega que aquele lugar agora pertence a M. Ele sempre gostou de aquários. Já teve vários negócios, e em todos os seus escritórios sempre contava com a companhia dos peixes. Acredito que seja para trazer prosperidade (não sei se funciona, mas, seja o que for que ele se meta a fazer, dá certo). Ou porque M. é um típico aquariano – dizem os astrólogos que todos os aquarianos são excêntricos e estão cem anos à frente dos seres pertencentes a outros signos, já que não têm preconceito e se interessam por todas as pessoas sem fazer julgamentos. Para eles, todos são amigos especiais...

Uma morena, muito bonita, interrompe meus pensamentos e se apresenta:

– Oi, sou And, a esposa do M. Ele pediu que eu viesse te receber. Vamos? – ela me abraça calorosamente.

Eu a sigo entre curiosa e um pouco nervosa, porque, mesmo com toda minha frieza de repórter, acostumada a controlar as emoções quando trabalho, o dono daquilo tudo era meu amigo querido.

Entro no bar grande, bem iluminado e aconchegante. Noto, rapidamente, que todos me olham curiosos. M. conversa com alguns homens e me recebe com um forte abraço. Nesse instante, alguém me agarra por trás. Penso sem olhar: "E agora, o que eu faço? Será que estão pensando que sou do babado?"

E brinco com os anjos:

– Nossa, as meninas vão ficar zangadas, acabei de chegar e já arrumei cliente?

Outra surpresa! Era o irmão de M. de passagem por lá. Ele me encaminha até uma mesa e me apresenta aos funcionários como sua irmã. Os clientes me olham curiosos. "As meninas" ressabiadas. O lugar é alegre e tem bom astral. Chego à conclusão de que aquele é um puteiro feliz.

M. logo me leva para outro bar, ao ar livre, uma espécie de quiosque, e começamos a conversar. Conto sobre o livro que estou escrevendo.

– Então, você quer entrevistar uma das meninas?

– E você e sua esposa também! Já que você encontrou um grande amor na balada...

– Balada?

– É! BALADA PUTEIRO! Não deixa de ser uma balada... E eu não vou perder essa história por nada! (*risos*.) Eu pretendo mostrar com esse livro que o amor pode acontecer em qualquer lugar.

– Você sempre com seus argumentos indiscutíveis. Tudo bem, você venceu. Vamos começar com uma das garotas. Qual é o perfil?

– Quero falar com uma que frequente as baladas.

– K......... Pronto. Essa é a mais baladeira de todas!

K. é uma mulher muito bonita, de 34 anos, que foi criada na cidade de Santos (SP). Sorridente, desencanada e sincera. Deixo a moça à vontade para dar seu depoimento.

Comecei a fazer programas aos 26 anos para ganhar uma grana. Ganhei três vezes mais do que queria. Entusiasmei-me. E virou um vício. Não que eu não tenha capacidade de fazer outra coisa. Trabalhei em algumas empresas, até que uma amiga me disse: "Você é bonita e pode ganhar muito mais dinheiro". Acabei abraçando a profissão. Mas tenho família, uma filha adolescente, e ninguém sabe o que faço aqui em São Paulo. Entretanto, como ser humano e mulher, preciso de outras coisas. Por isso, vivo indo às baladas. Quero me sentir apreciada, paquerada, assediada, como qualquer outra mulher. A garota de programa é uma grande atriz. Se ela quiser trabalhar e pegar alguém, sinaliza pela postura, comportamento, e qualquer homem entende... Mas, geralmente, quando vou às casas noturnas da moda, dou uma de patricinha, de gatinha, e os caras não percebem nada. Aí, quero o homem, não a grana. Já encontrei um grande amor numa balada. Apaixonei-me perdidamente. Ficamos quatro anos juntos. Com o tempo, ele descobriu que eu fazia programas, mas manteve a relação. Ele tinha uma namorada e eu não cobrava nada. Fazia comida, cuidava dele, brincava de casinha. Para o homem é cômodo. Mas não me arrependo, porque ele me dava felicidade. A mulher precisa amar alguém, fazer sexo com um homem por quem tem tesão e não sinta nojo. É horrível transar com quem a gente não quer, mas aí entra a atriz. Não beijo na boca, uso preservativo, e acaba sendo um trabalho como outro qualquer. E, se não houver um lado que compense isso, com o tempo a gente fica fria, mecânica. Meu objetivo é trabalhar até o fim do ano e ir para o exterior. Vou fazer qualquer coisa por lá, menos me prostituir. No entanto, não lamento pelo que fiz até hoje. Só me envergonharia perante a minha família, caso eles viessem a saber. No mais... Quero ser feliz! O que importa não é o que eu faço hoje para sobreviver, e sim quem eu sou, o meu caráter.

– E você, M., como veio parar aqui?

– Foi uma história muito louca. Eu tinha acabado de vender a empresa, de me divorciar, e conheci uma garota de programa. Ela era uma deusa, uma princesa. Ela me ligou da Bahia, disse que estava voltando e me deu o endereço deste puteiro, onde trabalhava. Mas, quando cheguei aqui, encontrei uma senhora que olhou para mim e disse: "Você é o cara". Bebi com a cafetina a noite toda e ficamos amigos. Descobri que ela era muito rica, e hoje tem uma fortuna avaliada em 50 milhões de dólares. Ela me ofereceu a casa e eu aceitei, com a condição de que ninguém soubesse que eu era o novo dono. Pedi a ela que me apresentasse como gerente. Depois de dois meses, quando assumi, já sabia quem ia ficar e quem mandaria embora. Aí me apaixonei por essa mulher maravilhosa.

M. se refere à sua atual esposa, com quem tem uma filha linda de 2 anos, com respeito e admiração. Pede licença porque alguém o chama para resolver alguma coisa e, propositadamente, me deixa sozinha com And.

Uma coisa curiosa nas garotas de programa é que elas conversam olhando diretamente nos olhos de quem quer que seja. Talvez porque não tenham mais nada a perder. Nem a esconder. Ela me encara com o olhar límpido e honesto, esperando pelas perguntas. Não preciso de cinco minutos conversando com aquela jovem de 27 anos para entender que estou diante de uma mulher muito mais velha. A experiência, o sofrimento e os traumas lhe trouxeram uma maturidade quase indecente para sua pouca idade. Assume um ar sério, ao mesmo tempo cordial, porém se impõe como se fosse uma cantora ou atriz de sucesso, pronta para conceder a entrevista.

– E então, o que você quer saber?

– Tudo.

Voz firme e decidida, mas também cheia de ressentimento e revolta, And começa a contar sua história. E quando passa a dar nome aos bois e cita o nome de um famoso, percebo que essa é a chance que ela sempre quis para "dedurar" seus desafetos.

– And, não posso citar nomes. Bem que eu gostaria de ajudá-la a fazer justiça, mas isso não é um inquérito policial, apenas um livro, portanto, limite-se a contar sobre sua vida e esse amor que você está vivendo. Ok?

Ela se acalma e dispara a falar.

Eu era muito pobre, a mais velha de quatro irmãos. Meu padrasto era pedófilo, me assediava e eu tinha medo de contar para a minha mãe. A gente não tinha dinheiro nem para comer e, quando tinha alguma comida em casa, meu padrasto me boicotava. Inventava qualquer castigo e não me deixava comer para se vingar por eu estar sempre fugindo dele. Eu queria ser modelo e, como estava te contando, fui parar na agência de um diretor de uma poderosa emissora de TV. Quando ele descobriu que eu era virgem, aos 21 anos, me ofereceu 5 mil reais para tirar minha virgindade. Eu concordei, mas, quando cheguei ao estúdio, me tranquei no banheiro e comecei a chorar. Ele me mandou embora sem um tostão nem para pagar o ônibus. Tive de passar por debaixo da catraca. Procurei todos os empregos possíveis, fiz de tudo para não cair na noite.

Mas eu tinha uma amiga prostituta que sempre me oferecia trabalho e, quando a fome apertou, decidi ceder. Ela me levou a uma boate e fiquei horrorizada ao olhar para aqueles pedreiros usando chinelo. Apesar de pobre, sempre fui nojenta. Fui embora e resolvi que, antes de me iniciar naquela vida, iria perder minha virgindade com um amigo. Eu não iria entregar meu maior bem para um vagabundo que nunca vi na vida. Levei um bom tempo para convencer meu melhor amigo, que era gay e tinha nojo de mulher, a ser meu primeiro homem. Ele também era virgem e acabou concordando. Sentindo-me mais preparada, encarei aquele antro de quinta categoria. Vi mulheres se prostituindo em troca de drogas, um ambiente horrível, fiquei escondida num canto. Eu precisava do dinheiro, morria de medo, mas estava decidida. De repente, apareceu um homem de terno e gravata, bonitão, e me chamou para o quarto. Quando entrei, tremia, mas fui tirando a roupa. Ele disse que sabia que era a minha primeira vez, que não ia fazer nada comigo e só queria um abraço, porque a mulher dele estava morrendo no hospital. Deu-me 150 reais e me mandou para casa. Eu nunca tinha visto tanto dinheiro. Depois daquela noite, comecei realmente a me prostituir, fui trabalhar em puteiros de primeira e, quando dei por mim, estava ganhando 2 mil reais. Saí com muitos famosos, homens importantes e ganhei muito dinheiro. No meio disso, me encantei com um cliente chinês e, quando vim trabalhar nesta casa, ainda estava completamente apaixonada por ele. Até que o "gerente" começou a dar em cima de mim. Eu não o suportava, não sentia a mínima atração por ele. E, de repente, ele virou meu patrão. A birra aumentou mais ainda. Ele continuava a dar em cima de mim, insistia para sairmos, mas eu dizia não. Um dia, eu estava muito triste por causa do chinês e resolvi sair com ele. Não rolou nada. Saímos umas seis vezes para jantar, conversar. Numa noite, ele me deu um buquê de flores, me agarrou e me beijou na boca. Apaixonei-me, larguei o chinês e nos casamos.

M. volta à mesa acompanhado de duas gêmeas. Vamos chamá-las de V1 e V2. Elas têm 29 anos e são novas na profissão. Bonitas, simpáticas e sorridentes, também querem ser entrevistadas. Quando ficam cientes do assunto, animam-se e começam a falar. Outra garota senta-se à mesa, e o que era um diálogo se torna, de repente, uma mesa-redonda. De repórter viro a mediadora de um debate. E o bate-papo rolou mais ou menos assim:

Gêmea V1 – Encontrei meu grande amor numa balada GLS. Eu estava muito triste naquela noite e saí com meus amigos gays para me divertir. Não sei por que fui até a portaria. Ele estava do lado de fora parado sem saber se entrava ou não. Quando me viu, ele entrou.

– Mas ele era gay?

Não. Tem muitos homens que vão às baladas GLS para pegar as menininhas.

– E aí? O que aconteceu?

Conhecemo-nos, trocamos telefones e, no dia seguinte, ele foi me buscar no trabalho. Naquela época, eu era assistente comercial. Ficamos dois anos juntos e tivemos uma filha, que hoje está com 6 anos. Sabe o que eu acho? Que os homens só traem porque as mulheres estão muito desleixadas. Quando eu amo alguém, vivo me cuidando. Ligo para saber como está, se almoçou, se dormiu bem... A mulher que quiser segurar um homem precisa ser um pouco mãe. Eles precisam disso.

V1 é interrompida por outra garota. Vamos chamá-la de:

Black – E eu acho que os homens traem porque as mulheres estão cada vez mais iguais a eles.

Andy – É verdade, a clientela do puteiro caiu porque as mulheres dão de graça! Eu não entendo por que essas meninas vão para balada e ficam beijando qualquer um. Eu nunca fui assim. Mesmo trabalhando na noite, sempre tive meus princípios. A maioria dos homens quer beijar na boca e fazer sexo oral sem camisinha. Acho nojento. Não sei nem se o cara escovou os dentes, onde ele botou a boca. Nunca beijei nenhum cliente na boca. Qual o propósito? Se já dava meu sexo? Meu coração, não! Só beijo um homem na boca se estiver apaixonada.

Gêmea V2 – Mas, apesar de ser nova aqui e estar começando agora porque preciso da grana, eu acredito no amor. Eu também encontrei o amor numa balada. Ficamos três anos casados. E fomos felizes enquanto durou. Tenho um filho de 10 anos, fruto desse relacionamento.

São 4 horas da manhã. Meu amigo M. decide encerrar a conversa.

M. – Vou te falar a real, Sula. Este clube casa uma média de quatro mulheres por ano. Temos clientes importantes, homens ricos e poderosos que, obviamente, não posso citar os nomes, casados com meninas que conheceram aqui ou mesmo nas baladas. Sabe por quê? Todo homem sonha em ter uma puta na vida. E a mulher que teve essa experiência na vida, quando encontra alguém, é a mais fiel das mulheres. Eu nem diria fiel, mas leal. Fui casado três vezes. And é a minha quarta esposa. Nunca confiei nas outras como confio nela, em todos os aspectos. Considero algumas patricinhas mais putas que as putas, porque não têm a autenticidade das garotas de programa. Fui casado com uma que me botou um par de chifres. Elas são falsas. Dissimuladas. Tinha uma patricinha que trabalhava aqui. Dava para ver que ela era muito rica. Todo dia chegava com um carro diferente. Um dia eu perguntei por que ela trabalhava como garota de programa. Ela disse que era ninfomaníaca e aproveitava para se divertir e ganhar mais dinheiro.

Depois de contar mais algumas histórias engraçadas, meu amigo M. encerrou a conversa, acompanhou-me até meu carro, e eu perguntei:
– Você está feliz aqui?
– Estou ganhando muito dinheiro, casado com uma mulher maravilhosa e leal, que, além de cuidar da nossa filhinha, dá o maior carinho para os meus outros filhos quando eles vêm passar o fim de semana com a gente, o que mais posso querer?

Nota: "Meninos", sinto informar mas a casa de M. onde entrevistei as moças foi fechada.

Eles

Eu estava em um pub assistindo ao show de uma banda, bem perto do palco, onde geralmente ficam muito mais mulheres que homens. Dois "gatos lindos", altos, corpos musculosos e definidos, daqueles que chamam a atenção de qualquer mulher, se aproximaram do palco e roubaram a cena. Primeiro, porque dançavam muito bem; segundo, porque eram diferentes no estilo e comportamento, e começaram a flertar com as moçoilas. Gays não eram. A mulherada ficou em polvorosa, e os comentários começaram:

– Acho que eles são do Clube das Mulheres...
– Ou são atores bailarinos. Está tendo aquele musical no teatro...
– Acho que são gays enrustidos...
– Olha esse moreno! Que sorriso lindo... Que gato!

Eu dançava na minha e, para a inveja das colegas, um deles (o do sorriso lindo) se aproximou de mim.

– Você dança bem!
– Você também – respondi.

E começamos a dançar na pista. O outro ficou por ali mesmo, rodeado de mulheres disputando sua atenção.

Fui pegar um drinque, conversei com algumas pessoas e, quando voltei, ele me segurou pelo braço.

– Pensei que você tivesse ido embora, estava te procurando, gata! Vamos sair daqui, tomar um café?

Meio desconfiada, perguntei:
– O que você faz?

– Sou modelo e, nas horas vagas... Olha, eu gostei muito de você, bateu uma atração forte e eu não vou mentir, faço programa também.

– Você é garoto de programa?

– Sou. Mas para você é de graça! – e deu aquele sorriso lindo capaz de derreter qualquer coração.

— É ruim, hein! Seria mais fácil você pagar para mim do que eu para você — brinquei.

— Eu sei disso. Não estou aqui a trabalho. Também gosto de balada. Mas você me impressionou como mulher. Senti-me atraído. Você é diferente. Linda, sensual... Eu queria te conhecer melhor.

— Como você foi sincero, serei também. Sou jornalista, escritora, estou escrevendo um livro e me interessa te entrevistar. Não precisa se identificar, só quero saber...

— Tudo bem, mas só se você prometer que vai me telefonar e aceitar um convite para jantar sem compromisso. Se você não quiser nada comigo, ficaremos amigos.

Olhei para aquele garotão tão bonito, aqueles olhos ansiosos pela minha resposta, e senti tanta sinceridade em sua voz que pensei: "Eu estava contatando minhas fontes para saber como iria entrevistar um garoto de programa, mas nunca imaginei que seria desse jeito! Coisas desses anjos! E agora?"

— Cuidado com sua resposta. Olha o preconceito! — sussurra no meu ouvido o Amigo da Noite.

— Então tá. Vamos nos sentar e conversar um pouquinho.

Pedi que ele me seguisse até um canto do bar onde não tinha tanto barulho e rapidamente o coloquei a par do conteúdo do livro.

Eu comecei a fazer programa porque vim para São Paulo querendo ser modelo e acabei arranjando emprego numa boate. De vez em quando, a agência me chama para fotos, comerciais, mas o dinheiro não dá para bancar tudo. A vida aqui é muito cara. Estou juntando dinheiro para comprar um carro. Se eu pegar um emprego fixo, não dá para trabalhar como modelo, porque tenho de estar disponível quando me chamam. O que eu vou fazer para sobreviver? Geralmente não vou às baladas para pegar mulheres. Mas elas dão em cima de mim e, quando acho que elas têm dinheiro, abro o jogo. A maioria delas topa. Algumas porque querem ter uma aventura, outras porque gostam de se sentir poderosas, cada uma tem um motivo. Não são só mulheres mais velhas e carentes que nos procuram. Garotas também. Estou há três anos fazendo programas, mas não saio com homem, meu negócio é mulher. Há um ano conheci uma gata numa balada e me apaixonei. Amor à primeira vista. E quando gosto da mulher e sinto que ela é diferente, vou logo abrindo o jogo. Fui sincero desde o início, contei que fazia programa. Ela aceitou e ficamos juntos seis meses. Foi bom enquanto durou.

Você acha que é fácil ter de comer uma mulher sem o mínimo tesão? Sou homem, mas também sou um ser humano. Fui criado com princípios e quase casei lá na minha cidade. Pode não parecer, mas, no fundo, sou um romântico. Não está fácil esta vida, mas assim que me firmar como modelo ou em outra profissão, já que estou estudando também, largo isso, arrumo uma mulher e me caso. Quer se casar comigo?

Começo a rir. P.R.L é inteligente, engraçado e tem bom papo. Cumpro minha promessa (aceitando o guardanapo de papel com o número do seu celular). Despeço-me, desejando-lhe boa sorte. Ele me faz prometer que qualquer dia vou lhe telefonar.

Para variar, vou para casa discutindo com os anjos.

– Os senhores, hein? Aprontam cada uma! Que situação!

– Mas você conseguiu a entrevista, não foi? – diz o AMIGO DA NOITE.

CUPIDO NOTURNO chega junto e completa:

– E ainda conheceu uma pessoa bacana e ganhou um amigo! Ele não é um garoto de programa! Ele está fazendo isso neste momento da vida dele. Como todo ser humano, não é o que ele faz para ganhar a vida. Ele é quem ele é!

– Sem comentários. Boa-noite, senhores anjos!

EPÍLOGO
Dicas

– E aí, anjos baladeiros? Acho que está na hora de terminar este livro. Como vocês sabem das coisas muito mais do que nós, terrestres, vão me ajudar a dar algumas dicas para a galera ser mais feliz nas baladas?

– Demorô! Não aguentamos mais esse livro! A senhora alugou nossas asas, hein?! Começou o livro dizendo que ia nos entrevistar, dissemos que iríamos te dar uma asinha, mas acabamos escrevendo junto com a senhora. Vamos exigir nossos direitos autorais!

– Mas vocês são folgados mesmo! Ficaram se intrometendo o tempo todo e dando palpite em tudo. Nem me deixavam dormir...

– É que acabamos gostando da brincadeira! Mas já vamos avisando que nossas dicas são específicas para fazer amigos e encontrar o amor, porque "se dar bem nas baladas" é relativo. Para alguns terrestres, se dar bem é ficar com todo mundo, beber e pegar todas... E esse não é nosso departamento, já explicamos no início do livro. Portanto, vá escrevendo. Se for preciso, nos intrometeremos, e se a senhora der algum fora também.

– Valeu! Obrigada!

– Até quem enfim a senhora nos agradeceu em vez de reclamar!

OBS.: *Além das dicas dos anjos para fazer amizades e namorar, vou repetir algumas dicas essenciais que dei em* São Paulo é mais Feliz à Noite*, especialmente para os jovens baladeiros e baladeiras que estão começando a curtir a vida noturna. Recebi e-mails de inúmeros leitores me agradecendo por elas. Sinal de que estão certas. E também reforçarei algumas que já dei neste livro. São extremamente importantes.*

CAIA NA *NIGHT*

Em primeiro lugar, não fique dependendo de amigos(as) para sair. Isso não se usa mais. Vá sozinho(a). Se você estiver de bem com a vida, pensando positivo e passando uma boa energia para os outros, com certeza coisas boas vão acontecer. Mentalize sua última melhor balada. Afirme, em voz alta ou em pensamento, que você só se diverte toda vez que vai aos parquinhos noturnos.

Se por acaso estiver de baixo-astral e não conseguir mudar os pensamentos (são eles que deixam a gente *down*), e está em dúvida se sai ou não sai, mas os amigos insistem, diga não. Obedeça à sua intuição. Sempre. Caso contrário, vai dar defeito. Você vai perder o sono da beleza, gastar dinheirinho, atrair os capetas baladeiros e achar tudo ruim! E o que é pior: vai se arrepender de ter saído de casa.

Se quiser conhecer gente nova, vá para a *night* com essa intenção. Pensando nisso. "Hoje quero conhecer gente bacana." Mas nunca pense em encontrar amigos só porque está se sentindo sozinho(a). As pessoas sentem e acabam se afastando. Deixe isso para o dia em que você estiver se sentindo bem consigo mesma(o), alegre e de alto-astral. Caso contrário, poderá atrair pessoas problemáticas das quais será difícil se livrar. Se você simpatizar com alguém, dê um sorriso sincero, puxe conversa e deixe fluir naturalmente.

Nas baladas as pessoas estão predispostas a fazer amigos. Agora, se você fizer uma boa amizade e trocar e-mail ou celular, lembre-se de contatar seu novo amigo(a) no dia seguinte só para dizer que teve prazer em conhecê-lo(a) e que não pretende deixar o bom relacionamento e a empatia que houve entre vocês cair no esquecimento ou ficar no oba-oba da *night*.

PARA MENINAS DE TODAS AS IDADES

Não perca muito tempo e energia pensando na roupa que vai usar, no que as outras pessoas vão dizer, em quem vai estar na balada, se "ele" vai estar com outra, etc. Nem se ligue demais nos detalhes. Os homens só conseguem enxergar "o todo". (Se eu soubesse disso antes, não teria gastado tanto batom e lápis preto!) E o pior é que continuo gastando!

Muito menos perca ou troque energia e informações falando com as comadres ou via e-mail antes da balada. Concentre-se. Olhe-se no espelho e diga para si mesma: "Eu vou arrasar esta noite". (Não tem para ninguém!) Autoconfiança é um poderoso afrodisíaco. Dê um jeito de se convencer. Lembre-se: "A beleza vem de dentro".

> ADVERTÊNCIA: *mas também não é por isso que você vai deixar de fazer sua parte. O Senhor disse: ajuda-te que o céu te ajudará. Use o bom-senso. Vista o que fica bem em você. Ouse, crie sua moda e seu estilo. Mas não viaje. Na dúvida, jeans justo, decote ousado (se você não tiver peitos avantajados ou siliconados, use um sutiã "engana gatos" e salto poderoso). Em último caso, invoque a* MADAME SATÃ SILICONADA *(eu não aconselho).*

Seja simpática. Sempre. Com todos. Não adianta chegar à balada "se achando" (segurança e autoconfiança não é arrogância). Nem simples demais. Vença a própria timidez ou a insegurança dando um sorriso.

Na paquera não seja agressiva nem tente ganhar o cara de qualquer jeito. Se ele estiver mais interessado na sua amiga, deixe para lá. Não perca tempo numa disputa que não leva a nada. Não vale a pena. Parta para outra! E se ele for lindo e gay, eu sei que dá raiva, mas respeite a opção dele.

Não faça a linha inatingível porque não será atingida mesmo! Mas também não se abra demais nem se ofereça, mostrando que está carente ou a perigo, louca para beijar ou transar. Esse comportamento quase sempre faz com que a mulher se arrependa depois. Fique na coluna do meio. Valorize-se!

E fique ligada! Tome conta do seu drinque (para nenhum canalha colocar algo dentro do seu copo); do seu homem (sutilmente), se estiver acompanhada; e da sua vida. Não veja nem sinta nada além da sua própria energia (mesmo bebinha dá para fazer isso). Não se comporte como um homem. Se precisar, chame o segurança. Embora tenha os mesmos direitos, você é mulher. Use e abuse dos poderes que Deus lhe deu.

PARA MENINOS DE TODAS AS IDADES

Não fique preocupado porque você tem pouco dinheiro. Vá para a balada certo de que, com ou sem grana, você vai se divertir. Olhe-se no espelho, enquanto estiver se barbeando, e repita: "Independentemente da grana que tenho no bolso, se sou rico ou pobre, feio ou bonito, sou um grande cara! Gostoso, carinhoso e cheio de amor para dar."

Advertência: *mesmo que você esteja nervoso, de saco cheio, achando que as mulheres são todas umas galinhas interesseiras, que as baladas são sempre iguais, que o dinheiro investido na noite vai te fazer falta, mude os pensamentos e repita as frases que sugeri. Se não puder convencer a si mesmo, de jeito nenhum, e continuar negativo, vá dormir. Ou invoque o* Demônio come todas *para te ajudar (eu não aconselho).*

Não seja grosso. Nunca. Nem mal-educado, nem "se ache" o rei da cocada preta porque você é rico, bonito e todas as mulheres pagam uma para você. Qualquer mulher brocha diante de um babaca. A não ser aquela que é mais babaca ainda.

Se você é seguro e extrovertido, ótimo. Mas não vá agarrando ou dizendo grosserias para uma mulher. Nenhuma delas gosta disso. Pegue firme, mas de leve. Suas chances aumentarão em 90%. Consiga o que você quer na moral. A mulherada anda brava. Não se esqueça que a mulher moderna só faz tipo. Independentemente da postura agressiva e determinada que ela tenha na balada, no fundo é dengosa, amorosa, e, na verdade, só quer ser papariçada, respeitada, amar e ser amada. O homem justifica seu comportamento atual afirmando que a culpa é da mulher que está agindo como ele e que mulher é mulher, etc., etc., etc. Concordo. Mas experimente não dar tempo a ela de agir como você. Trate-a com carinho, atenção, endeuse-a, paparique, aja como se ela fosse uma rainha, a única mulher da balada... e você verá a onça virar gatinha. Mansinha, mansinha...

Se você entender isso, ganhará todas elas e, com certeza, encontrará "ELA".

Para os recém-separados

Homens

Cuidado com a maneira de abordar as mulheres. Não invente. Não julgue ninguém. A palavra-chave é naturalidade. Quando quiser conhecer uma mulher, seja educado e sincero. Aproxime-se, diga que quer conhecê-la, comece perguntando seu nome e faça algum elogio. Se ela for receptiva, continue a investida. Caso contrário, diga: "Até logo, desculpe e obrigado" e caia fora. Sem ressentimentos. Há muitas mulheres interessantes em todas as baladas.

Mulheres

Dê chance a todo homem que se aproximar de você. Seja simpática, educada e sincera. Se ele quiser te paquerar e você não estiver a fim, diga que só quer amizade. Mas não fique contando historinhas, dizendo a um estranho (é o que ele é no momento) que acabou de se separar, etc. E, se aparecer um homem que lhe atraia (que também é um estranho), mesmo que você sinta uma atração fatal e ache que ele é seu príncipe encantado, nunca lhe diga que quer namorar ou "eu acabei de me separar". Deixe as confidências para quando se tornarem íntimos.

Expectativa

O melhor é não ter expectativas específicas quanto às pessoas ou aos lugares. Não saia de casa só para conseguir hoje aquilo que não deu certo ontem. Bobagem. As coisas acontecem quando a gente menos espera. Mas sem expectativas não quer dizer sem tesão. Muito pelo contrário. Livre dela, você atrairá coisas melhores. Ansiedade atrapalha tudo. Deixe rolar.

Se você acabou uma relação, caia na *night* rapidinho, mas sem expectativa, a não ser a de se divertir. Mais do que a insegurança e a intolerância, é essa senhora que faz a gente sofrer. Não fique esperando nada de ninguém. Não se envolva por enquanto. Lembre-se de que você pode estar carregando traumas do antigo relacionamento e, se levá-los para a balada, pode estragar o próximo. Divirta-se durante um tempo sem levar nada a sério até levantar a autoestima e se sentir curado(a). Tente pensar primeiro em você, e não no comportamento de outras pessoas. Nunca espere nada de ninguém. Faça só sua parte. Dê o melhor de você e entregue a Deus. A gente sempre colhe o que planta.

Cuidado com a inveja e o ciúme

Se você gostar de alguém na balada e estiver se dando bem com a pessoa, ignore os comentários dos(as) amigos(as). Nunca perca o humor e a classe. Para não magoar os(as) companheiros(as) com seu silêncio, responda com um gracejo.

O que mais se ouve:
- Se seu(sua) paquera for uma pessoa mais velha, logo o(a) invejoso(a) vai dizer: "Você está bêbado(a)! É coroa!"
- Responda sorrindo com algo como: "Não faz mal, panela velha é que faz comida boa".

- Se for uma gordinha ou gordinho, você pode ouvir: "Você vai ficar com essa(e) gordo(a)?!"
- Responda sorrindo: "Adoro carne! Sou um(a) canibal, você não sabia? (E faça uma careta bem feia.)

- Se for uma pessoa magrinha, você pode ouvir: "Vai sair voando das suas mãos, é um monte de ossos!"
- Responda sorrindo: "Adoro caveiras! Sou metaleiro(a)!"

- A pessoa com quem você está pode até ser bonita, mas é comum os(as) invejosos(as) comentarem: "Ah... Ele(a) é muito feio(a) para você!"
- Responda sorrindo: "Vou fazer uma caridade esta noite!"

E assim por diante!

Verdade

Na paquera ou na amizade, seja sincero(a). Seja você mesmo(a). Não tenha medo de se expor. Se você for verdadeiro(a) e a pessoa se afastar, é alguém que não vale a pena ter como amigo(a). Por exemplo, se você não for rico(a) e estiver numa balada de endinheirados, não conte vantagem. A mentira tem pernas curtas. Um dono de balada me contou que se apaixonou por uma moça que esteve em sua casa noturna e que não estava nem aí para sua situação financeira. Ela lhe disse que era muito rica, que tinha um carrão, etc. Quando ele descobriu que ela era pobre e tinha contado um monte de mentiras, ele perdeu o tesão.

Lembra-se da paquera de olhos verdes? Quando o japonês dormiu com a princesa e acordou ao lado do Capitão Gancho?

Há um jeito fácil de ser verdadeiro(a) para atrair coisas boas: quando você for falar com alguém que ainda não conhece ou esse alguém vier falar com você, pense sempre em uma pessoa muito querida para quem você jamais mentiria e se abriria totalmente. O espelho, por exemplo.

Ouço o bater de asas nervoso do AMIGO DA NOITE.

– O que foi? Errei?

– Um espelho, dona escritora? Tenha a santa paciência! Se milhares de habitantes do seu planeta resolvessem olhar para os espelhos terrestres juntos, ao mesmo tempo, e perguntassem: espelho, espelho meu, existe alguém mais verdadeiro do que eu? Todos se quebrariam simultaneamente em sinal de protesto. A maioria de vocês humanos mente para si mesmos o tempo todo. Não é olhando para o espelho que se encontra a verdade.

"OLHEM PARA DENTRO DE SI MESMOS."

Continuando...

Tolerância

Seja tolerante com a insegurança das pessoas. Se alguém disser uma frase infeliz, dê uma nova chance. Tente conhecer melhor a pessoa antes de julgá-la. Você pode estar diante de um futuro(a) grande amigo(a). Ou de sua alma gêmea. Poderá não reconhecê-la de imediato, ignorá-la ou antipatizar com ela. Entretanto, pode ser sua cara-metade.

Mas, atenção, mesmo que você esteja namorando, vivendo um grande amor e acredite ter encontrado sua alma gêmea, de vez em quando vá a uma balada sozinho(a) ou com amigos para se manter atualizado(a), caso um dia descubra que se enganou.

Ouço o bater de asas estressado do CUPIDO NOTURNO.

– O que foi? Errei?

– Não. Quero fazer um comentário. Falar da CULPA. É engraçado, mas os baladeiros(as) estão sempre se desculpando de alguma coisa no dia seguinte. Não peguei ninguém porque bebi demais; não fiquei com ninguém porque só tinha gente feia; não fiquei com ninguém porque tinha de ir embora, acordar cedo, etc.

Parem com isso! Ninguém tem que nada. Nem se sentir frustrado porque acha que não aconteceu nada. Mesmo que vocês não percebam, sempre acontece alguma coisa. Tudo faz parte do aprendizado e da evolução do ser humano. Se parece que nada deu certo, não se culpe, porque isso refletirá na próxima balada. É sempre no momento presente que se cria o próprio futuro.

"Sintam-se livres e sejam felizes!"

E vamos acabar logo com essa lengalenga, dona escritora! Vamos dar as dicas mais importantes que resumem tudo isso. Eu darei a minha, o Amigo da Noite dará a dele e a senhora se despedirá de seus leitores, ok?

– Ok.

Dica do Amigo da Noite:

Não beba demais. diga não às drogas. Respeite as pessoas e as aceite como são. Caso você não consiga conviver com isso, afaste-se. Cada um tem seu tempo de aprendizado e evolução. Um dia, todos irão se reencontrar na Terra, no céu ou nas baladas.

Dica do Cupido Noturno:

Abra seu coração! Eu faço o resto! Vá para a balada com o desejo sincero de encontrar um amor verdadeiro; eu entro com minhas flechas. **USE CAMISINHA SEMPRE!** Mesmo se achar que encontrou sua alma gêmea. Ela tem um corpo físico também.

Dica de Sula Gava:

A você, querido(a) leitor(a), desejo boa sorte, sucesso, que você faça grandes amizades e, se ainda não está amando, encontre um grande amor nas baladas ou em qualquer outro lugar do mundo e seja muito feliz!

– ... e a vocês, anjos: muito obrigada!!!

Ouço o bater de asas, o chacoalhar de rabos, o balançar de chifres – dessa vez, tudo junto. São os anjos e os capetinhas baladeiros... Eles se despedem:

– De nada, dona escritora! Até a próxima balada! (Ah! Ah! Ah!)

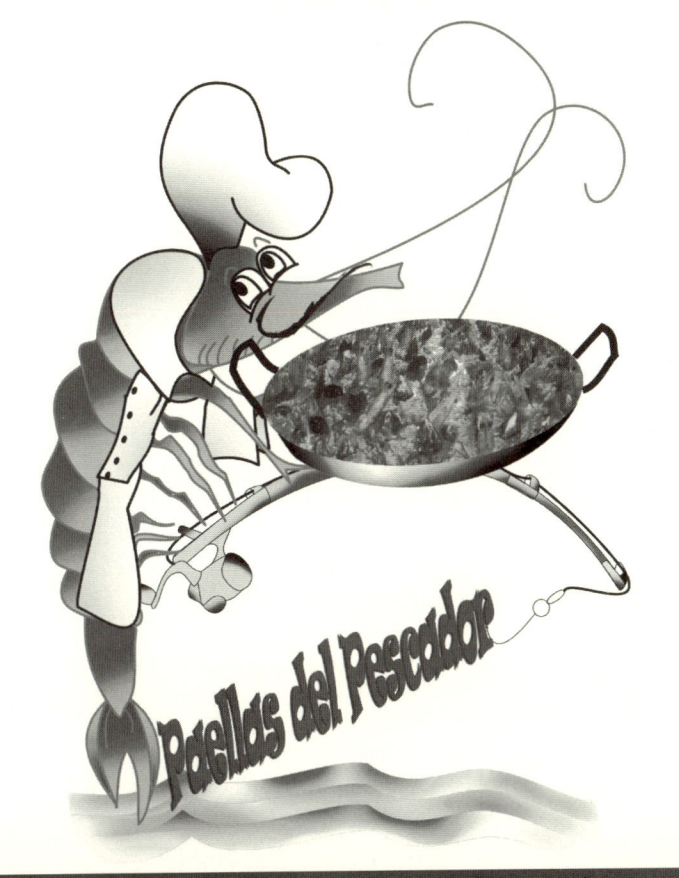

DICA DE GASTRONOMIA PARA BALADEIROS (AS)

O premiado *chef* **AMÉRICO MENDES**, especializado em frutos do mar (revelação em gastronomia), me encantou com seus camarões (sou louca por eles...) e gigantescas paellas que podem ser servidas para 300 pessoas.

A criatividade do *chef* não tem limite: paellas tradicionais, de bacalhau, *king crab* (caranguejo gigante), chocolate etc. São de comer rezando e agradecendo a Deus.

Antes de cair na balada, vale a pena experimentar seus "afrodisíacos" frutos do mar (preço acessível), ou contratá-lo para seus eventos.

Acesso o *site*: WWW.PAELLADELPESCADOR.COM.BR

INFORMAÇÕES SOBRE NOSSAS PUBLICAÇÕES
E ÚLTIMOS LANÇAMENTOS

Cadastre-se no site:

www.novoseculo.com.br

e receba mensalmente nosso boletim eletrônico.

novo século®